ROSLEND

Nathalie Somers

ROSLEND

La bataille d'Angleterre

Didier Jeunesse

À Luke.

Partie 1

Bouleversement

1

Alter Monde, pays de Nelbri

Le projectile siffla aux oreilles d'Altrïos et alla se ficher avec un bruit mat dans le tronc d'arbre voisin. Il l'avait évité de justesse. Sa respiration s'accéléra. Sans perdre une minute, il reprit sa course dans la forêt.

Bien sûr, il savait dès le départ que cette mission était risquée. Depuis que la guerre avait éclaté entre Nelbri et Roslend, les patrouilles nelbriennes avaient doublé de fréquence le long de la côte. Traverser la mer des Sables ondulants était le moyen le plus direct pour les Roslendiens de s'introduire en Nelbri. Altrïos n'était pas le premier à tenter l'aventure. D'autres espions avant lui étaient passés par là. Mais ils s'étaient fait prendre ou étaient revenus bredouilles. Alors Altrïos avait décidé de se charger lui-même de cette mission de la plus haute importance. Il était maître espion, et ses particularités physiques lui permettaient de réussir là où tant d'autres échouaient. Du moins, c'est ce qu'il avait cru jusqu'alors.

Une nouvelle flèche fendit l'air. Son ouïe exceptionnelle, une fois encore, lui sauva la mise. Il effectua une série de roulés-boulés fluides et rampa dans un fourré pour reprendre son souffle.

Et réfléchir.

La mission avait très mal tourné. Les codes qu'il était censé récupérer étaient tombés dans les eaux boueuses du fleuve avec son contact. Ce dernier n'était qu'à une dizaine de mètres de lui lorsqu'il avait vu ses yeux s'écarquiller tout grand. Un javelot venait de lui transpercer le thorax et il avait titubé en silence avant de basculer par-dessus la rambarde du pont. Inutile de chercher à lui porter secours ou à récupérer les précieux codes : des cris et des coups de sifflet avaient retenti dans la nuit, tout proches. Alors il avait tourné les talons et couru à toute vitesse en direction de la forêt, sous une pluie de carreaux d'arbalète.

Était-ce la faute à une trahison ou à un manque de chance ? Peut-être ne le saurait-il jamais. Ce qui était incroyable cependant, c'était que les archers nelbriens puissent encore le repérer dans l'obscurité de cette nuit sans lune. Altrïos n'avait rien laissé au hasard lors de sa préparation : vêtements sombres, visage et cheveux teints en noir, il n'aurait dû être qu'une ombre parmi les ombres. Seule note de couleur : ses iris rouges qui se détachaient comme deux pierres précieuses sur le blanc de ses yeux. Des yeux qui lui permettaient de voir de nuit comme en plein jour. Des yeux d'Albin.

Une douleur à l'épaule lui rappela soudain qu'il avait chuté dans les rochers quelques instants plus tôt. Un coup d'œil à son dos lui fit comprendre ce qui l'empêchait de passer inaperçu : sa tunique s'était déchirée sur une bonne trentaine de centimètres, laissant apparaître une coupure sur une peau si blanche qu'elle paraissait luire dans la nuit. C'était une invitation au tir. Malgré la souffrance, Altrïos pressa la plaie pour barbouiller de sang son épiderme. Puis, tandis que des cris et des ordres résonnaient dans son dos, il reprit sa course folle. Bientôt, il regagna confiance. Désormais privés de cible visible, ses poursuivants se retrouvaient tributaires de torches peu performantes pour retrouver sa trace.

Très vite, les archers nelbriens se virent contraints d'arrêter la poursuite. Mais les gardes-waskis vinrent prendre le relais, accompagnés de leurs bêtes, déjà excitées à l'idée de cette chasse à l'homme. Il n'y avait sur la planète aucun autre animal capable de pister un fuyard comme les waskis. Leur odorat décelait tout.

Sans perdre un instant, les animaux collèrent leur énorme museau au sol à la recherche de la moindre odeur, du plus infime effluve. Leurs reniflements zélés résonnaient dans la nuit. Mais au lieu de rugir et de se précipiter dans une direction précise, ils reniflaient de-ci de-là, avançant, reculant, se percutant l'un l'autre. Ils commencèrent à s'énerver et à tourner en rond, pleins d'agressivité. Rien, il n'y avait rien à détecter. Leurs courtes queues hérissées de pics battaient l'air furieusement. De frustration, ils semblaient prêts à s'en prendre à leurs maîtres qui les avaient réveillés pour une chasse sans proie. Quelques coups de fouet parvinrent à les contenir, mais leurs yeux jaunes plissés restaient assoiffés de sang.

– Laissez tomber, les gars ! constata un garde, ça ne sert à rien de lâcher les waskis, ils ne trouvent pas de piste.

– Pas de piste ? s'étonna un soldat.

Comprenant alors à qui ils avaient affaire, un autre s'exclama :

– Un Albin ! Un sans-odeur ! Il n'y a que ces anomalies de la nature qui puissent mettre en échec un waski !

Des jurons de colère s'élevèrent. Fou de rage, un garde-waski hurla en direction de la forêt :

– Cours, sale blafard, cours ! Tôt ou tard, on l'aura ta peau blanche !

Bien que déjà loin, Altrïos entendit clairement la menace. Elle ne l'inquiéta pas vraiment, même s'il connaissait les cruelles mesures de rétorsion que le Brac Marquel, le chef suprême de Nelbri, faisait subir aux Albins. Ses yeux pourpres percevant les moindres obstacles du terrain, il accéléra encore sa course. Désormais, il ne craignait plus pour sa vie, mais pour celle du rebelle qui devait l'assister dans quelques minutes. Pourvu qu'il n'ait pas eu la même malchance que son contact, pourvu qu'il ne soit pas tombé sur une patrouille trop zélée !

À peine essoufflé, il s'arrêta lorsqu'il pensa être en sécurité. La nuit était redevenue sereine. Il n'en percevait plus que les mille et un bruits habituels. Alors il sortit de sa poche une petite barre de pâte souple qu'il enfourna dans sa bouche. Il la mastiqua un instant avant de la placer entre ses dents et de souffler doucement. Une bulle bleu fluo se mit à grossir jusqu'à ce que ses parois deviennent translucides. Altrïos ouvrit ses lèvres et la sphère s'éleva. À une certaine altitude, elle éclata sans bruit, libérant une série d'infrasons inaudibles pour le commun des mortels. Aux aguets, le fuyard attendit. Il commençait à craindre le pire quand la réponse lui parvint par le même moyen. La voie était sécurisée. Soulagé, il reprit sa course jusqu'au sentier escarpé qui donnait accès à la mer des Sables ondulants. Les premières lueurs de l'aube faisaient reculer l'obscurité quand il arriva en haut de la falaise. Bien plus bas, des vagues couleur d'or s'écrasaient sur les rochers, projetant des gerbes de sable à chaque impact. Sur la gauche, une petite crique à l'abri des vents rendait possible l'accostage à marée basse. Un homme dissimulé par une cape sombre l'attendait. Le rebelle, malgré le danger, était fidèle au poste. Sans plus tarder, Altrïos dévala le sentier.

– C'est la marée montante, annonça l'homme à son arrivée, il faut faire vite. Les otariens des sables s'impatientent, ajouta-t-il d'une voix tendue.

D'un signe de tête, Altrïos acquiesça. Les otariens des sables, qui se déplaçaient avec autant d'aisance dans la mer des Sables ondulants que sur les sables terrestres, formaient un attelage idéal pour le trajet qu'il devait parcourir, mais leur tempérament nerveux leur faisait détester toute attente.

Altrïos sauta sur la plateforme. Debout face au levant, il saisit les rênes qui lui permettraient de diriger les deux animaux. Grâce à cet équipage, il rejoindrait Roslend-ville directement.

Calmant les bêtes d'un sifflement bref, il se tourna vers le rebelle.

– Merci, dit-il, je sais les risques que tu prends.

L'autre haussa les épaules.

– Ça ne peut guère être pire, commenta-t-il d'une voix amère.

D'un mouvement de tête, il fit tomber sa capuche. Ses cheveux, ses sourcils, ses cils, tous avaient disparu, brûlés. Des cicatrices boursouflées les avaient remplacés. Mais il y avait pire. À l'emplacement de son œil gauche, ne se trouvait plus qu'une crevasse vide. Altrïos ne put retenir un sursaut d'horreur.

– Que t'est-il arrivé ? On t'a dénoncé ?

– Même pas. Ce n'est plus nécessaire. Ils estiment que nos yeux sont contre nature, que l'acuité de notre vision nocturne reflète la noirceur de notre âme. Alors, pour rétablir l'équilibre avec les gens « sains », ils ne nous en laissent plus qu'un. On se demande quand ils vont décider de s'en prendre à nos tympans.

L'homme recouvrit sa tête et largua les amarres.

– Attention aux courants, prévint-il, la mer des Sables ondulants est traîtresse.

Altrïos acquiesça d'un bref signe de tête. Il avait préféré garder le silence, de peur que sa voix ne se brise. Il fallait impérativement arrêter les Nelbriens au plus vite. L'urgence devenait chaque jour plus pressante. D'un mouvement preste, il donna aux rênes une impulsion nette et précise. Aussitôt, les otariens, les moustaches frémissantes, plongèrent leur tête chauve dans les vagues de sable que le soleil levant faisait déjà scintiller de mille feux. Leurs corps lisses et rosés, dans un ensemble parfait, entamèrent avec ardeur leur déplacement sinusoïdal.

Une longue traversée les attendait.

2

Ego Monde, Londres, jeudi 6 septembre 1940, 19 h 45

La balle siffla aux oreilles de Lucan.

Il sursauta. Il ne l'avait pas vue venir. La fatigue diminuait ses réflexes et le sang qui s'écoulait de son arcade brouillait son champ de vision. Des hurlements de colère retentirent. Il s'était mis dans une sale situation, mais le temps n'était pas aux regrets. Il bondit en avant. Oubliant l'épuisement et la douleur irradiant son épaule, il se mit à courir à perdre haleine. On comptait sur lui, on lui avait fait confiance. Les cris de la foule montaient de toute part mais il les ignora. Son instinct lui soufflait les gestes qu'il avait à accomplir. Dans sa tête, le compte à rebours était lancé. 20... 19... 18... Ne pas perdre de vue son objectif. 13... 12... 11... L'étau se resserrait. Cela allait être juste. Très très juste. 8... 7... 6...

– Laisse, Kid, elle est pour moi !

La voix venait de derrière. Lucan fut ébranlé par ce ton péremptoire. Il retint son geste pour jeter un coup d'œil pardessus son épaule. Son adversaire en profita pour récupérer la balle échouée au sol et la frapper en touche de toutes ses forces.

3... 2... 1... Une clameur sauvage explosa.

Le double coup de sifflet de l'arbitre officialisa la sortie de balle, la fin du match de hurling[1], et par là même le score final : 18-18. L'équipe de Lucan, les Kilburn Celtics, venait de concéder le nul face aux Wild Shamrocks. L'adolescent, bouche bée, fixait le résultat affiché sur le panneau en bois.

1. Sport gaélique qui se joue avec une crosse en bois et une balle en cuir.

Son équipe avait mené jusqu'à ce que son attaquant fétiche se blesse au genou. Lucan avait alors quitté le banc des remplaçants et pris le relais. La pression de l'équipe adverse s'était aussitôt portée sur lui. Bousculades et intimidations avaient réussi à lui faire perdre des balles qui auraient dû être décisives. Mais il avait réagi et s'était défendu bec et ongles, marquant même un goal de 3 points... Jusqu'à ce que ce joueur des Shamrocks le piège si déloyalement : « Kid » était le surnom qu'on lui donnait dans l'équipe en raison de son jeune âge. À seulement quatorze ans, il avait été surclassé et jouait en équipe senior en raison de son talent exceptionnel. En s'entendant interpeller ainsi, il avait cru qu'un de ses équipiers lui demandait de lui laisser la balle afin d'assurer la victoire.

Une tape dans le dos le fit se retourner. Lucan reconnut aussitôt le joueur qui venait de lui voler la balle.

– Sans rancune, gamin ? demanda le joueur des Wild Shamrocks.

Sourire goguenard aux lèvres, il semblait fier de son coup.

Lucan se raidit.

– Ce n'était pas fair play !

– Y a pas à dire, ricana l'homme, t'es encore un gamin ! T'en verras d'autres, crois-moi, et des plus rudes !

À la fois furieux et troublé, Lucan se dirigea piteusement vers les vestiaires, sa crosse sur l'épaule. Il n'alla pas très loin avant que Pat Connely, son entraîneur, le repère.

– Sondran ! Ne te tire pas si vite ! hurla-t-il de sa voix de stentor.

À contrecœur, Lucan obliqua vers le géant à demi chauve. Il aurait préféré disparaître au plus vite.

– Eh bien, t'en fais une tête, Kid ! déclara Connely avec son accent pointu d'Irlandais. À croire que tu viens d'enterrer père et mère !

Lucan ne prit pas la peine de lui faire remarquer qu'il avait perdu ses parents depuis longtemps. L'entraîneur était parfaitement au courant mais ne s'embarrassait guère de ce genre de détail.

Le garçon finit par articuler :

– J'ai tout fait foirer.

– Tu te surestimes, Kid, tu n'étais pas tout seul sur le terrain...

Pat Connely le saisit par l'épaule et le garçon ne put s'empêcher de grimacer de douleur. Il avait reçu un vigoureux tampon sur cette même articulation pendant le match, mais garda le silence. Le hurling, sport gaélique préféré des Irlandais émigrés en Grande-Bretagne, n'était pas fait pour les douillets. Entre les joueurs, les chocs étaient rudes, les collisions brutales, l'engagement sauvage.

– ... et c'est moi qui ai décidé de te surclasser pour ce match. Tu n'as que quatorze ans, même si tu es drôlement costaud pour ton âge.

– Quand même, j'aurais jamais dû rater ces tirs.

Il préféra passer sous silence l'épisode qui avait eu lieu pendant les dernières secondes du match. Il avait trop honte.

– Tout le monde doit faire ses armes. Et puis, rien n'est perdu. Il faudra seulement veiller à ne pas perdre le replay[1] !

– Je crois qu'il vaudrait mieux que je ne joue pas la prochaine fois, grommela Lucan.

L'entraîneur leva les yeux au ciel et le relâcha... avant de lui asséner une affectueuse bourrade dans la zone douloureuse. Lucan serra les dents.

– T'es de l'étoffe des champions, Kid, que tu le veuilles ou non.

1. Quand une demi-finale de hurling se termine par un match nul, on organise un « replay » en fin d'après-midi la semaine suivante pour départager les deux équipes.

Alors que Lucan, un peu rasséréné, se dirigeait vers les vestiaires, une sirène se mit soudain à mugir. Il se figea. Les bombardiers allemands étaient de nouveau de sortie.

– Aux abris ! vite ! s'écria une voix.

Comme des diables sortant de leur boîte, les joueurs de hurling, à des stades d'habillement plus ou moins avancés, se ruèrent hors des vestiaires. Lucan leur emboîta le pas et partit en courant dans les couloirs. Il allait s'engager dans l'escalier qui menait aux caves quand il s'arrêta brusquement.

– Catriona ! s'exclama-t-il en se frappant le front.

Il lui avait donné rendez-vous à la sortie des vestiaires. La connaissant, elle risquait bien, malgré le danger, de l'y attendre pour être sûre de ne pas le manquer. Sous le mugissement des sirènes, il repartit au pas de course en sens opposé et arriva bientôt dans le hall d'entrée. À cette heure-ci, il aurait dû grouiller de monde mais il était complètement désert. Cela inquiéta Lucan plus encore que les plaintes de la sirène. Il se précipita pour déverrouiller la porte.

– Ah, enfin ! J'ai cru que tu allais me faire faux bond ! l'accusa une voix claire.

– Je n'oserais pas ! J'aurais bien trop peur des conséquences !

– Et avec raison, mon grand !

Le regard d'ambre de Catriona pétillait.

Elle adorait le taquiner et il le lui rendait bien.

– Quand même ! reprit-il plus sérieusement, tu es vraiment folle ! Tu n'entends pas l'alarme ? Tu aurais dû courir vers un abri !

– Je ne suis pas du style à me défiler, moi ! dit-elle avant d'admettre : et puis, je ne voulais pas que tu en profites pour te tirer ! J'ai pas mal de commentaires à te faire sur ta prestation !

Lucan leva les yeux au ciel. Sans chercher à argumenter, il la tira à l'intérieur et s'élança pour courir vers les caves.

– Hé ! Attends-moi ! cria Catriona en secouant ses courtes boucles rousses.

Il ne ralentit même pas. Malgré sa petite taille, il savait qu'elle pouvait être *presque* aussi rapide que lui. Ils étaient à peine arrivés devant la porte des caves qu'elle reprit :

– Alors d'abord, tu n'aurais jamais dû rester autant en arrière. C'est pas en la jouant plan-plan qu'on gagne un match. Bon, ton sprint de remontée après leur 15e point était à peu près correct. Tu as réussi à garder la balle en équilibre sur ta crosse sur presque 60 mètres avant de la frapper de manière tout à fait acceptable.

Au fur et à mesure qu'elle parlait, elle ouvrait ses doigts pour comptabiliser les actions et ne rien oublier. Lucan ne chercha pas à la faire taire. Une fois qu'elle était lancée, le mieux était d'attendre la fin.

– Bien sûr, le pire instant de tous, c'est quand tu as laissé la balle te passer sous le nez à la soixante-neuvième minute. Heureusement que le ridicule ne tue pas sinon je serais en train de pleurer sur ta tombe. Ou pas... Je ne suis pas sûre qu'après une telle action tu aurais été digne de mes larmes...

Elle fit une pause théâtrale avant de poursuivre :

– Mais à la soixante-dixième... ! Quelle apocalyptique CONNERIE tu nous as faite ! Oh, mes aïeux, j'ai cru que j'allais tomber dans les pommes. Tu l'avais, cette balle, bon sang ! Pourquoi as-tu ralenti ? Tu tenais le match entre tes mains et tu as offert le nul aux Wild Shamerocks !

Elle lui décocha un dynamique coup de poing dans l'épaule. Cette fois, Lucan ne chercha pas à masquer sa douleur. Il n'avait jamais rien caché à Catriona. Et puis un peu de diversion était bienvenue... Catriona avait vraiment l'œil trop acéré !

– Doucement, gémit-il, j'ai l'épaule à moitié démise. Le défenseur des Shamrocks me l'a défoncée.

– Oups, désolée, c'est vrai que tu as une sale gueule ! Tout ce sang à l'arcade sourcilière, ça fait pas mal désordre. Enfin, encore une chance que tu t'en sortes sans points de suture. Ma mère aurait râlé.

Le fracas d'une explosion les ramena à l'urgence du moment. Lucan poussa Catriona dans le cagibi sombre avant de tirer le battant derrière lui.

– C'est drôlement petit, se plaignit Catriona, t'aurais pas pu trouver un endroit plus confortable ?

– Si, mais à l'heure qu'il est, il est rempli d'hommes à moitié nus ! rétorqua Lucan non sans malice.

Avec une intense satisfaction, il constata qu'il avait réussi à avoir le dernier mot. Et bien qu'ils soient plongés dans le noir, il aurait parié que le teint de porcelaine de son amie avait viré à l'écarlate. Catriona avait beau être un garçon manqué, certains sujets continuaient de l'embarrasser terriblement.

Mais bien sûr, même soumise à la pire des tortures, elle ne l'avouerait jamais...

3

Alter Monde, pays de Roslend, jour 3e du mois des rivières, 12e heure

Altrïos parqua son attelage à l'ombre d'un bosquet et sauta à terre. Il avait poussé les otariens au maximum de leurs possibilités pour informer l'Immuable au plus vite. Les bêtes étaient luisantes de sueur mais n'avaient donné aucun signe de faiblesse. Elles avaient franchi avec le même zèle la mer des sables et les zones désertiques qui entouraient Roslend, la luxuriante capitale du pays du même nom. Tandis qu'elles se désaltéraient et s'ébrouaient avec délice, il s'engagea sous les frondaisons. Il accéda rapidement à une des entrées secrètes du palais. Sans perdre de temps à se changer, il traversa d'un pas pressé un quartier du château que plus personne ne fréquentait depuis longtemps. Il bifurqua sur la droite et déboucha sur un jardin aux mille senteurs. Le doux gazouillis d'une fontaine associé au parfum des fleurs apaisa un instant son âme tourmentée, mais il ne s'attarda pas. Le soleil, déjà haut dans le ciel, commençait à devenir trop lumineux pour ses yeux sensibles. Il contourna le petit parc verdoyant par une galerie ombragée et ouvrit une porte de verre finement dentelé. Il était désormais dans les appartements privés de la famille de l'Arkhaz. Comme à chaque fois qu'il pénétrait en ces lieux, son cœur se serra. Depuis tant d'années déjà il n'y avait plus d'Arkhaz pour régner sur Roslend ! Sans dirigeant légitime à sa tête, le pays était comme orphelin. Bien sûr, l'Immuable faisait ce qu'il pouvait pour tenir la barre, mais son rôle officiel était de conseiller et non de diriger. Le regard d'Altrïos balaya la pièce. L'épaisse couche de poussière brune qui recouvrait les meubles témoignait du temps écoulé depuis que le dernier Arkhaz avait habité la demeure.

– Sois le bienvenu au palais, Altrïos ! Je suis content de te revoir sain et sauf.

Encore partiellement ébloui par le soleil de l'extérieur, Altrïos n'avait pas remarqué l'homme qui se tenait dans un coin de la pièce. Jeune et grand, drapé dans une longue tunique azur aux parements dorés, il le fixait d'un regard altier. Ses cheveux blonds étaient retenus en arrière par un cercle d'or qui lui enserrait le front. Oui, Xélion était beau. Et il avait été un temps où il utilisait cet atout sans vergogne auprès des femmes.

L'espion le salua avec respect en inclinant le buste.

– Je suis heureux de voir que l'Immuable se porte bien.

Xélion retint un geste de contrariété. Il préférait nettement qu'Altrïos l'appelle par son prénom. Mais le maître espion était un acharné du protocole.

– Il se porterait mieux si les nouvelles étaient meilleures, finit-il par avouer, le Brac Marquel envoie ses escadrons dévaster la région. Cet homme a juré notre perte. Les attaques de Volants détruisent les récoltes et les blessés se comptent par centaines. Nos catapultes sont insuffisantes pour assurer notre défense. Mais assez parlé de ça, maintenant. Dis-moi plutôt : qu'as-tu découvert ?

– De bien mauvaises choses, Immuable. Les attaques de Volants ne sont qu'un avant-goût de ce que prévoit le Brac Marquel. Un débarquement sur nos terres est en préparation. Malheureusement, mon informateur a été tué avant de me remettre les codes permettant le décryptage des messages que nous parvenons à intercepter. Nous n'avons donc aucun moyen de prévenir ces attaques.

L'Immuable accusa le coup.

– Bien, dit-il cyniquement, je crois que le temps est venu que je donne ma démission et que j'aille voir ailleurs si le soleil m'est plus favorable !

Altrïos ne broncha pas. Il connaissait l'Immuable depuis bien trop longtemps pour se laisser impressionner par ses remarques parfois quelque peu... indignes de sa position.

Son absence de réaction sembla décevoir Xélion.

– Tu pourrais au moins faire semblant d'être choqué ! lança-t-il.

– L'Immuable conseille avec sagesse, répliqua Altrïos en esquissant un sourire, Il montre la voie.

– Exactement ! s'emporta l'Immuable avec une soudaine exaspération, mais il n'est pas là pour prendre des décisions ! Et encore moins en temps de conflit !

L'Immuable se mit à marcher à grands pas dans la pièce, laissant cours à sa frustration.

– Qu'ai-je donc fait pour mériter une telle poisse ? Personne ne me croit capable de gérer cette guerre ! Moi-même encore moins que les autres ! Ah, si je tenais mon jumeau entre mes mains...

– Immuable..., commença Altrïos.

Il n'eut pas le temps de finir. Furieux, Xélion fit volte-face.

– C'était lui le vrai Immuable, pas moi ! C'était lui, l'aîné ! Lui qui était fait pour ce rôle ! Comment a-t-il pu disparaître ainsi ? Comment a-t-il pu me faire ça ?

Xélion n'avait plus rien du jeune homme posé qui avait accueilli Altrïos à son arrivée. Même après tant d'années, il ne pouvait évoquer la disparition de son frère sans un ressentiment teinté d'angoisse.

La nuit où l'Arkhaz avait été assassiné, son jumeau était parti. Comme ça. Sans prévenir. Lui qui avait jusqu'alors été un Immuable en tout point remarquable avait abandonné son poste au moment où l'on avait le plus besoin de lui. Xélion se souviendrait toujours de ce qu'il avait ressenti ce soir-là. Alors qu'il buvait tranquillement dans une taverne, il avait soudain eu l'impression de tomber d'une falaise. La sensation avait duré quelques secondes, tandis qu'un ordre retentissait dans sa tête. « Prends ma place. » C'était la voix de son frère. Il avait alors compris que quelque chose de grave était arrivé, que son jumeau vivait un bouleversement terrible. Heureusement, cela n'avait pas duré. Son inquiétude était retombée. Son frère était vivant. Quelque part. Mais il ne l'avait plus jamais revu.

Altrïos laissa Xélion reprendre son calme. Puis il glissa :

– Il faut être patient. Un enfant portant le signe des Khaz finira bien par naître. Alors tout sera plus facile. Il grandira et deviendra notre nouvel Arkhaz.

Xélion haussa les épaules. Depuis cette nuit fatidique, aucun enfant aux yeux vairons n'avait été repéré. Dix ans que le signe des Khaz ne s'était manifesté. Jamais il n'avait autant tardé. Dans le passé, quand un Arkhaz mourait sans descendance, un enfant ayant des yeux de couleur différente naissait dans l'année.

– Je ne tiendrai jamais...

Retrouvant sans s'en rendre compte le tutoiement de leur jeunesse, Altrïos dit doucement :

– Tu n'as pas le choix, Xélion, nul autre mieux que toi ne peut occuper le rôle de dirigeant de Roslend.

L'Immuable frissonna en entendant ce prénom. On l'utilisait désormais si rarement ! Il était une époque où il rimait avec « bon compagnon », « fanfaron » et « gueuleton ». De tavernes en foires et de foires en banquets, celui qui le portait écumait les terres de Roslend avec une bande de joyeux drilles. Altrïos avait été le plus fidèle d'entre eux. Toujours le premier à lever le pichet, jamais le dernier à courir jupon ! Il avait partagé avec Xélion ces années de légèreté riches de galantes rencontres. Mais cette ère était définitivement révolue. Les événements les avaient forcés à endosser des rôles qu'ils n'avaient jamais désirés.

Xélion rejeta ces pensées qui le déprimaient. Retrouvant son air sarcastique, il lança :

– Tu n'es vraiment pas drôle, Altrïos ! C'est toi qui devrais être à ma place : tu t'es parfaitement adapté à ton très sérieux et très ennuyeux rôle.

L'espion se redressa et reprit l'attitude pleine de déférence qu'il avait un temps abandonnée.

– L'Immuable sait bien que je n'ai pas hérité de la distinction essentielle. Contrairement à Lui, je ne suis pas épargné par le temps et chaque année qui s'écoule creuse une nouvelle ride sur mon visage. Mais il est vrai aussi que je ne suis pas drôle. Ma dernière mission en terre de Nelbri m'en a ôté l'envie.

Un frémissement parcourut Xélion. Il avait parfaitement compris le reproche que son compagnon lui avait adressé en réinstaurant la distance protocolaire entre eux.

Saisissant les deux pans de sa tunique, l'Immuable retrouva la posture digne que l'on attendait de lui. Un sourire moqueur flottait cependant sur ses lèvres quand il déclara :

– Va donc te décrotter à la cascade avant de te rendre aux thermes : tu es si sale que tu effraierais une baignoire !

4

Ego Monde, Londres, jeudi 6 septembre 1940, 22 h 10

Ce soir-là, l'alerte dura moins longtemps que d'habitude. Lucan aurait aimé y voir un signe d'épuisement de la force aérienne allemande, mais il ne se faisait pas d'illusion. Lors de son discours à la Chambre des communes le 13 mai dernier, Churchill, le Premier Ministre britannique, avait déclaré ne pouvoir offrir à son propre peuple que « du sang, de la peine, des larmes et de la sueur ». Puis il avait prédit de « nombreux et longs mois de combat et de souffrance ».

Depuis des semaines déjà, les attaques aériennes sur le sud de l'Angleterre se succédaient sans relâche. Les aviateurs de la Royal Air Force avaient parfois à peine le temps d'atterrir qu'il leur fallait redécoller.

En descendant du bus à étage qui les avait ramenés à Kilburn, le garçon leva la tête, espérant voir le vol de ces héros qu'il admirait plus que tout. Mais ici, tout était tranquille. Dans les airs, tout du moins, car Kilburn Highstreet grouillait d'activité. Les clients des nombreux pubs, une pinte de bière à la main, stationnaient sur les trottoirs pour profiter de la douceur de la nuit ou échapper à l'atmosphère enfumée qui régnait à l'intérieur. Des airs de musique folk parvenaient jusqu'aux oreilles des passants par les portes restées ouvertes.

Catriona, impitoyable, avait repris son analyse du match, et Lucan avait fini par lui expliquer ce qui s'était passé en fin de deuxième mi-temps. Après avoir copieusement injurié le joueur des Wild Shamrocks, elle passait maintenant son énergie à remonter les bretelles de son ami, lui donnant mille et un conseils sur la marche à suivre. Un peu facile *a posteriori*, pensait

Lucan qui ne l'écoutait que d'une oreille. Aussi surprenant que cela paraisse, la vraie fan de hurling dans leur duo, c'était Catriona. Lucan aussi adorait ce sport mais sa vraie passion était tout autre : il rêvait de rejoindre la RAF, sauter dans un avion et s'envoler pour défendre son pays... Un désir aussi inatteignable que la lune qui jouait, tout là-haut, à cache-cache avec les nuages.

Les deux adolescents bifurquèrent dans une rue secondaire et quelques mètres plus loin, ils s'arrêtèrent devant un immeuble de brique rouge, en tout point semblable à ses voisins. Le calme régnait. Au rez-de-chaussée, de part et d'autre de la porte d'entrée, un barbier et un horloger tenaient boutique. Seule la vitrine de ce dernier était encore éclairée. Derrière des étagères remplies d'une multitude de réveils, de mécanismes et d'horloges en tout genre, on pouvait deviner à l'intérieur de l'échoppe la silhouette d'un vieil homme, courbé sur un atelier. Axélief Sondran, meilleur horloger de Kilburn, son grand-père.

– Oh, oh ! souffla Catriona, tu vas te faire sonner les cloches...

Lucan fit la grimace et rétorqua :

– Pour toi, ça va être pire !

– Pas de risque, ma mère dort comme une souche depuis qu'elle fait du bénévolat à l'hôpital. Entre son boulot de blanchisseuse et son nouveau job d'infirmière, elle n'a plus l'énergie de me disputer !

Une fois dans l'étroite et sombre entrée de l'immeuble, l'adolescente se mit à gravir les premières marches de l'escalier en lançant à voix basse :

– Bonne chance, Kid !

De la chance, il lui en faudrait beaucoup pour échapper au sermon que son grand-père avait dû ruminer toute la soirée... Pendant un instant, il fut presque tenté de rentrer directement dans l'appartement qu'ils occupaient juste au-dessus de celui de Catriona et de sa mère. Il était sale, fatigué et avait très envie de retrouver son lit. Si seulement il avait été libre ! Si seulement il avait pu s'envoler dans les airs et combattre ces foutus « boches » ! Comme cela devait faire du bien de pouvoir influer sur l'avenir de l'humanité ! Mais au lieu de cela, il devait se contenter de sa petite vie minable, où ses actes de bravoure consistaient à désobéir à un vieil homme autoritaire. Il soupira. Résigné, il poussa la porte de l'atelier qui donnait sur le hall.

Son grand-père releva la tête, abandonnant un instant la montre qu'il réparait, et le fixa de son regard perçant.

– Il est tard, dit-il.

– Il y a eu une alerte du côté de l'East End.

– Et un match de hurling.

Maladroitement, Lucan essaya de cacher sa crosse derrière son dos, ce qui était complètement idiot étant donné que son grand-père l'avait déjà vue et qu'il était encore en tenue de sport. Sans parler de l'état de son œil...

– C'est étrange. Je croyais pourtant t'avoir interdit de te rendre là-bas. Sans parler du fait que tu devais rentrer à 20 heures au plus tard.

– J'aurais été là à 20 heures, ou presque, s'il n'y avait pas eu cette alerte..., biaisa Lucan.

– Je te rappelle que j'ai *justement* instauré ce couvre-feu parce qu'il y a des alertes. Et tu t'étais engagé à le respecter. Crois-moi, ce ne sera pas la dernière attaque, poursuivit son grand-père. Churchill a envoyé la Royal Air Force bombarder Berlin. Hitler n'est pas du genre à laisser cela impuni.

– Mais c'était un match de demi-finale ! Pat Connely m'avait sélectionné dans l'équipe senior !

– Je vois ça, dit l'horloger en fixant avec insistance son arcade sourcilière blessée.

– C'est rien du tout, fit Lucan en passant une main sur son visage.

– On était d'accord pour que tu fasses du hurling avec des garçons de ton âge. Pas contre des adultes surentraînés. Le hurling est un sport brutal et dangereux. Tu pourrais être gravement blessé.

Lucan haussa les épaules. C'est sûr qu'il ne risquait pas grand-chose en jouant contre des adolescents. La nature l'avait doté d'une grande taille et d'un gabarit musclé. Sur le terrain, il dominait tout le monde. Mais du coup, ça ne présentait plus d'intérêt.

– J'imagine que Catriona n'est pas étrangère à cette histoire. Cette fille est impossible, et toi, tu te laisses mener par le bout du nez... Tu es bien comme ton père !

L'horloger se repencha sur son ouvrage et marmonna d'une voix à peine audible « les filles, les filles, toujours les filles, elles sont à l'origine de tous les problèmes dans cette famille ».

Mais l'adolescent ne l'avait pas entendu. Il était abasourdi que le vieil homme évoque son père. Quand lui-même abordait le sujet, il se fermait comme une huître. Une plaie de plus dans son cœur. Il en allait de même pour sa mère. Leur disparition était un sujet tabou. Pas une photo d'eux, pas un objet leur ayant appartenu dans la maison. Ils étaient morts, point final. Son père avant même sa naissance, sa mère juste après. À croire que son arrivée dans ce monde leur avait porté malheur. Par ailleurs, son grand-père était trop perspicace. C'était bien sûr Catriona qui l'avait convaincu d'accepter la proposition de Pat Connely. Sans son insistance, il n'aurait certainement pas osé trahir sa parole.

– La plupart des parents seraient fiers, tenta maladroitement Lucan après un temps de silence.

– Que tu leur aies désobéi ou que tu leur aies menti ?

Lucan sentit la colère le gagner.

– Si mon père était là, ce ne serait pas la même chose ! Il ne tremblerait pas à tout instant comme si j'étais une fillette ! Là-bas, au stade, ils me considèrent comme un homme !

L'horloger déplia sa haute silhouette et se leva. Il était aussi grand que son petit-fils, bien que moins solidement bâti.

– Tu regrettes que ton père ne soit pas là, Lucan... Tu n'es pas le seul. J'aurais tant aimé ne pas avoir à le remplacer auprès de toi.

La culpabilité envahit le garçon. Son grand-père disait vrai. Il était la seule famille qui lui restait et avait, avec dévouement et constance, remplacé les parents qu'il avait perdus. Pour cette raison et aussi parce que c'était un homme impressionnant, Lucan essayait de respecter ses exigences. Mais il y réussissait de moins en moins. Quand il était très jeune, il lui suffisait d'un regard pour le faire obéir, et si Catriona n'avait pas été là pour l'entraîner dans des aventures toutes plus rocambolesques (et stupides) les unes que les autres, il aurait été un enfant modèle. Oui mais voilà, Catriona était là. Depuis toujours. Rebelle dans l'âme, elle était convaincue que les règles n'existaient que pour être transgressées. Il imagina le regard goguenard qu'elle poserait sur lui le lendemain si elle apprenait qu'il avait une fois de plus obéi sans broncher.

– Je joue au hurling parce que tu m'interdis de m'engager dans la RAF, tu le sais bien...

Le vieil homme accusa le coup, comme si les paroles de Lucan avaient fait surgir des visions d'avenir qui le terrifiaient. Ses épaules s'affaissèrent imperceptiblement et il lâcha d'une voix rauque :

– Tu te battras bien assez tôt. Tu es trop jeune... bien trop jeune encore.

« Tu es trop jeune », « tu es trop jeune »... C'était toujours la même rengaine ! Il était trop jeune pour tout ! Il lui interdisait de se porter volontaire comme pilote, et maintenant il lui interdisait de jouer au hurling ! L'Europe était en guerre, l'ennemi attaquait leur pays, et il voulait qu'il se terre dans cette boutique, à réparer des montres et visser des ressorts. Il n'était pas fait pour ça ! Il n'avait pas peur, lui ! Contrairement à son grand-père qui craignait même de faire deux pas hors de son magasin !

Lucan aurait aimé crier tout cela, mais les mots refusaient de sortir. Il se contenta donc de fixer le vieil homme. Le regard azur de ce dernier resta impénétrable.

– Je veux participer à ce combat, tenta-t-il faiblement, je donnerais tout pour pouvoir grimper dans un Spitfire et envoyer les Messerschmitt au fond de la mer. Les aviateurs sont épuisés. Ils doivent enchaîner sorties sur sorties. Ils ont à peine le temps de se poser pour faire le plein qu'il leur faut redécoller ! C'est maintenant que la RAF recrute ! Je n'ai pas le temps de vieillir !

– Tu sais très bien qu'il faut avoir au moins dix-huit ans pour rejoindre l'armée.

– Ça t'arrange bien, n'est-ce pas ? Mais tu sais aussi qu'ils ne sont pas toujours très regardants. Peter Hickey n'avait que seize ans quand il s'est engagé. Il a facilement trafiqué son certificat de naissance. Et je n'aurais aucun mal à faire croire que j'ai dix-huit ans !

Le grand-père se passa une main devant les yeux avant de déclarer :

– Il est tard. Ce n'est pas l'heure de discuter. Demain, il y a du travail qui nous attend. Allons nous coucher.

Avec soin, il entreprit de ranger sa table de travail. Chaque outil avait sa place, chaque ressort, chaque roue dentelée.

« Et voilà ! » pensa Lucan au comble de la frustration, son grand-père refusait une fois de plus de parler. Il n'avait pas son pareil pour repousser à plus tard les décisions qu'il ne voulait pas prendre, ou les questions qui le dérangeaient. Et « plus tard », cela voulait dire « jamais ».

L'adolescent le regarda tirer les minuscules tiroirs du meuble qui tapissait le fond de la pièce. Il savait que le lendemain il devrait lui aussi les ouvrir et les refermer, à la recherche d'une pièce ou d'une autre, chacune ayant sa spécificité alors qu'à ses yeux elles étaient toutes semblables. Depuis qu'il avait arrêté l'école, son grand-père le formait au métier d'horloger, travail qu'il avait en horreur. Passer des journées entières assis à une table, une loupe vissée à l'œil, contrôler chaque geste avec patience et minutie tout en écoutant le tic-tac exaspérant des mécanismes, était pour lui la pire des punitions. En voyant l'ordre parfait qui régnait désormais dans l'atelier, il eut soudain l'impression de suffoquer. Resserrant ses doigts autour de la poignée de sa crosse, une envie folle de tout saccager s'empara de lui. Quel plaisir ce serait d'envoyer valser tout ça !

Il revint à la réalité en croisant les yeux d'aigle d'Axélief Sondran, l'homme qui l'avait nourri, habillé et élevé depuis sa plus tendre enfance. Il avait ce qu'on appelait un visage « noble » : des traits réguliers, un peu aristocratiques, que les années n'étaient pas parvenues à affadir. Sa chevelure blanche, portée légèrement plus longue qu'il était de coutume à son âge, renforçait l'impression de sagesse et d'autorité qui émanait de lui. C'était un homme qui inspirait le respect de tous. Il n'élevait jamais la voix, conservait son calme en toute circonstance. Il parlait, on lui obéissait. Il aurait pu abuser de ce pouvoir, mais jamais cela n'avait été le cas. Arrivé quatorze ans auparavant au sein de la communauté irlandaise de Londres, il s'était fait accepter avec une facilité déconcertante si l'on considérait qu'il était, par bien des aspects, un étrange étranger. Son nom lui-même, aux sonorités insolites, aurait dû éveiller la curiosité, voire la moquerie, de ses voisins. Mais cela n'était pas arrivé. Quand on lui avait posé des questions, il avait dit qu'il avait dû quitter son pays à la suite de persécutions. Et qu'il souffrait tant de ne pouvoir vivre sur sa terre natale qu'il préférait ne plus en prononcer le nom. Bien que les émigrés irlandais préfèrent parler à s'en saouler de la mère patrie, ses paroles avaient trouvé un écho compréhensif.

Et puis Axélief Sondran était arrivé en portant dans ses bras le plus efficace des passeports : Lucan, nouveau-né, fils d'une jeune Irlandaise prénommée Moïra morte en couches. Le charme du bébé avait fait le reste...

Pour la deuxième fois de la soirée, leurs regards s'affrontèrent. Si l'un demeurait impénétrable, des envies de révolte se lisaient dans l'autre aussi clairement que dans un livre. À nouveau pourtant, ce fut ce dernier qui céda.

Desserrant sa prise sur la poignée de la crosse, l'adolescent sortit, vaincu.

Comme chaque soir avant de quitter l'atelier, Axélief Sondran jeta un regard chargé d'émotion au petit carillon représentant Big Ben qui trônait sur le manteau de cheminée. Il le remontait avec soin une fois par semaine avec la clé qu'il portait autour du cou et dont il ne se séparait jamais. Il soupira. Les choses se compliquaient. Malgré toute son expérience, il commençait à douter de ses capacités à gérer la situation. Cette guerre qui déchirait le monde l'effrayait. Non pas pour ce qu'elle était mais pour ce qu'elle reflétait. Le père de Lucan lui avait fait jurer de le cacher jusqu'à ses dix-huit ans. Jusqu'à ce qu'il soit un homme capable de se défendre. Mais la folie d'Hitler avait changé la donne. La petite histoire était dépassée par la grande. Chaque décision pouvait entraîner des conséquences terribles, voire fatales. Axélief soupira. Le poids qu'il portait depuis tant d'années l'écrasait par moments. La solitude aussi.

Mais il était Axélief Sondran, celui qui n'avait jamais trahi et failli une fois seulement. Il serait fidèle jusqu'au bout. Il accomplirait la mission qui lui avait été assignée. C'était sa pénitence.

Il se redressa et atteignit la porte à son tour. D'un dernier coup d'œil, il vérifia que tout était en ordre dans l'atelier, puis, doucement, appuya sur l'interrupteur.

5

Alter Monde, pays de Nelbri

Le géniral Porka avait les yeux fixés sur le Brac Marquel. Quand celui-ci inclina légèrement la tête, le militaire donna le signal.

Un roulement de tonnerre. Un nuage de poussière. Une horde de cavaliers.

Les rorsses, les animaux terrestres les plus rapides qui soient, étaient lancées à pleine vitesse. Leurs trois pattes frappaient le sol en cadence. 1,2,3... 1,2,3... Elles avaient le naseau dilaté au maximum, leur orifice béant à l'extrémité de leur long et fin museau. Sabre au clair, leurs cavaliers les talonnaient sans pitié, incrustant douloureusement leurs éperons acérés dans leurs flancs poilus. Au beau milieu de la vaste plaine, un groupe d'individus à la peau blanche comme la lune comprit soudain le sort qui lui était réservé. En quelques instants, ils s'organisèrent. Les hommes formèrent une ligne pour faire barrage tandis que les femmes et les enfants couraient en direction de la mangrove. Dans un ensemble parfait, le galop des rorsses faisait vibrer la plaine d'une pulsation ternaire. La mort faucherait aujourd'hui sur un rythme de valse.

Le choc fut moins bruyant qu'on aurait pu s'y attendre. Pas de cliquetis de lames. Les Albins n'avaient que leurs mains nues pour parer les coups de sabre de leurs bourreaux. Pas de cris non plus : il ne s'agissait pas de se déconcentrer. Il fallait gagner du temps pour avoir une chance d'atteindre les marais. La souplesse et la vivacité étant leurs seuls atouts, ils plongèrent à terre, esquivèrent d'un côté, bondirent de l'autre. C'est ainsi que la majorité d'entre eux parvint à échapper aux sabres meurtriers.

Les cris de rage des cavaliers furent étouffés par le casque noir qui recouvrait leur visage. Tirant violemment sur leurs rênes, ils firent un demi-tour acrobatique avec leur monture. Cette fois, les Albins ne pouvaient plus compter sur l'effet de surprise. En quelques minutes, l'un après l'autre, ils s'effondrèrent sans un râle. Leur sang rouge vif marbrait la blancheur de leur peau avant de venir nourrir la terre. Les précieuses minutes gagnées avaient cependant suffi aux femmes et aux enfants pour disparaître parmi les marécages. Les cavaliers hésitèrent à les poursuivre, les rorsses renâclant furieusement devant la lisière de la mangrove. Un ordre crié dans un porte-voix vint mettre un terme à leur incertitude. Aussitôt, les cavaliers formèrent deux rangées et s'approchèrent du surplomb qui dominait la plaine. À son sommet, une escouade de soldats entourait les géniraux et le Brac Marquel. Même à distance, la carrure de ce dernier était impressionnante.Il portait le casque brillant qu'il ne quittait jamais et dont la visière était juste assez longue pour dissimuler le regard. Sa mâchoire carrée révélait sa volonté de fer et ses lèvres minces et pâles sa propension à considérer la vie humaine comme quantité négligeable. Une cotte de mailles, légère et argentée, recouvrait son buste et un pantalon sombre moulait ses jambes musclées.

En réponse à un nouvel ordre, les cavaliers ôtèrent leur casque. Les militaires perchés sur le surplomb réprimèrent avec difficulté un sursaut de surprise. Car malgré les cheveux taillés ras et leurs visages couturés de cicatrices, les cavaliers étaient des cavalières.

– Des femmes ? Ce sont des femmes ? s'écria une voix stupéfaite.

Si tout l'état-major nelbrien était au courant des désirs du Brac Marquel de créer une unité d'élite en vue du débarquement, tous ignoraient en revanche qu'elle serait constituée de femmes !

– Des femmes, oui, confirma le géniral Porka. D'anciennes condamnées à mort qui n'ont plus rien à perdre. Puis, se tournant vers le commandant suprême des armées, il poursuivit : Comme vous avez pu le constater, Brac Marquel, les amazines sont prêtes. Elles n'éprouvent aucune pitié et sont de redoutables combattantes. J'ai parfaitement rempli la mission que vous m'aviez confiée.

Malgré son embonpoint, il se dégageait de lui une rigueur toute militaire. Un autre gradé, mince et nerveux, s'empressa de le corriger :

– Un peu de modestie, géniral Porka, elles ont laissé s'échapper la moitié du troupeau, vos fillettes !

L'interpellé se raidit, le visage rouge de colère :

– Descendez donc les traiter de « fillettes » en face, géniral Rux, et on verra si vous aimez les jeux qu'elles pratiquent !

– Je suis d'accord avec le géniral Rux, intervint le Brac Marquel d'une voix calme, des enfants et des femmes ont pu leur échapper. Je m'attendais à mieux.

Quelques gouttes de sueur apparurent sur le front gras du géniral Porka.

– Mais on ne pouvait pas prévoir que les hommes se sacrifieraient ! s'insurgea-t-il, et de toute façon on retrouvera facilement les fuyards ! Où pourraient-ils bien se cacher ?

– Au combat, il faut toujours tout prévoir, répliqua l'homme au casque argenté.

Le géniral Porka lutta pour contenir le tremblement qui s'emparait de ses jambes boudinées.

– Je... Je me permets quand même de rappeler au Brac Marquel que cette unité a été créée spécialement pour être efficace sur les terres désertiques de Roslend. Pas pour traquer des Albins en zone marécageuse ! Les rorsses de combat refusent de pénétrer dans les marais, certes, mais ce ne sera pas un problème dans les plaines roslendiennes !

Il lança un regard furtif au géniral Rux, en charge des forces aériennes, avant d'ajouter d'un ton faussement innocent :

– De toute manière, le débarquement ne pourra avoir lieu que lorsque les Volants auront la totale maîtrise des airs.

Le géniral Rux, piqué au vif, répliqua :

– C'est pratiquement le cas. Mes pilotes sèment déjà la terreur à chaque sortie.

– Sauf qu'ils n'ont encore jamais affronté d'ouzgouchs, fit perfidement remarquer Porka, tout le monde sait que ces maudits oiseaux ont causé notre perte lors de la dernière guerre.

– Ils ne les ont pas encore affrontés car nul ne s'est jamais présenté face à eux ! Les Roslendiens préfèrent se terrer plutôt que de combattre !

– Vous êtes un peu trop optimiste, géniral, moi je dis que c'est une ruse. Ils doivent attendre que l'on tente une offensive terrestre pour nous massacrer.

Rux, les narines palpitantes, s'apprêtait à contre-attaquer quand le Brac Marquel intervint d'une voix coupante :

– Il suffit ! On dirait des gamins dans une cour d'école ! Je vais finir par vous destituer tous les deux !

Le silence se fit aussitôt.

– Revenons-en à ce qui nous préoccupe, ordonna le Brac Marquel. La remarque de Porka n'est pas dénuée de bon sens. Augmentons la fabrication de Volants afin d'intensifier les attaques et forcer les Roslendiens à sortir de leur trou. Pendant ce temps, Porka, affinez la préparation de votre cavalerie d'élite. L'infanterie a déjà fait ses preuves et la cavalerie régulière également. Je vous rappelle que les Albins de Roslend ne ressemblent pas à ceux des autres terres. Ils sont entraînés pour le combat et montent des rorsses depuis leur plus jeune âge. Il sera bien plus dur d'en venir à bout que de quelques paysans mal dégrossis.

Les deux hommes inclinèrent la tête. Ils s'éloignaient déjà quand le Brac Marquel rappela :

– Géniral Porka !

L'homme se retourna, inquiet.

– Je crois me souvenir que vous avez une fille, poursuivit tout bas le maître suprême de Nelbri.

Porka acquiesça avec réticence. Sa fille était un bijou, une perle rare, la seule chose à laquelle il tenait vraiment en dehors de sa propre vie. Il l'avait élevée comme une princesse tant il était émerveillé par sa grâce et sa beauté.

– Je n'aime pas être déçu, vous le savez.

Il fit une pause avant de reprendre :

– Ne me décevez pas une deuxième fois. Je ne suis pas sûr que votre fille s'adapterait aisément au monde des amazines...

Le géniral pâlit brutalement. À l'idée que sa poupée chérie puisse subir, ne serait-ce qu'une journée, l'entraînement et les horreurs qu'on infligeait à ces femmes pour briser en elles toute faiblesse et humanité, il eut la nausée.

Baissant à nouveau la tête, il recula de quelques pas avant de s'éloigner au plus vite.

Les amazines allaient devenir de parfaites machines de guerre, impitoyables et meurtrières. Il y veillerait personnellement.

6

Ego Monde, Londres, jeudi 6 septembre 1940, 22 h 10

Quand le réveil de Lucan sonna le matin suivant, l'appartement était désert. Cela n'avait rien d'inhabituel. Son grand-père dormant très peu, il commençait sa journée tôt et la finissait tard. Le garçon devait le rejoindre à 8 heures dans la boutique. Après une rapide toilette, il avala un bol de porridge et s'habilla hâtivement. Quelques minutes plus tard, il s'élançait dans l'escalier, sautant les cinq dernières marches à chaque palier. Quand il arriva dans la boutique, son grand-père le salua et lui annonça :

– Il y a des livraisons à faire. Les paquets sont sur la table avec les noms et adresses.

Lucan réprima un soupir de soulagement. Les livraisons, c'était le travail qu'il préférait. Sans compter qu'après l'altercation de la veille, il n'avait guère envie de passer la journée enfermé aux côtés du vieil homme.

– Et puis, j'ai besoin d'un stock de nouvelles pièces. Westharper n'a pas pu me les envoyer cette semaine car leur dépôt de l'East End a brûlé. Mais il pense que leur succursale de Southwark aura ce qu'il me faut. Je t'ai préparé l'argent et une liste. Ne les oublie pas.

Lucan n'en revenait pas : une virée à Southwark, c'était jour de fête ! S'il se débrouillait bien, il pourrait réussir à passer la plus grande partie de la journée hors de cette maudite boutique.

Cachant sa joie, il opina de la tête. Quelle chance que son grand-père ait horreur de sortir !

Il rangea soigneusement les différents paquets à livrer dans une gibecière et glissa la liste et la bourse dans la poche intérieure de sa veste.

– Tu devrais avoir assez pour te payer un *fish and chips*, lui indiqua l'horloger. Le temps est au beau, profites-en. Mais ne traîne pas trop : sois de retour pour 16 heures, j'ai besoin de ces pièces pour travailler.

Cette fois, Lucan en était convaincu : à sa façon, son grand-père tentait de se faire pardonner son inflexibilité en lui accordant une journée de liberté.

– Ah... oui... eh bien, merci, répondit maladroitement l'adolescent.

Au moment où il ouvrait la porte de l'atelier, le vieil homme lui rappela avec un demi-sourire :

– Et sois ponctuel cette fois. C'est la moindre des choses pour un apprenti horloger.

– Promis ! lança le garçon en refermant la porte.

Dans le petit hall d'entrée, Lucan hésita une seconde. Ce voyage impromptu à Londres lui donnait une idée. Bien sûr, ce serait mal récompenser la générosité de son grand-père, mais d'un autre côté, c'était peut-être LA chance de sa vie.

Il remonta les marches quatre à quatre jusqu'au deuxième étage et s'engouffra dans leur appartement. Il en ressortit quelques instants plus tard, un papier plié dans la poche intérieure de sa veste. Il atteignait le premier palier quand une porte s'ouvrit à toute volée.

– Ah ! Voilà le deuxième larron ! Dire que j'ai moi-même nourri de mon lait cette engeance de voyou ! Jésus Marie Joseph ! Quel péché ai-je donc commis pour mériter ça ? J'aurais mieux fait d'écouter mon pauvre Jo, Dieu ait son âme, et vous abreuver avec des biberons allongés d'une bonne rasade de Guinness !

Maureen o'Flaherty se dressait devant lui, semblable à une furie. Ses yeux d'ambre, si semblables à ceux de Catriona, lançaient des éclairs en cet instant. À l'exception des quelques fils blancs qui striaient son chignon, elle était aussi rousse que sa fille et dotée du même tempérament volcanique. Mais la ressemblance s'arrêtait là. Catriona avait les traits fins et la silhouette gracile d'une fée. Sa mère, le gabarit d'un joueur de rugby. Ce qui n'empêchait pas sa volumineuse poitrine d'abriter un cœur particulièrement sensible. Au cours des longues années passées dans son entourage, Lucan avait eu maintes occasions de le vérifier.

Avec ses mains larges comme les battoirs qu'elle maniait quotidiennement, elle esquissa un signe de croix à l'évocation de son époux décédé quatorze ans auparavant.

– Nan'..., commença Lucan avec un sourire à la fois contrit et charmeur.

Il savait que celle qui avait été sa « Nanny » le considérait comme le fils qu'elle n'aurait jamais et, conscient de la faiblesse de la brave femme à son égard, il abusait assez honteusement de ce pouvoir pour les sortir, Catriona et lui, des situations délicates.

– Non, non, non ! l'interrompit-elle cependant, il n'y a pas de « Nan' » qui tienne, tu peux remballer tes sourires, ça ne marchera pas cette fois ! Vadrouiller jusqu'à point d'heure dans les rues alors que les bombes pleuvent comme vache qui pisse... Qu'est-ce que vous n'irez pas encore inventer ?

Tout en parlant, Maureen était sortie sur le palier, tirant un chariot à roulettes plein de linge à sa suite.

Autant pour rendre service que pour couper court à ces réprimandes, Lucan proposa son aide.

– Qu'est-ce que c'est ? demanda-t-il en portant son chargement dans l'escalier.

– Du linge pour les victimes des bombardements. Les pauvres, certains ont tout perdu et n'ont plus rien à se mettre ! J'ai fait une collecte hier dans le quartier.

Sur le seuil de l'immeuble, il s'étonna :

– Et Catriona ? Elle ne va pas avec toi à la blanchisserie aujourd'hui ?

– Elle a assez couru les rues hier. Aujourd'hui, elle reste à la maison. Elle a du travail. Toi aussi je pense, non ?

– Oui, oui, j'ai des livraisons à faire.

– Ah, très bien... alors file ! Et plus de bêtises, hein ! insista-t-elle en agitant un doigt menaçant sous son nez.

Lucan hocha vigoureusement la tête et ils se séparèrent. Il fit mine d'avancer jusqu'à ce que Maureen o'Flaherty tourne au coin de la rue. Il se dépêcha alors de revenir sur ses pas. Quelques secondes plus tard, la porte de bois s'ouvrait de nouveau.

– Salut ! dit Catriona.

– Ainsi, il n'y avait pas de risque que tu te fasses prendre ? lança son frère de lait d'un ton moqueur.

La jeune fille haussa les épaules.

– C'est à cause de cette traîtresse de Tara, répondit-elle avec fatalisme en désignant la chatte toute blanche qui se frottait contre ses jambes, elle a eu le malheur de laisser traîner sa queue là où j'ai posé mon pied. Ses miaulements auraient réveillé un sourd.

– Pas de chance...

– Non, pas de chance. En plus, pour se venger, ma mère m'a laissé un tas énorme de chaussettes à repriser. L'horreur. Elle sait que je préfère mille fois me casser le dos à laver du linge plutôt que de me battre avec du fil et une aiguille. Et toi, quelle a été la sentence ?

– Petite balade dans Londres avec menu *fish and chips*.

– Quoi ? Tu blagues, là ?

– Non, pas du tout. Quel dommage que tu ne puisses pas m'accompagner, j'aurais pu t'expliquer...

Les yeux d'ambre s'assombrirent.

– Qui a dit que je ne pouvais pas t'accompagner ?

– Mais ta mère...

– Quoi, ma mère ? S'il le faut, je repriserai ce week-end, voilà tout ! Les chaussettes ne vont pas s'envoler d'ici à ce soir...

*

Les paquets furent livrés dans le voisinage en un temps record. Ne restait plus qu'à aller chercher les pièces détachées à Southwark ! En chemin, Lucan et Catriona décidèrent de s'arrêter à Regents Park pour y pique-niquer. Quand ils furent installés sur un des bancs qui faisaient face au petit lac, un morceau de poisson frit enveloppé de papier journal dans une main et un paquet de frites dans l'autre, Lucan déclara :

– Grand-père est impossible, il refuse absolument de me laisser m'engager dans la RAF...

– C'est parce qu'il t'aime et qu'il a peur pour toi, justifia Catriona, c'est normal.

– Si c'est ça « aimer », je préférerais qu'il m'aime moins et qu'il me laisse davantage faire ce que je veux ! Moi je trouve qu'aimer quelqu'un, c'est au contraire le laisser libre de choisir sa vie, pas de l'enfermer.

Catriona mordit dans son poisson et mastiqua quelques instants sa bouchée avant de lui répondre :

– Tu as raison, j'imagine, mais pas sûr que ce soit facile.

– Comment tu peux dire une chose pareille ? s'énerva-t-il, il n'y a pas de questions à se poser ! Tu as vu comme moi les immeubles qui ont été bombardés ! Il y a urgence ! J'ai lu dans les journaux que les forces de réserve ont depuis longtemps été rappelées. On en est arrivé à former des escadrons avec des pilotes étrangers, tu te rends compte ? Tout le monde doit se joindre à l'effort de guerre !

– De toute façon, je ne vois pas pourquoi tu t'échauffes. Grand-père ou pas, tu es trop jeune, la RAF ne t'accepterait pas !

Furieux de l'entendre utiliser des arguments identiques à ceux d'Axélief Sondran, Lucan s'emporta :

– L'âge n'a rien à voir là-dedans ! Qu'on me fasse passer des tests et qu'on me soumette au même entraînement que les autres. On verra bien de quoi je suis capable ! Je sais que je suis fait pour voler. Nul ne devrait pouvoir m'interdire de tenter ma chance...

Catriona regarda attentivement son compagnon. Elle ne l'avait jamais vu aussi passionné qu'en cet instant. Ses yeux bleu-vert brillaient sous le coup de l'émotion. Une mèche brune retombée sur son front et ses sourcils froncés accentuaient encore leur éclat. Il avait toujours l'arcade sourcilière enflée, mais cela lui donnait un petit côté « mauvais garçon » qui était loin d'être déplaisant. Quant à ses pommettes saillantes, elles s'étaient teintées de rouge au fur et à mesure qu'il débitait son discours. Elle connaissait ce visage par cœur. Depuis la petite cicatrice en croix qu'il s'était faite au menton lorsqu'il était tombé d'un arbre en voulant l'attraper, jusqu'à l'arête légèrement déviée de son nez, héritage d'une bagarre mémorable contre les gamins de la rue voisine.

Pourtant, en cet instant précis, il lui sembla le voir pour la première fois. Une sensation étrange l'envahit. Pour se débarrasser de ce malaise, elle éclata de rire.

– Merci de te ficher de moi ! lança Lucan, vexé.

– Pardon, s'excusa la jeune fille en riant encore, mais tu devrais te voir : tu fais des déclarations dignes du *speaker's corner*[1] tout en agitant des frites et du poisson frit !

Comme il ne répondait pas, elle renchérit :

– Bon, si tu veux vraiment savoir le fond de ma pensée, je vais te la dire : je te comprends très bien... Tu te souviens quand

1. Emplacement en plein air au nord-est de Hyde Park où n'importe qui peut prendre la parole et devenir orateur.

je pestais lorsque j'ai appris que je ne pouvais pas jouer au hurling simplement parce que j'étais une fille ? Pourtant, quand on s'entraînait ensemble, j'étais plutôt douée, je crois. Moi, j'aurais adoré être à ta place hier soir ! Et quand je râlais de devoir toujours porter ces jupes inconfortables au lieu de pantalons, toi aussi tu riais… Tu comprends un peu mieux ce que je ressens maintenant ?

Interloqué, Lucan se tourna vers elle.

– Mais… mais c'est pas pareil !

– Tu as raison, s'emporta-t-elle, toi, ta frustration, elle n'est que provisoire ! Dans quatre ans, tu en en auras dix-huit ! Moi, je resterai une femme toute ma vie !

Il y eut un long silence pendant lequel on n'entendit que des bruits de mastication. Puis Lucan reprit la parole.

– C'est pas complètement faux, ce que tu dis…

Il eut un petit sourire et ajouta :

– Mais j'ai justement un truc en tête qui serait peut-être la solution pour nous deux…

7

Alter Monde, terre de Roslend

L'Immuable, malgré les injonctions de prudence de sa garde, avait tenu à monter au sommet de la tourelle la plus élevée du palais. Conçue pour le plaisir, celle-ci disposait d'un toit-terrasse recouvert d'un jardin verdoyant et fleuri. Les arbres qui y poussaient montaient si haut qu'ils assuraient une ombre agréable à toute heure du jour. Depuis ce havre de paix, en compagnie de son état-major, l'Immuable observait l'horizon.

Au sud de la cité de Roslend s'étiraient d'immenses étendues de sable brun façonnées par le vent du désert. À intervalles réguliers, des geysers jaillissaient puissamment des cônes plus ou moins larges qui parsemaient le désert tout autour de la cité. Ils offraient un spectacle perpétuel, avec leurs jets qui atteignaient des hauteurs vertigineuses avant de retomber brusquement. Grâce à ce réseau d'eau chaude, les habitants bénéficiaient d'une source d'énergie inépuisable, ainsi que de nombreux thermes qui étaient autant de lieux de rencontre. Au nord, la ville s'était établie en prenant appui contre une haute falaise, formant un harmonieux arc de cercle autour d'une gigantesque cascade. Si les geysers assuraient le confort des Roslendiens, la chute d'eau, elle, leur offrait la vie. La Grande Pleureuse, comme les habitants la surnommaient affectueusement, rebondissait mille fois de rochers en rochers avant de former une rivière tumultueuse. À l'entrée de la ville, les savantors roslendiens avaient aménagé un barrage en verre aussi esthétique qu'efficace. Grâce à cet ouvrage d'art, les flots impétueux étaient domestiqués et la sécurité de la population assurée. Par un système de canalisations sophistiqué, il permettait aussi l'alimentation de la population et l'irrigation des nombreux jardins.

Oui, Roslend était une cité où il faisait bon vivre... Sauf lorsque les cloches du beffroi de verre d'or sonnaient l'alerte.

Indifférent aux échos lancinants du tocsin, l'Immuable, les sourcils froncés, scrutait la horde de Volants qui envahissait le ciel azur. Cette fois, il était évident que l'attaque ne se limiterait pas à la destruction de quelques champs. Les Volants avaient dépassé les plaines et continué vers les zones septentrionales. Le Brac Marquel visait la capitale, le cœur palpitant des terres de Roslend.

Les catapultes ayant démontré leur action limitée en terme de défense, les savantors avaient passé des heures à chercher un nouveau système de protection. Tout récemment, leurs recherches avaient porté leurs fruits. Le système avait été mis en place la veille en urgence. Son efficacité allait être testée le jour même.

– Ils approchent, s'inquiéta un gradé, êtes-vous sûr que notre défense aérienne sera efficace ?

– La vie est une succession d'incertitudes plus ou moins certaines, colonil Lhô. Et le passé, seul, est sûr. Si vous le permettez, je répondrai à votre question dans quelques heures, voire dans quelques minutes.

Sur ces paroles, l'Immuable se saisit d'une lunette et la pointa sur les taches sombres qui grossissaient à vue d'œil. Il régla la netteté et vit apparaître le premier Volant de l'escadrille. L'appareil était constitué de deux ailes dont le cadre rigide était recouvert de poches de toile gonflées d'hydrolium, un gaz bien plus léger que l'air. Il était piloté par un soldat nelbrien en position de combat : allongé et harnaché à une structure de tiges métalliques, il avait déjà une main posée sur une arbalète mortellement efficace, lui permettant de tirer plusieurs flèches simultanément. Au-dessus de sa tête, un trapèze auquel était rattaché un ensemble complexe de chaînes et de cordelettes lui permettait de contrôler son gouvernail, ses ailes, et bien sûr les ptéradaks. Il fallait trois de ces créatures immondes pour propulser l'engin. Deux à l'extrémité de chaque aile et une troisième à l'arrière, juste au-dessus de la gouverne. Ces volatiles uniformément grisâtres ne survivaient plus que dans les marais puants situés aux confins des terres nelbriennes. Xélion, à la fois dégoûté et fasciné, laissa son regard s'attarder sur l'un d'eux malgré lui. La bête avait son long bec ouvert, de la bave bouillonnant aux commissures et sa double rangée de dents mobiles en action, comme si elle cherchait déjà une proie à déchiqueter.

– Là, sur la gauche ! hurla un gradé, ils atteignent les faubourgs. Il faut stopper l'attaque !

L'Immuable pivota d'un quart de tour, et après avoir ajusté sa lunette, découvrit le regard froid et déterminé d'un pilote nelbrien. Sans précipitation, il inspecta les alentours et décida :

– Il est trop tôt. Il faut les laisser s'approcher davantage. Ils doivent nous croire sans défense. Nous devons profiter de cette attaque pour descendre un maximum de Volants.

– Mais... et les toits en paille ? Et les structures de verre ? Tout va être détruit si on n'intervient pas de suite !

Xélion refréna son agacement. Avec un autre Immuable que lui, les militaires n'auraient jamais osé discutailler ainsi. Arborant un calme qu'il était loin de ressentir, il répéta :

– Il est trop tôt.

Il ignora les chuchotements de protestation de son état-major, tout en se demandant combien de temps encore il pourrait imposer ses décisions.

En contrebas, dans les rues de la ville, les gens couraient à la recherche d'un abri. Avec un élan de fierté pour le peuple dont il avait la charge, l'Immuable constata que les Roslendiens ne paniquaient pas et faisaient même preuve de solidarité en venant en aide aux plus vulnérables.

Mais soudain des cris à glacer le sang, des cris de ptéradaks, couvrirent le son du tocsin. Une voix suraiguë perça :

– Ils bombardent ! Ils bombardent !

La moitié de l'escadron survolait maintenant les faubourgs. Son œil toujours collé à la lunette, l'Immuable suivit la manœuvre du pilote qu'il gardait en visée. Il le vit tirer violemment sur une corde et, à nouveau, l'horrible cri retentit : le ptéradak de droite, qu'une corde venait d'enserrer brutalement, avait vidé d'un coup ses intestins. La fiente n'avait pas parcouru dix mètres qu'elle devint torche. Les zoologistes nelbriens avaient fait du bon travail : grâce à un régime alimentaire très performant, ils avaient réussi à porter à son paroxysme l'une des particularités physiologiques des ptéradaks. À savoir, le haut pouvoir inflammable de leurs matières fécales au contact de l'air.

Quelques secondes plus tard, le feu dévorait les toits de paille des maisons les plus humbles.

– Les incendies vont se propager, s'insurgea le colonil Lhô, n'oubliez pas que nos plus beaux bâtiments ont des structures de verre. Si le feu se propage, elles risquent de fondre, et alors tout s'écroulera !

– Ce qui est détruit sera reconstruit, répliqua l'Immuable avec une douceur feinte.

Des murmures de contrariété s'élevèrent sans que Xélion n'y prête attention.

Il y eut de nouveaux cris. De nouveaux largages. De nouveaux incendies.

– Immuable, il faut donner l'ordre, pressa l'un des colonils avec insistance.

L'Immuable hocha enfin la tête. Un soldat équipé d'un miroir multiface communiqua immédiatement l'information à travers la cité. Aussitôt, des rayons lumineux provenant des murailles et des tours les plus hautes de Roslend s'élevèrent vers le ciel. Lorsqu'ils frappèrent les ailes d'un premier Volant, celles-ci s'embrasèrent dans l'instant. L'hydrolium qu'elles contenaient, en condition de surchauffe, devenait un combustible idéal. Les fientes de ptéradak n'étaient pas le seul matériau à disposer d'un haut pouvoir inflammable...

Des cris de joie s'élevèrent autour de Xélion. Le système de lentilles et de miroirs mis au point par les savantors se révélait extrêmement efficace, et les rayons du soleil de redoutables alliés.

Bientôt, le ciel devint fournaise. Les collisions entre Volants se multipliaient et, quand par miracle la combustion n'était pas totale, les ptéradaks, affolés par le feu, prenaient d'instinct la direction de l'eau. Devenus fous, ils se jetaient dans les cataractes gigantesques qui dominaient la cité. Emportés par les puissantes chutes d'eau, ils disparaissaient dans les tourbillons sans fond qui moussaient au pied de la cascade.

Voyant ce qui arrivait aux escadrons d'avant-garde, le reste des Volants fit demi-tour en catastrophe.

Dans les airs, le silence se fit. Sur terre, les craquements des flammes et des demeures prêtes à s'effondrer résonnaient dans les rues désertes. Petit à petit, la population sortit des caches et des caves. Un rire retentit, puis un autre. Malgré la peur et les blessures, le soulagement dominait. On pleurerait plus tard les victimes. Pour l'heure, les citoyens de Roslend goûtaient la saveur incomparable de la vie lorsque la mort vient de frapper.

Dans le resplendissant jardin fleuri de la tour du palais, l'ambiance était plus mitigée.

Le colonil Lhô lissait sa barbe blonde et pointue d'un geste nerveux, signe chez lui de grande contrariété. À ses côtés, les autres militaires attendaient qu'il prenne la parole. L'Immuable, apparemment indifférent à la tension qui régnait, rangeait avec un soin méticuleux la lunette dans son étui.

– Nous sommes passés près de la catastrophe, explosa enfin le gradé, je ne saurais que trop conseiller à l'Immuable de s'en remettre davantage aux personnes compétentes dans le domaine martial, lors des batailles.

Xélion posa lentement l'étui sur un guéridon de verre ouvragé et se tourna vers lui. Un sourcil levé pour marquer son étonnement, il objecta :

– Le résultat me paraît pourtant des plus positifs.

– Parce que vous avez eu de la chance ! Qu'auriez-vous fait si le système de défense n'avait pas fonctionné ?

– Oh ! Je vois... Vous m'accusez de jouer avec le feu, en quelque sorte...

La mâchoire du colonil se crispa. Il ne goûtait guère l'humour de l'Immuable.

– Mais pour répondre à votre question, je n'aurais rien fait, et vous, pas davantage.

– Si vous m'aviez écouté depuis le début, nous n'aurions pas eu à répondre à cette question. Je vous ai dit et répété qu'il fallait marcher sur Nelbri !

– Parce que vous savez marcher sur les sables ondulants, vous ?

Le colonil s'empourpra.

– Ce petit détail mis à part, poursuivit l'Immuable, je vous rappelle que nos alliés des terres intérieures et méridionales ont tous été vaincus par le Brac Marquel. Si nous parvenons à tenir, ce ne sera déjà pas si mal... Et puisqu'on en est au jeu des questions-réponses, ajouta-t-il avec un sourire charmant, j'en profite pour répondre à celle que vous m'avez posée un peu plus tôt : Oui, j'en suis sûr, notre système de défense aérienne est absolument efficace !

Sans un mot, le visage congestionné et la main tremblante, le colonil Lhô salua, bientôt imité par tous les militaires, et tourna brusquement les talons.

L'Immuable les regarda sortir sans se départir de son sourire. Ce ne fut que lorsqu'il eut l'assurance d'être seul qu'il se relâcha. La situation se tendait de jour en jour. Il devait à tout prix convaincre Palioma de le recevoir.

Mais vu la façon dont ils s'étaient quittés la dernière fois, ce n'était pas gagné d'avance...

8

Ego Monde, Londres, vendredi 7 septembre 1940

Les entrepôts de Westharper à Southwark étaient situés au cœur d'une zone nauséabonde et mal desservie. Lorsqu'ils y arrivèrent enfin, Lucan et Catriona durent encore patienter longuement avant de pouvoir parler à un responsable. Le temps de rassembler toutes les pièces inscrites sur la liste d'Axélief Sondran, il était près de 3 heures de l'après-midi.

– Et maintenant, direction les bureaux de la RAF ! déclara Lucan d'une voix décidée.

– Tu es vraiment sûr ? demanda Catriona, il est déjà 3 heures. On va rentrer super en retard si on va là-bas. Tu n'avais pas dit à ton grand-père que tu reviendrais pour 4 heures ?

Le garçon lui jeta un regard mi-incertain, mi-agacé. Ses propres doutes lui suffisaient. Inutile qu'elle en rajoute. Pour une fois qu'il prenait la direction des opérations...

– On a la chance d'être dans le centre de Londres, répondit-il, il faut en profiter. Une telle occasion ne se reproduira pas de sitôt.

– C'est vrai, mais quand même, tu devrais le lui dire en face plutôt que de faire ça dans son dos...

Lucan réagit vivement :

– Ah oui, bien sûr, comme si je n'avais pas déjà essayé ! Tu crois que c'est facile de lui tenir tête ? Et puis, qui m'a toujours encouragé à lui désobéir, hein ?

Catriona haussa les épaules, mal à l'aise.

– Je sais, mais c'était pour des bêtises. Là, c'est du sérieux...

– Exactement ! Et c'est pour ça que c'est si important pour moi !

La jeune fille ne savait plus que dire. Elle sentait que Lucan dépassait les limites, mais elle était à court d'arguments.

– OK, finit-elle par accepter, mais tu préciseras bien à ton grand-père que pour ce coup-là, l'idée vient de toi ! J'en ai marre de son regard lourd de reproches !

– Compte sur moi. De toute façon, quand j'aurai le certificat d'enrôlement en main, il faudra bien qu'il admette la réalité.

Une demi-heure plus tard, ils se tenaient devant un long bâtiment à colonnades. L'Union Jack était suspendu à une poterne et de grandes affiches de recrutement étaient placardées sur les murs. « *Help the RAF, join the WAAF*[1] » proclamait une pancarte représentant plusieurs femmes habillées en uniforme. L'une d'elles arborait fièrement un pantalon.

Catriona fixait l'affiche avec insistance. Devinant ce qui retenait son regard, Lucan déclara fièrement :

– Alors ? Je suis pardonné ?

– Ça reste à voir… Rien n'est encore fait.

Mais son compagnon se projetait déjà.

– Tu te rends compte, si on était pris tous les deux ? Quelle équipe on ferait !

Catriona acquiesça sans conviction.

Lucan lui avait montré comment il avait trafiqué son acte de naissance : avec une goutte d'eau, il avait dilué l'encre du dernier chiffre de son année de naissance. Il avait été facile ensuite de transformer en 1 le 5 de 1925. Son voisin, Peter Hickey, lui avait expliqué qu'il avait procédé ainsi pour se faire enrôler. En temps de guerre, avait-il assuré, les officiers recruteurs n'étaient pas très regardants. Il prévoyait déjà d'employer une méthode identique pour modifier celui de Catriona. Mais s'il était vrai qu'elle rêvait de pouvoir porter le pantalon, elle n'en avait pas

1. Women Auxialary Air Force.

pour autant envie d'entrer dans l'armée ! Elle garda néanmoins le silence. Elle le sentait fragile. Il avait besoin d'elle.

Le vaste hall grouillait d'activité. Un large escalier central permettait d'accéder aux étages supérieurs. Des hommes et des femmes en uniforme bleu avalaient ses marches à grands pas pressés. Lucan se dirigea vers un guichet surmonté d'une pancarte « information ». Une jeune femme blonde aux cheveux impeccablement ondulés lui indiqua que l'enrôlement se faisait au bureau 19 du premier étage. Il la remercia et emprunta l'escalier, Catriona sur ses talons.

Lorsqu'ils arrivèrent devant la porte affichant le numéro 19, un jeune homme attendait déjà son tour.

– Salut, lança-t-il à Lucan avec un sourire, alors, tu viens t'engager ? Moi aussi. J'en ai marre de rester là à rien faire. Tous mes frères sont déjà dans la marine. Ce que j'aimerais qu'ils m'y envoient également !

– Moi, c'est la RAF qui m'intéresse, dit Lucan les yeux brillants.

Le jeune homme le regarda avec plus d'attention.

– Ah ? Et tu viens d'Oxford ou de Cambridge[1] ?

Interloqué, Lucan bafouilla :

– Heu... ni de l'un ni de l'autre, pourquoi ?

– Eh bien parce que la plupart de ceux qui sont envoyés dans la RAF sont des richards qui ont appris à piloter pendant leurs études. Tu as appris où, toi ?

La porte s'ouvrit à cet instant-là, laissant le passage à une femme d'une trentaine d'années qui s'éloigna, un dossier à la main. Une voix aiguë appela « Suivant ! ». Soulagé de ne pas avoir à répondre, Lucan regarda le jeune homme disparaître dans le bureau 19.

Lucan envoya un regard troublé à Catriona. Mais il n'eut pas le temps d'ouvrir la bouche. La porte venait de s'ouvrir à nouveau pour laisser le passage à un homme. « Suivant ! » cria

1. Universités anglaises d'excellente réputation et généralement réservées à l'élite.

une voix. Il fallut un coup de coude de Catriona pour que Lucan se propulse sur ses deux pieds. Il fit quelques pas en avant et la porte se referma derrière lui.

Lucan se dirigea vers le guichet inoccupé.

– Remplissez ce formulaire ! lança avec autorité la femme qui trônait derrière une vitre sans même le regarder.

Pendant qu'il s'exécutait, elle s'activait dans son petit box à classer des papiers. Les informations demandées portaient sur son état civil et il n'eut aucun mal à répondre aux questions. Cependant, quand en dernier lieu on lui demanda « Dans quel corps d'armée préféreriez-vous servir ? », il hésita.

– Vous avez fini ?

– Heu, oui, ça y est, dit-il en griffonnant rapidement « pilote dans l'armée de l'air ».

Il rendit le formulaire et la brunette réclama :

– Il me faut aussi votre certificat de naissance.

Des gouttes de sueur apparurent sur le front de Lucan quand il lui tendit le papier.

Elle le parcourut rapidement en grommelant :

– « Sondran », c'est bizarre comme nom, en plus vous avez un de ces accents irlandais !

Mais, au grand soulagement de l'adolescent, elle ne dit rien au sujet de la tache qui entourait son année de naissance.

Puis elle poursuivit sa lecture... et éclata de rire.

– Hé ! Écoutez un peu ça, les filles : il y a un paddy[1] qui veut devenir pilote dans la Royal Air Force.

Ses collègues levèrent le nez de leur paperasserie pour dévisager Lucan et se mirent à glousser comme s'il s'agissait de la blague de l'année. Deux des hommes qui venaient pour s'enrôler se joignirent à l'allégresse générale en ricanant bruyamment. Seul le jeune homme rencontré dans le couloir le regardait avec

1. Surnom péjoratif donné aux Irlandais par les Anglais.

un brin de compassion. Lucan était devenu cramoisi. Il aurait voulu disparaître six pieds sous terre. Un sergent qui travaillait à une table derrière les employées se leva pour venir voir la cause de cette subite euphorie.

– Que se passe-t-il ici ? interrogea-t-il sèchement.

Les moqueries cessèrent et la brunette déclara :

– C'est ce... cet Irlandais, sergent. Il croit que n'importe qui peut devenir un pilote dans la RAF.

– Je ne suis pas irlandais, rectifia Lucan les joues brûlantes. Je suis un citoyen britannique : je suis né à Brighton.

Les yeux du sergent se rétrécirent lorsqu'ils aperçurent l'acte de naissance posé sur le bureau.

– Je crains qu'une telle affirmation reste encore à prouver, répliqua le militaire, ce certificat est un faux.

De cramoisi, Lucan devint livide.

– Non, non... c'est juste une tache d'eau..., commença-t-il.

– Voyez ce tampon, l'interrompit le sergent en montrant le cachet officiel estampillant l'acte, il est rouge. C'est la couleur utilisée sur les certificats de décès. Pour les naissances, le tampon est bleu.

Lucan respirait avec difficulté.

Son certificat, un faux ? Impossible !

Le militaire continuait de parler, mais il ne l'entendait plus. Une bombe venait d'exploser dans sa tête. Un faux... un faux certificat... Avant même qu'il l'ait trafiqué, son certificat était faux ! Comment était-ce possible ?

Cette pensée tournait comme un insecte affolé dans son esprit, l'empêchant même de bouger. Combien de temps serait-il resté ainsi si une cloche annonçant une alerte ne s'était soudain mise à sonner ?

Sans vraiment savoir comment, il se retrouva dans le couloir.

– Ne courez pas et rejoignez l'abri le plus proche, lançaient les militaires d'une voix forte mais calme.

Les visiteurs s'exécutèrent sans paniquer, comme si on les invitait à un déjeuner sur l'herbe. Lucan les suivit sans réfléchir, quand une voix l'interpella :

– Hé ! Tu pourrais m'attendre !

Lucan sursauta au moment où Catriona lui saisissait le bras. Il venait de passer devant elle sans s'en rendre compte.

– Ah, heu... oui, excuse...

Tout en suivant le mouvement, elle s'inquiéta :

– Ben dis donc, tu en fais une tête ! On dirait que tu as vu un fantôme ! Ça n'a pas marché ?

– Quoi ? Hein ?

– Laisse tomber, on en parlera plus tard !

Quand ils se retrouvèrent dehors, Lucan sembla recouvrer un peu ses esprits. Consultant sa montre à gousset, il s'exclama :

– Il est quatre heures moins le quart. Si l'alerte s'éternise, on risque de se retrouver coincés pour un sacré moment. Fonçons jusqu'au métro, peut-être fonctionnera-t-il encore...

À toutes jambes, ils s'élancèrent dans la rue. Levant la tête, Lucan chercha à distinguer à l'horizon les premiers appareils ennemis. En scrutant le ciel en direction du sud, il crut d'abord qu'un orage se préparait. Un nuage sombre approchait. Il lui fallut du temps pour réaliser que le nuage en question était constitué d'une multitude de petits points noirs. Soudain, il repensa aux sauterelles d'Égypte, la huitième plaie infligée au pharaon et son peuple qui résistaient à Moïse. Ces sauterelles-là étaient d'acier, mais leur passage promettait d'être bien plus dévastateur. Il s'arrêta, fasciné.

Les escadrons de Spitfire[1] et d'Hurricane[2] jaillirent de l'horizon pour s'attaquer au convoi. À cette distance, on aurait dit des jouets d'enfant.

1. Avions de chasse anglais.
2. *Idem.*

Soudain, la DCA[1] entra en action et le toit de Londres se zébra de feu.

Lucan était hypnotisé par le ballet aérien qui se dansait à quelques kilomètres de là.

– Ils approchent, il faut y aller ! s'écria Catriona en le secouant sans douceur.

Son compagnon ne semblait pas l'entendre.

– Ils sont trop nombreux, murmura-t-il, ils ne parviendront pas à les arrêter…

– Allez, viens !

On distinguait désormais très nettement les bombardiers. Ils étaient des centaines, des milliers peut-être… Ce ne fut que lorsque la première bombe tomba et que des flammes s'élevèrent haut à l'horizon que Lucan sembla réaliser le danger qu'ils couraient.

– Ah, enfin ! s'exclama Catriona en parvenant à l'entraîner jusqu'à la bouche de métro la plus proche.

Quand ils arrivèrent dans la station, d'autres, nombreux, les avaient précédés. Lucan, reprenant la direction de leur binôme, joua des coudes pour s'approcher du quai. Lorsqu'il apprit qu'aucun métro ne circulait depuis le début de l'alerte, il laissa échapper un soupir de frustration.

– On est à l'abri ici, lui rappela Catriona, tout ce qu'on risque, c'est une bonne engueulade quand on rentrera.

Le garçon secoua la tête et laissa échapper à mi-voix :

– Je ne sais pas si on va se faire engueuler, mais ce qui est sûr, c'est qu'il va falloir que grand-père s'explique.

– Qu'est-ce que tu veux dire ? s'étonna Catriona.

Lucan soupira profondément. Il s'était à peine rendu compte qu'il avait parlé de façon audible. Il se laissa glisser sur le sol. Elle l'imita et insista :

1. Défense anti-aérienne.

– Allez, raconte ! Qu'est-ce qui s'est passé ?

Son compagnon hésitait à se confier. Il n'en revenait toujours pas ! Comment son acte de naissance pouvait-il être un faux ? Son grand-père, qui l'accusait de lui mentir pour des broutilles, mentait lui-même depuis sa naissance sur le sujet le plus grave qui soit ! Quel bel hypocrite ! Dire qu'il lui avait toujours fait confiance ! La colère déferlait par vagues. La colère et le besoin de savoir. Pourquoi faire un faux ? Qui était-il s'il n'était pas Lucan Sondran ? Et son grand-père, était-il vraiment celui qu'il prétendait être ? Lui cachait-il d'autres choses ? Comme il brûlait de se retrouver face au vieil homme !

Devant son silence, Catriona revint à la charge :

– Hé ho ? Y a quelqu'un ?

Pour la première fois, Lucan décida de cacher ses pensées à son amie. C'était trop douloureux. Il fallait qu'il sache d'abord.

Il décida de lui raconter la façon dont ces pimbêches avaient réagi en lisant sa fiche. Catriona partait toujours au quart de tour quand les « Brits » se moquaient des Irlandais. Cela devrait suffire à la satisfaire.

Il ne fut pas déçu. Cela fonctionna même au-delà de ses espérances : après une bordée d'injures bien senties, il dut la retenir de sortir en pleine attaque aérienne pour qu'elle leur dire sa façon de penser.

– Ça n'en vaut pas la peine, dit-il, de toute façon c'est fichu.

– Mais tu ne vas pas abandonner déjà ! Tu en rêves depuis des mois !

Comment lui expliquer que la situation s'était diablement compliquée entre-temps, sans tout lui avouer ?

– On verra plus tard, prétendit-il, de toute façon, pour l'instant, l'important c'est de rentrer.

Son vœu ne put être exaucé que deux heures plus tard.

Dès que le métro se remit à fonctionner, ils jouèrent des coudes pour monter à bord de la première voiture. Après le métro, ils réussirent ensuite à attraper *in extremis* un bus bondé en direction de Kilburn. Lucan devenait de plus en plus fébrile. Catriona, elle, fulminait toujours.

Quand ils arrivèrent enfin devant leur immeuble, il était à bout de patience. Son grand-père allait devoir s'expliquer ! Il s'élança dans la cage d'escalier, suivi de près par Catriona. Ils tombèrent sur Maureen qui sortait de chez elle, les bras chargés de linge et le visage marqué. Dès qu'elle les vit, elle s'arrêta brusquement et ses yeux d'ambre se posèrent sur le garçon. Ses traits se contractèrent, comme si elle retenait ses larmes.

– Oh, Lucan..., soupira-t-elle.

Le garçon se figea.

– Qu'est-ce qui se passe ? souffla-t-il.

– Ton grand-père, articula la brave femme, il a eu un accident...

9

Alter Monde, terre de Roslend

D'un coup d'œil, Xélion vérifia que les fleurs qu'il avait ramassées en chemin se mariaient en un agréable désordre. Sa longue expérience des femmes lui avait appris que celles-ci raffolaient des bouquets champêtres ramassés de la main même de celui qui les offrait. Elles les préféraient toujours aux fleurs sophistiquées que les fleuristes agençaient avec art mais sans émotion. Satisfait de ce qu'il voyait, Xélion frappa à la porte de verre obscurci. Il fut surpris d'entendre un tintamarre tonitruant répondre à ses coups légers.

Lorsque la porte s'ouvrit, le bruit cessa comme par miracle. Mais le cœur de Xélion accéléra brusquement ses battements. Il retint son souffle et, irrité, intima à son cœur de se calmer. Il ne pensait pas que la revoir lui ferait un tel effet.

La mince jeune femme qui s'appuyait d'une main sur le chambranle ouvrit tout grand ses magnifiques yeux mauves. Elle était vêtue de sa tenue de savantoresse traditionnelle : une tunique dorée sans manches, froncée aux épaules, qui lui descendait à mi-cuisses, une ceinture large et blanche à laquelle était suspendue une multitude de petits outils qu'il aurait bien été en peine de nommer, et un pantalon moulant de même couleur. Aux pieds, des bottes dorées et ajourées. Chez la plupart de ses collègues, l'habit n'avait rien de particulièrement affriolant, bien au contraire. Il mettait généralement en évidence une trop grosse bedaine ou des jambes un peu courtes. Sur elle, il en allait tout autrement. Elle avait la taille fine et des membres déliés. Une silhouette parfaite. Au sang albin qui coulait dans ses veines, elle devait sa grâce féline, ses longs cheveux de lin et ses yeux mauves en amande.

– Ça par exemple ! Mille excuses, Sido, tu avais entièrement raison ! s'exclama-t-elle en s'adressant au petit oiseau qui était perché sur son épaule, voilà que le très vénérable Immuable nous fait l'*immense* et très surprenant honneur de sa visite !

La pétarade victorieuse qui jaillit du bec en forme de trompette du volatile multicolore agaça Xélion au moins autant que le ton exagérément obséquieux de la jeune femme. Il lança un regard noir au petit oiseau, tout en disant d'une voix mielleuse :

– Vous manquez de petit personnel, à la cité des Concepts, pour que ce soit la responsable du centre en personne qui fasse la concierge ?

– Le concierge a, comme tout un chacun, certains besoins naturels à satisfaire, ô très vénérable Immuable. Je passais dans la cour quand Sido a entendu frapper. Il a une ouïe extraordinairement sensible.

Elle déposa un léger baiser sur la tête de l'oiseau qui pétarada de plus belle.

L'Immuable leur décocha un regard assassin. Ils étaient aussi énervants l'un que l'autre.

– Toujours en vie, cette bestiole ? grogna-t-il. Personne n'a donc eu la bonne idée de lui tordre le cou ?

– L'idée, peut-être, répondit Palioma, mais sachant qu'il m'appartient, nul n'a osé s'aventurer plus loin. Et ce n'est pas une « bestiole » mais un pipelard.

– Bestiole ou pipelard, il est toujours aussi insupportable.

– Pas autant que certains, rétorqua-t-elle d'un ton lourd de sous-entendus. De toute manière, il a fait des progrès, lui : désormais, il ne claironne plus en permanence et sait reconnaître les visiteurs. Il annonce chacun d'une mélodie particulière. Il possède de plus une excellente mémoire puisqu'il a reconnu ta façon de toquer. Même après tout ce temps...

Ignorant le reproche implicite, l'Immuable grommela :

– Bon, va-t-on rester indéfiniment sur le seuil où vas-tu te décider à me faire entrer et à m'offrir une tasse de thil ?

– Ça dépend... Qui es-tu venu voir ? La savantoresse en titre du palais ou la naïve petite gourde que tu as laissée tomber il y a plusieurs années ? Quel masque portes-tu cette fois ? Celui du sage Immuable ou celui de l'incorrigible séducteur ?

Xélion se racla la gorge et pensa que le moment était venu de montrer le bouquet caché dans son dos. Il le tendit à Palioma avec son sourire le plus penaud, celui qu'il avait travaillé en face d'un miroir étant enfant pour attendrir sa mère.

Une lueur s'alluma dans les yeux mauves et Xélion se dit que la partie était gagnée. Les femmes, toutes savantes qu'elles soient, étaient tellement prévisibles... Mais quand Palioma plongea son regard dans le sien, il constata que la lueur ne vacillait pas d'émotion. Un doute s'empara de lui.

– Tu peux remballer tes fleurs et ton petit jeu. Cela ne prend pas avec moi. Dis-moi ce que tu veux vraiment.

Une rougeur malvenue colora le noble visage de l'Immuable. Pourquoi les gens ne le traitaient-ils pas selon les égards qui lui étaient dus ? Après quelques secondes d'hésitation, il jeta son bouquet dans la rue et dit d'un ton plus sec :

– Laisse-moi entrer. Ce n'est pas le genre de sujet qu'on aborde sur le pas de la porte.

– Et pourquoi donc te laisserais-je entrer ? La dernière fois que tu as franchi mon seuil, je n'ai guère eu à m'en féliciter. Or je suis comme Sido, je sais tirer des leçons de mes erreurs, moi !

Xélion lutta pour garder un visage impassible. Cette fille avait la tête plus dure qu'un cristal de roche trempé !

– Il faut que je te parle. J'ai... j'ai besoin de toi...

Palioma leva un sourcil.

– Enfin pas de toi, *toi*..., corrigea très vite Xélion, plutôt de tes compétences.

Palioma inclina la tête de manière ironique et Sido s'envola en entonnant une douce mélodie.

– Ce n'est pas nouveau, que je sache. Ni que tu n'aies pas besoin de moi, *moi*... ni que tu aies besoin de mes compétences. Jusqu'à présent, tu envoyais des messagers, des conseillers, des coursiers ou toute autre personne te tombant sous la main ! Tu ordonnais, j'exécutais, tu m'évitais, je m'en réjouissais et tout était pour le mieux dans le meilleur des mondes ! Pourquoi donc faudrait-il que cela change ?

Le masque de l'Immuable ne se fissura pas sous l'assaut. Il savait que ce ne serait pas facile. Il lui en voulait cependant de le forcer à jouer la carte officielle. Lui montrant ainsi qu'il n'avait pas d'autre moyen d'obtenir d'elle ce qu'il voulait. Dire qu'il fut un temps où cela aurait été si facile... Dissimulant sa frustration, il abattit sa dernière carte.

– Raison d'État.

Palioma ne bougea pas tout de suite. Elle le scruta un long moment avant de finir par s'effacer pour le laisser passer. Xélion s'avança le long d'un couloir de sable brut et le suivit jusqu'à une vaste cour ronde. Dans cette enceinte, les plus grands scientifiques roslendiens travaillaient pour le bien du peuple et de l'État. Quelques-uns d'entre eux traversaient le patio, courbés en avant, des dossiers coincés sous les bras et l'air préoccupé. Des portes de verre teinté de toutes les couleurs de l'arc-en-ciel donnaient accès aux différentes zones de la cité des Concepts. Palioma ouvrit la rouge et descendit une volée de marches. Il la suivit et un instant plus tard, il arrivait dans une pièce immense, coiffée d'un dôme vitré qui dispensait un éclairage naturel. Des livres et des outils plus ou moins volumineux étaient stockés sur les nombreuses étagères qui habillaient les murs. Des tours de rangement de hauteurs diverses accueillaient des lentilles de taille, coloris et épaisseur variables.

– Je n'ai pas droit à une tasse de thil ? s'étonna Xélion en haussant un sourcil.

– Quand l'État est en jeu, on n'a pas de temps à perdre avec du thil et des petits gâteaux.

L'Immuable eut une moue déçue.

– Tu es dure en affaire. On peut joindre l'utile à l'agréable.

Palioma, imperturbable, ne prit même pas la peine de répondre. Xélion poussa un soupir et se résolut à aborder l'objet de sa visite.

– J'aurais dû te dire que ma requête fait plus appel à tes compétences de zoologue que de verrière, dit-il.

– Désires-tu que l'on passe à côté ? demanda Palioma d'un ton impersonnel.

– Tu jugeras par toi-même quand je t'aurai exposé le problème qui m'amène.

– Très bien ! Je t'écoute.

La jeune femme lui fit face et croisa les bras sur sa poitrine. L'Immuable ne put s'empêcher de l'observer à la dérobée. Elle était encore plus jolie que dans son souvenir. La couleur dorée, apanage de la responsable du centre, mettait en valeur sa peau blanche et fine.

Si fine, si douce.

Si douce qu'il fallait se retenir pour ne pas la caresser.

Xélion se gifla virtuellement. Il fallait se reprendre. Il fallait qu'il se souvienne qu'elle n'était pas vraiment belle. Un nez un peu trop long déparait certainement son visage. Sans parler de ce petit air « mademoiselle-je-sais-tout » qu'elle affichait en permanence et qu'il jugeait des plus exaspérants. Mais, comme à chaque fois qu'il se trouvait en sa présence, il dut se faire violence pour détacher son regard du sien. Tant d'intelligence et de vivacité y pétillaient !

L'Immuable se mit à parcourir la pièce de long en large, les mains jointes dans le dos. Espérant que ses intonations seraient assez convaincantes pour la persuader de son sérieux et de celui de la situation, il expliqua :

– Tout ce que je vais te confier est sous le sceau du secret. Nul ne doit savoir à quel point notre situation est critique. Le Brac Marquel prévoit un débarquement sur les terres de Roslend. Ce qui le retient jusqu'à présent, c'est la crainte de nos escadrons d'ouzgouchs. Le système que ton travail et celui des autres savantors et savantoresses a permis de mettre au point lui a infligé de lourdes pertes. Mais il reviendra. Il n'attend qu'une chose : une confrontation aérienne.

L'Immuable s'arrêta et se retourna pour fixer la jeune femme avec intensité.

– Il faut impérativement que tu trouves un moyen de les faire voler à nouveau.

Estomaquée, Palioma ne répondit pas tout de suite. Quand elle reprit la parole, ce fut pour intimer à Xélion de la suivre. Ils passèrent dans une autre pièce, d'aussi grande taille, mais à l'équipement bien différent.

Dans des cages grillagées, des bêtes de toutes sortes attendaient d'être examinées avant d'être relâchées dans la nature. Des distributeurs de graines occupaient tout un mur, tandis qu'une collection d'instruments allant d'une pince minuscule à une scie énorme étaient suspendus à un autre. La pince servait à ôter les épines des narines des liloulis, qui avaient tendance à s'approcher un peu trop près des délicieuses fleurs de cactus. La scie énorme servait à tailler les griffes des argougnes avant la période des amours.

Au centre de la pièce, deux adolescents s'affairaient autour d'une bestiole à deux pattes et quatre ailes. Le premier la maintenait sur une table d'examen pendant que le deuxième, malgré les cris de protestation de l'animal, s'efforçait de prendre ses mesures.

D'un mot, Palioma fit évacuer la salle. Elle alla chercher dans une armoire un document qu'elle déroula sur une grande table. Xélion s'approcha et découvrit le dessin précis d'une ouzgouch. Ses gros yeux globuleux semblaient le fixer stupidement. L'oiseau ne brillait guère par son intelligence, mais il avait d'autres qualités. Sa taille phénoménale d'abord, associée à une envergure et une manœuvrabilité exceptionnelles, puis son plumage bleuté aussi résistant que l'acier. Ces atouts lui avaient permis de devenir l'arme fatale des Roslendiens lors de la dernière guerre. Domptées par des pilotes aussi talentueux qu'intrépides, les ouzgouchs avaient semé la terreur et le carnage dans les rangs de l'ennemi.

Mais cette époque était bien révolue.

De l'index, Palioma indiqua un tableau de chiffres.

– Tu peux lire ici les mensurations des ouzgouchs à l'époque...

Elle déroula rapidement le bas du document et montra un autre tableau.

– ... et ce qu'elles sont devenues aujourd'hui. Leur poids a augmenté d'environ trente pour cent, ce qui les rend totalement incapables de décoller depuis nos rampes de lancement. Et peut-être même de voler.

– Je sais tout ça, dit Xélion d'un ton exaspéré, mais pourquoi ne pas construire des rampes plus hautes ?

– Nous avons fait des essais depuis la plus haute tour que nous soyons capables de construire avec des structures de verre. Cela a été un massacre. L'ouzgouch n'a pas réussi à battre suffisamment des ailes et s'est écrasée au sol. Et nous avons perdu un pilote.

L'Immuable se contracta en entendant l'intonation accusatrice contenue dans ses propos. Relevant la tête avec une pointe d'arrogance, il se fit sarcastique :

– Bien sûr, tout est de ma faute ! Si je n'avais pas abandonné le programme d'entraînement et d'élevage des ouzgouchs, on n'en serait pas là ! Et bien sûr, tout le monde savait que ces feignasses de bestioles allaient en profiter pour passer leur temps à se goinfrer et à se développer à la vitesse de l'éclair !

– Tu as donné l'ordre de cesser les entraînements, mais, malgré les conseils des zoologues, tu as refusé de modifier leur régime hautement calorique, commenta la savantoresse sans cacher sa désapprobation.

– Il ne devait plus y avoir de guerres ! Nous pensions tous que la précédente était « la dernière des dernières » ! Les Nelbriens ne devaient jamais se relever de leur défaite ! J'ai juste voulu leur offrir une retraite dorée bien méritée !

– Les bêtes ne sont pas des hommes, même s'il y a des hommes qui sont bien bêtes.

– Tu penses à quelqu'un en particulier ?

– Moi ? Jamais de la vie !

– Tant mieux. J'ai horreur de ne pas tout saisir.

– On s'éloigne du sujet.

– Exact. Revenons à nos ouzgouchs. Mets-les au régime, plume-les ou greffe-leur des ailes, mais débrouille-toi pour les faire décoller.

Palioma le tança d'un regard mi-goguenard mi-furieux.

– Vos désirs ont beau être des ordres, ô vénérable Immuable, je ne suis pas magicienne. Certes avec du temps, on pourrait...

– Du temps ? Je t'en offre à revendre : que tout soit prêt dans une semaine !

Le teint pâle de Palioma s'empourpra.

– Une SEMAINE ? Tu te moques de...

Mais l'Immuable avait déjà atteint la porte et répéta d'une voix tendue :

– Une semaine. Sinon Roslend disparaîtra.

10

Ego Monde, Londres, vendredi 7 septembre 1940

Lucan bondit comme un ressort et se précipita dans l'escalier. Quand il poussa la porte de la chambre, il trouva son grand-père allongé sur son lit, les yeux fermés, encore plus pâle que ses draps. Il avait la tête enveloppée de bandages épais qui commençaient à se tacher de sang à la hauteur de sa tempe. Lentement, Lucan s'avança jusqu'à son lit. Le vieil homme ne bougea pas. L'avait-il seulement entendu ?

Le garçon fut frappé par les ravages que la souffrance avait subitement produits sur son visage.

Il s'agenouilla sur le sol, tout près du vieux lit métallique. D'un geste doux, il lui prit la main. Aussitôt, les paupières du blessé luttèrent pour se soulever.

– Est-ce que ça va ? demanda Lucan, inquiet.

Axélief Sondran articula avec effort :

– Roslend... Le temps est venu...

Son petit-fils fronça les sourcils, perplexe.

– Je ne comprends pas ce que tu dis, murmura-t-il, ne te fatigue pas, il faut que tu te reposes.

Le grand-père déglutit avec difficulté et répéta plus fort :

– Roslend... Roslend... t'attend.

Lucan se demanda si le coup qu'il avait reçu à la tête ne lui avait pas fait perdre la raison. De quoi parlait-il ? Il ne se souvenait d'aucun client portant le nom de Roslend.

Le vieil homme tenta de bouger un bras sans y parvenir.

– La clef, chuchota-t-il d'une voix éraillée, autour... de... mon cou... Prends-là. Big Ben...

– Ne t'inquiète pas, je m'occuperai de ton carillon le temps que tu te remettes, promit Lucan avec empressement, et de toute la boutique également.

Les yeux d'azur le fixèrent. Ils avaient perdu de leur vivacité mais le regardaient avec une profondeur surprenante. Comme s'ils voulaient lui délivrer toute une vie de secrets par le seul pouvoir de la pensée. L'horloger gémit. Son petit-fils se demanda si c'était à cause de la douleur ou bien parce qu'il se révélait incapable de saisir tout ce que son grand-père voulait lui communiquer.

– Non, non... Pas... la boutique. Tu... ne... comprends... pas...

Un éclair de frustration traversa le regard azur quand Axélief Sondran réalisa qu'il n'arriverait pas à exprimer tout ce qu'il voulait. Puisant dans ses dernières forces, il articula :

– Juste Big Ben... C'est... c'est la clef.

– Promis, grandad, je récupérerai la clef.

À ce moment-là, Maureen, qui se tenait derrière lui, posa une main sur son épaule et dit tout bas :

– Il s'épuise, il faut le laisser se reposer.

Lucan hocha la tête et fit mine de se retirer. Mais dans un sursaut, la main du vieil homme saisit la sienne. Se redressant brusquement, il le retint. Son regard vrillé au sien, il déclara avec fierté :

– Tu as un cœur immense. Tu seras le meilleur de tous.

Puis il se laissa retomber sur le lit et referma les yeux.

Lucan sentit son cœur se retourner. Des émotions contradictoires l'agitaient et il se sentait au bord de l'asphyxie. Tout était si étrange, si perturbant, si affreux. Il ne savait pas en quoi il serait un jour le meilleur, mais l'accent de fierté qu'il avait perçu dans la voix de son grand-père l'avait bouleversé. Jamais auparavant il n'avait dit une chose pareille.

Puis il vit l'incroyable : une larme se forma au coin de la paupière du blessé et roula sur sa joue parcheminée. Comme une deuxième la suivait, il entendit son aïeul qui chuchotait :

– Xé… lion… Tu lui diras… que j'ai fait de mon mieux… Qu'il fasse de même.

Les longs doigts qui s'étaient crispés sur les siens devinrent étrangement mous. Lucan se mit à les serrer convulsivement.

– Grandad ? murmura-t-il, grandad ?

Puis, comme le vieillard ne réagissait pas, il hurla :

– Grandad !

Il se releva pour l'agripper par les épaules. Il ne pouvait pas l'abandonner comme ça ! Il ne pouvait pas… Pourquoi ne réagissait-il pas à ses appels ? Lui qui s'inquiétait toujours pour tout, pourquoi ne faisait-il pas d'effort ? Ne comprenait-il pas que son petit-fils avait besoin de lui ? Qu'il n'avait pas le droit de partir ainsi, sans même répondre à ses questions ?

Il allait se mettre à le secouer lorsque Maureen s'interposa gentiment mais fermement.

– Il ne peut plus t'entendre, Lucan. Il attendait juste que tu sois auprès de lui pour partir en paix.

– Non ! hurla le garçon avant de s'effondrer en pleurant au pied du lit. Non ! Non !

L'unique membre de sa famille venait de disparaître. Il était désormais seul au monde. Seul, avec toutes ses questions. Seul avec ses rêves pulvérisés et sa peine.

Seul sans même savoir qui il était.

11

Alter Monde, terre de Roslend

Assis à son secrétaire de verre orangé, l'Immuable était seul. Une tasse de thil encore pleine refroidissait dans un coin tandis qu'il observait les fleurs sauvages incrustées dans son bureau. Les maîtres artisans du palais avaient fait en sorte qu'elles puissent continuer à s'y épanouir au fil du temps. Elles avaient été choisies avec grand soin pour leur résistance.

Comme lui, elles vivraient des centaines d'années.

Comme lui, elles étaient captives.

Il suivait du doigt le contour d'un pétale quand une douleur terrible lui vrilla les tempes. Au même moment, les battements de son cœur s'accélérèrent comme s'il devait soudain battre pour deux. Une sueur froide l'inonda et il crut qu'il allait défaillir. Il posa son front sur le plateau en verre et ferma les yeux. Cette souffrance aiguë, il savait quelle en était la cause ! Pendant quelques terribles et longues minutes, il ne fut que douleur. Il ne pouvait ni parler ni réfléchir ni agir. Il ne pouvait que ressentir. Puis soudain, elle reflua, disparut, devint souvenir.

Et ce fut pire encore.

– Non ! hurla-t-il, non ! Axélief ! Ne me laisse pas !

Mais il savait qu'il criait en vain. Son jumeau n'était plus de son monde. Ni d'aucun autre.

Une part de lui-même venait de disparaître à jamais.

La meilleure.

12

Ego Monde, Londres, samedi 8 septembre 1940

Le lendemain matin, Lucan eut le plus grand mal à émerger du sommeil. Il ne s'était jamais réveillé avec une gueule de bois, mais il imaginait que les sensations qu'on éprouvait alors devaient se rapprocher de ce qu'il ressentait en cet instant-là : bouche pâteuse, tête douloureuse, et du regret plein le cœur.

Il se força à se lever et sortit de sa chambre. Par la porte ouverte, il aperçut le corps de son grand-père allongé sur son lit. Il le contempla à nouveau. Maureen s'était bien occupée de lui. Les paupières closes, il semblait paisible, vêtu de son plus beau costume, son casque de cheveux blancs coiffés de façon à dissimuler la plaie qu'il avait sur le côté de la tête. Puis il se rappela comment tout cela était arrivé et la culpabilité revint au triple galop.

La veille, Maureen lui avait expliqué que son grand-père était parti à sa recherche lorsque les bombes s'étaient mises à pleuvoir. Il s'inquiétait de son retard et répétait qu'il n'aurait jamais dû l'envoyer à Southwark. Lui qui ne sortait quasiment jamais de sa boutique avait demandé à un voisin de l'accompagner. Mais ils n'avaient vraiment pas eu de chance : ils sortaient à peine du métro qu'un immeuble s'était écroulé. Une pierre l'avait frappé à la tempe. Le voisin avait dû attendre la fin de l'alerte pour le ramener.

Et Lucan avait compris avec horreur qu'il était responsable de la mort du vieillard. S'il était revenu à temps, Axélief Sondran serait resté dans son quartier bien tranquille et serait toujours vivant.

Alors Lucan était rentré chez lui, refusant tout réconfort, et s'était effondré sur son lit.

Un frisson lui parcourut l'échine. Il hésitait à s'avancer dans la pièce. Qu'aurait pensé son grand-père en apprenant ce qu'il avait fait ? Qu'il était un petit-fils ingrat ? Désobéissant ? Quelle aurait été sa réaction en découvrant qu'il était passé au bureau de recrutement ?

Lucan ne le saurait jamais.

En cet instant, il aurait tout donné afin d'entendre encore une fois la voix du vieil homme. Même si cela n'avait été que pour le sermonner et le punir.

Un rayon de soleil pénétra dans la chambre entre les rideaux disjoints et fit scintiller un petit objet posé sur la table de chevet. Lucan s'approcha et reconnut la clé qui était auparavant suspendue au cou de l'horloger. Maureen avait dû la lui retirer en le préparant pour l'enterrement. Il la saisit et la fit rouler au creux de sa main. C'était une clé d'horloge tout ce qu'il y avait de banal. Le métal qui la constituait était patiné à force d'avoir frotté contre la peau de son grand-père. Ce dernier avait tant insisté pour qu'il s'occupe de son horloge préférée ! Tout cela semblait si dérisoire désormais... Ces réflexions lui firent songer à regarder l'heure. Quand il vit que le carillon n'allait pas tarder à sonner neuf coups, il réalisa qu'il devait se préparer au plus vite. Les visiteurs venus dire adieu au mort allaient bientôt arriver.

Ce fut une journée longue et pesante. Entre ses voisins et ses nombreux clients, beaucoup de personnes connaissaient Axélief Sondran. Le vieil homme était respecté dans la communauté, et les gens, en apportant un plat ou une boisson, tenaient à passer le saluer une dernière fois. On vantait ses qualités devant Lucan et pour ce dernier, c'était un supplice. Il avait envie de dire à tous que lui, son petit-fils, n'avait pas hérité de ses vertus ! Qu'il était responsable de son accident ! Et en même temps, il avait envie de crier que son grand-père était un fieffé dissimulateur, un grand menteur et un bel hypocrite. Mais au lieu de ça, il se taisait et hochait la tête.

Pat Connely passa le voir, lui assurant qu'il ne fallait pas qu'il s'en fasse, qu'il lui garderait une place dans l'équipe dès qu'il se sentirait l'envie de rejouer. Lucan le remercia poliment et ne lui confia pas que jouer au hurling était désormais la dernière de ses préoccupations. Heureusement, Catriona et Maureen restèrent tout le temps à ses côtés. Seul, il n'aurait pas pu faire face.

Quand enfin le dernier visiteur s'en alla, la cuisine regorgeait de provisions et il était épuisé. Pendant que sa mère rangeait, Catriona s'approcha de Lucan.

– Tu crois que ça va aller ? Tu ne préfères pas venir dormir chez nous ?

– Non, merci. Je suppose que la première nuit était la pire, et j'y ai déjà survécu. Il n'y a pas de raison que cela se passe plus mal cette fois.

– Bon, c'est toi qui vois. N'hésite pas en tout cas si tu as besoin de la moindre chose...

Lucan eut un petit sourire triste :

– Attention, je croirais entendre ta mère !

– Jésus Marie Joseph ! s'exclama Catriona en lui faisant de gros yeux, que notre sainte mère m'en préserve !

Lucan ébouriffa ses boucles cuivrées en s'efforçant d'étirer son sourire. Il ne fallait pas, en plus, que Catriona s'inquiète pour lui.

Peu après, Maureen prit congé, non sans l'avoir préalablement serré dans ses bras généreux et inondé de recommandations. Avant de sortir, Catriona se retourna pour lui glisser :

– Surtout, ne va pas te rendre responsable de ce qui s'est passé. Ces sont les bombes de cette foutue Luftwaffe qui l'ont tué. Pas toi !

Puis elle se souleva sur la pointe des pieds et déposa un baiser léger sur sa joue avant de disparaître dans l'escalier.

Lorsqu'il se retrouva seul, Lucan constata que la nuit était déjà tombée. Il se sentait épuisé mais n'avait pas sommeil. Il regretta un instant d'avoir refusé l'invitation de Catriona. Les bavardages de sa mère auraient rempli le silence. Sauf que pour cela, il aurait fallu abandonner son grand-père pour la nuit. Ses pas le ramenèrent vers la petite chambre. Axélief Sondran semblait dormir paisiblement. L'enterrement devait avoir lieu le surlendemain. Comment Lucan s'en sortirait-il sans lui ? Comment avait-il osé l'abandonner au moment où il avait tant de comptes à lui rendre ? Il se sentait à la fois berné... et terriblement coupable. L'enfer.

Cherchant à repousser les questions qui tourbillonnaient dans sa tête depuis son réveil, il se souvint de la dernière tâche que l'horloger lui avait confiée. On était samedi. Le jour où traditionnellement on remontait les pendules. Même si l'atelier d'horlogerie n'était pas son lieu de prédilection, tout valait mieux que rester ici à broyer du noir en attendant que le temps passe.

Lorsqu'il arriva dans l'atelier, la pénombre régnait et seul le tic-tac des mécanismes troublait le silence. Il appuya sur l'interrupteur et réalisa qu'il ne s'était jamais retrouvé seul dans la boutique. Son grand-père y avait toujours été présent. La petite clef qu'il avait récupérée en main, il s'avança vers une étagère en soupirant tristement. À hauteur des yeux, s'y trouvait la reproduction miniature de Big Ben. Quand il la saisit, la grande aiguille venait juste de se positionner sur le 12. Il était 10 heures. Le carillon si célèbre se mit en route et Lucan l'écouta jusqu'à ce qu'il eût terminé de sonner ses dix coups. Alors il enclencha la clef dans un des trous prévus à cet effet et remonta le premier ressort. Il fit de même pour le mécanisme de la sonnerie. Tout à coup, il se figea. Il venait de remarquer, au centre du cadran, un troisième trou de même dimension. De loin, son ombre se confondait avec le noir des aiguilles et le rendait invisible. Même en faisant appel à ses connaissances d'apprenti horloger, Lucan ne parvenait pas à comprendre à quoi il pouvait servir. Poussé par la curiosité, il y introduisit la clef. Il n'eut qu'à la tourner d'un demi-tour pour entendre un petit *clic*. Avec inquiétude et intérêt à la fois, il constata que le cadran de la tour s'était détaché de son support. Délicatement, il le saisit entre trois doigts pour le retirer.

– Aïe ! s'écria-t-il en portant son index à la bouche pour lécher une minuscule goutte de sang.

Il s'était piqué le doigt. Certainement une aspérité mal limée, pensa-t-il. Un éclat de lumière provenant du verso l'éblouit. Il retourna aussitôt l'objet et ce qu'il découvrit le stupéfia.

Un autre cadran. Découpé en seize portions au lieu des douze habituelles. Deux aiguilles se mouvant en une synchronie parfaite avec celles du recto et une troisième qui égrenait les secondes. Elles scintillaient de mille feux. Le fond du cadran était granuleux et doré, comme du sable. Le tic-tac résonnait de plus en plus fort à ses oreilles et il ne pouvait quitter du regard le mouvement de la trotteuse. Une fatigue immense l'envahit soudain et il s'assit sur la chaise devant l'établi. Serrant le cadran entre ses doigts, il lui sembla que son corps irradiait de la lumière. Il n'entendit bientôt plus que le son hypnotique du mécanisme.

Tic tac... sa vue se troublait... *tic TAC*... sa tête était lourde, si lourde... *TIC TAC*... ses paupières se fermèrent.

Et il bascula.

Partie 2

Bascule

13

Alter Monde, pays de Roslend, Roslend ville

Une voix murmurait à son oreille. Une voix inconnue, à l'accent étrange. Une voix fort mécontente.

– Qu'est-ce que tu fais là ? Bouge-toi, imbécile, tu vas tout faire rater !

Lucan entrouvrit les yeux. Il faisait noir comme dans un four. Le cerveau encore ensommeillé, il nota vaguement qu'il était recroquevillé et enfermé dans une boîte. Il n'eut pas le temps de s'en inquiéter car au même moment, le panneau de bois sur lequel s'appuyait son front s'ouvrit brusquement. Lucan s'affala sur le sol avec un bruit sourd. Il ferma les yeux, ébloui par l'éclat du soleil.

– Et voilà, gentes dames et nobles sires ! Il avait disparu sous un voile, il réapparaît dans un coffre à l'autre extrémité de la scène ! À votre immense étonnement et pour votre plus grand plaisir !

Un magicien de foire, vêtu d'or et de pourpre, faisait face au public, bras tendu en arrière, sûr de lui.

Pendant quelques secondes, le silence se fit parmi les spectateurs qui assistaient à la représentation. Puis des cris et des rires fusèrent. Le magicien se retourna et aperçut Lucan étalé à plat ventre sur le pan du coffre qui venait de s'ouvrir. Juste derrière lui, son assistant dépassait du plancher de la scène. Il n'avait pas pu se positionner dans le coffre truqué car Lucan s'y trouvait. Le tour était fichu ! On voyait clairement l'entrée secrète qu'aurait dû emprunter l'assistant !

– Mais... Mais...

Pour une fois, le prestidigitateur était à court de mots.

Lucan, désormais bien réveillé, commença à se relever... avant de se plaquer à toute vitesse sur le plancher lorsqu'il constata avec horreur qu'il était nu comme un ver ! Le public ne tarda pas à s'en rendre compte aussi. Cris et rires redoublèrent. Avisant un voile qui traînait sur la scène, Lucan s'en saisit et s'en fit un pagne. Pendant ce temps, le magicien reprenait ses esprits. Furieux et humilié, il se redressa de toute sa hauteur et s'écria d'une voix forte :

– Cet homme est un espion nelbrien ! Il a profité de mon charriot pour entrer à Roslend ! À la garde ! À la garde !

Lucan se redressa, abasourdi. Tenant d'une main son pagne qui glissait, il protesta :

– Un espion nel... quoi ? Écoutez, c'est une erreur, je n'ai rien d'un espion !

Mais l'homme de scène, remarquant qu'il avait capté l'attention de son auditoire, vociférait de plus en plus fort :

– Regardez ses cheveux : ils sont noirs comme la nuit. Il vient de là-bas ! Qu'on se saisisse de lui !

Il faisait un tel vacarme qu'une escouade de gardes, qui ne patrouillaient jamais très loin de la grande place, ne tarda pas à se montrer. Estimant que dans sa tenue le suspect ne risquait guère de cacher une arme, l'assistant du magicien finit de sortir de son trou et avança vers lui d'un air menaçant. Lucan ne savait plus que faire. Tous ces fous furieux ne semblaient pas près de vouloir l'écouter !

« C'est un cauchemar, mon vieux, juste un stupide cauchemar, se dit-il, tu vas te réveiller, tu vas te réveiller... »

Mais visiblement le réveil n'était pas pour tout de suite. Les gardes qui avançaient vers lui n'avaient pas l'air de plaisanter.

Abandonnant tout espoir de s'expliquer, Lucan prit ses jambes à son cou. Il fut soulagé de constater que celles-ci fonctionnaient normalement. Il avait connu des rêves où il n'avait pu se mouvoir qu'au ralenti !

Après avoir sauté au sol, il s'élança dans une rue qui s'ouvrait sur sa droite. Serrant toujours son pagne d'une main, il se mit à louvoyer entre les passants. Tout en courant, il ne put s'empêcher d'être fasciné par ce qu'il découvrait... Ce rêve était vraiment étrange. Rien ne ressemblait à Londres et aux Londoniens ! Certaines des personnes qu'il croisait étaient vêtues de drapés compliqués aux couleurs vives, d'autres portaient des vêtements extrêmement moulants aux teintes claires. Mais ce n'était pas tout. Le décor aussi était incroyable ! Son œil enregistrait mille et un détails surprenants : le sol de sable doré, souple et ferme à la fois, les hauts bâtiments de même couleur, les balcons surchargés de plantes toutes plus étranges les unes que les autres, les fontaines qui jaillissaient à chaque coin de rue... Il ralentissait pour admirer ce spectacle tout à son aise quand des cris le sommant de se rendre lui rappelèrent sa situation. Effrayé, il accéléra.

Il atteignit un pont en dos d'âne qu'il franchit en jouant des coudes. Cette rue marchande était trop fréquentée, il devait la quitter au plus vite. Il s'engouffra ventre à terre dans une ruelle beaucoup plus sombre. Elle tournait de manière anarchique et cela l'arrangeait bien. Avec un peu de chance, il allait pouvoir semer les soldats à la prochaine bifurcation. Il déboucha dans une autre partie de la ville, le long d'un canal à l'eau cristalline. Les passants y étaient rares. Moins bien habillés, ils tiraient ou portaient des ballots divers. Il croisa un homme accompagné d'une créature tellement ahurissante que Lucan se figea. C'était une sorte de girafe miniature, de la taille d'un gros chien, sauf qu'elle était bleu foncé et dotée de pattes bien plus épaisses. Sur son dos était entassé un nombre phénoménal de paquets qu'elle portait sans aucun effort. Il se frotta vigoureusement les yeux, mais quand il les rouvrit, l'animal était toujours là, s'éloignant à pas lourds.

– Il est là ! Arrêtez-le !

Repartant à fond de train, il esquiva avec agilité un homme qui essayait de lui barrer la route. D'un coup d'épaule, il en envoya un autre au tapis. Finalement, ce n'était qu'un match de hurling un peu particulier. Sauf que ses adversaires habituels, aussi brutaux soient-ils, n'étaient pas armés de javelots !

Il tourna au hasard dans le dédale de ruelles, renversant des corbeilles, bousculant ceux qui étaient sur sa route. Une fois à gauche, deux fois à droite. Ils ne le lâchaient pas. À croire qu'on entraînait les soldats à courir le marathon dans ce pays de dingues !

Et ce fichu pagne qui menaçait à chaque instant de glisser...

Un mur.

Haut. Trois mètres au moins. Bien trop haut pour être franchi d'un bond.

Aucune ouverture sur les côtés.

Repousser la panique. Même si le bruit de course se rapprochait.

Haletant, Lucan tourna la tête de tout côté. Il était piégé.

– Il est là ! On le tient !

Oui, ils étaient là, au bout de la ruelle. Oui, ils le tenaient. À moins que...

Lucan recula de quelques pas, prit son élan et sauta aussi haut qu'il pouvait pour saisir une étrange liane pendant d'un balcon.

Ça passe ou ça casse.

Ça passe.

Grimpant à la plante comme à une corde, il atteignit le balcon. Une fois là, ce fut presque un jeu d'enfant : il bondit et se retrouva accroupi sur l'arête du mur. Un jardin exotique l'attendait de l'autre côté.

– Arrêtez-vous ou nous tirons ! Ceci est une zone interdite !

Lucan se retourna et vit les soldats en contrebas pointer sur lui de petites arbalètes. Petites, mais certainement pas inoffensives.

– OK, OK ! lança-t-il d'un ton conciliant.

Il se releva lentement.

– Les mains en l'air ! ordonna le chef de l'escouade.

Lucan s'exécuta avec docilité.

C'est alors qu'il sentit son pagne se mettre à glisser. N'osant le rattraper de la main, il tenta de le stopper en remontant vivement le genou. Mais le mouvement brusque lui fit perdre l'équilibre... et il bascula tête la première vers le jardin.

14

Alter Monde, terre de Roslend, Roslend ville

Lucan chuta d'environ trois mètres mais au lieu de s'écraser douloureusement contre le sol, il entra en contact avec une surface transparente et merveilleusement élastique. Elle se déforma sous son poids et s'étira au fur et à mesure que la pesanteur l'attirait vers le sol. Elle finit par se refermer autour de lui comme une bulle de savon, puis elle se détacha avec lenteur, tomba et rebondit en douceur sur le sol terreux. Elle s'immobilisa après avoir roulé un instant au milieu des herbes.

Il fallut quelques minutes au garçon pour reprendre ses esprits et se remettre de son ébahissement. Il constata en faisant quelques mouvements qu'il n'avait rien de cassé et que le matériau qui l'enveloppait se déformait au gré de ses gestes. Il se redressa et fit quelques pas. La bulle l'accompagna. Il était libre d'aller où il voulait, cependant il n'arrivait pas à se défaire de cette enveloppe fluide. Du doigt, il essaya d'en rompre la surface, mais son extraordinaire élasticité rendait toute déchirure impossible. Il commençait à s'inquiéter de ne pouvoir sortir de cette prison translucide lorsque ses parois se mirent à vibrer. Dans un imperceptible chuintement, elles disparurent.

Aussitôt, un concert de chants d'oiseaux assaillit ses oreilles. Des volatiles en tout genre semblaient s'être donné rendez-vous dans ce jardin à la flore aussi luxuriante qu'originale. Il y en avait de toute taille et de toute couleur. Lucan se mit à déambuler dans ce lieu incroyable. Il passa à côté d'arbres dont les branches suivaient ses mouvements de manière un peu inquiétante, slaloma entre des troncs plus larges que hauts, admira des arbustes couverts de fleurs qui s'ouvraient et se refermaient au rythme des chants d'oiseaux, s'émerveilla devant des plantes rose pâle offrant des grappes de fruits différents les uns des autres et finit par s'arrêter, gagné par le vertige. Il y avait trop de choses nouvelles, trop de parfums inconnus.

Se souvenant tout à coup que des soldats étaient à sa poursuite, il se dit qu'il ferait bien de chercher une sortie. Et donc de trouver un arbre suffisamment haut pour lui permettre de se repérer.

Il marcha une trentaine de mètres avant de débusquer le spécimen idéal : assez branchu pour offrir des appuis et assez solide pour supporter son poids, l'arbre ressemblait un peu à un chêne centenaire. Quand il saisit la première branche pour commencer à grimper, plusieurs oiseaux s'envolèrent sans bruit, ce qui ne manqua pas de l'étonner. Il poursuivit son ascension. Il était à mi-hauteur quand il se retrouva dans une position délicate. Aucune prise à portée de main. S'étirant de tout son long, il chercha à l'aveuglette une branche qui pourrait le sortir d'affaire. Il pensa la trouver lorsqu'il sentit du bout des doigts un cylindre râpeux. Il s'élança pour le saisir à pleine main... et le regretta aussitôt. Un cri terrible retentit tandis qu'il chutait tête la première. Rebondissant de branches en branches, il finit par s'arrêter sur une des ramures plus épaisses. Alors qu'il était à plat dos, un peu sonné et endolori, il constata que la branche râpeuse qu'il serrait encore dans sa main produisait un tintamarre épouvantable. Car la branche n'était pas une branche. Il s'agissait en fait de la queue d'un volatile extrêmement laid. Le plumage de son corps gras était d'un affreux vert caca d'oie, tandis que son bec, énorme et grand ouvert, était doté d'une peau flasque qui pendouillait. Soudain un deuxième bec, plus petit, jaillit du premier. Terrifié, Lucan relâcha sa prise, mais il était trop tard.

Le petit bec s'ouvrit à son tour et se mit à lancer des sons aussi insupportables par leur volume sonore que par leurs dissonances grinçantes. Lucan se boucha les oreilles mais cela ne le soulagea que très peu. L'oiseau trompettait, tonitruait, criaillait à rendre sourd.

Comme il se demandait comment le faire taire sans avoir à ôter ses mains de ses oreilles, il fut très étonné de voir les autres oiseaux se rapprocher de l'arbre au lieu de fuir à tire d'ailes. Ils déposèrent à tour de rôle des graines, des insectes, des petites baies dans le premier bec de son tortionnaire. La peau flasque se tendait peu à peu tandis que la collecte se poursuivait. Quand enfin la poche fut pleine, la bête poussa un dernier braillement, rentra le plus petit de ses becs, fit claquer deux ou trois fois le plus grand, comme pour apprécier le contenu de sa collecte et, satisfaite, finit par le clore. Puis elle ferma ses petits yeux globuleux et se rendormit aussitôt.

Pendant un instant, Lucan n'osa pas bouger de peur de la réveiller à nouveau. Toute la faune faisait de même et un silence de cathédrale régnait dans le parc. Puis, progressivement, les oiseaux reprirent leur chant les uns après les autres. Le garçon poussa un soupir de soulagement, enleva ses mains de ses oreilles et se mit à descendre de l'arbre. Il préférait en choisir un autre pour essayer de se repérer.

Il posait un orteil sur le sol quand il comprit que ses ennuis étaient loin d'être terminés.

– C'est donc vous qui perturbez l'écosystème de mon jardin d'étude.

La voix claire, précise, possédait les inflexions fermes de ceux qui ont l'habitude de donner des ordres et d'être obéis.

Lucan resserra le pagne qui avait été mis à mal par sa chute et se retourna. Une jeune femme se tenait devant lui. Un casque de protection sonore repoussé en arrière ne parvenait pas à dissimuler son abondante chevelure blanche comme la neige. Ses yeux mauves en amande éclairaient un visage pâle aux pommettes à peine rosées et sa bouche bien dessinée avait la teinte d'une framboise mûre. Il n'aurait su dire si elle était belle... ses traits étaient tellement pleins de caractère ! Mais ce qui était sûr, c'est qu'elle était très attirante !

Un caquètement, très proche d'un rire moqueur, le tira de sa contemplation.

– Chut, Sido, fit la jeune femme en tapotant la tête de l'oiseau perché sur son épaule, nous ne le connaissons même pas !

Subjugué par l'apparence de la jeune femme, Lucan n'avait pas remarqué le volatile qui le fixait d'un œil moqueur. Il faut dire qu'il était petit. De la taille d'un canari maigrichon. À la différence près que ses plumes étaient du même mauve que les yeux de sa maîtresse et qu'il avait un bec en forme de trompette.

– Es-tu nelbrien ?

Encore ce terme étrange !

– Je... je suis britannique, balbutia Lucan.

– Britannique ? Est-ce le nom d'une tribu errante des terres de Nelbri ? questionna la jeune femme en fronçant les sourcils, seuls les habitants de Nelbri ont des cheveux aussi noirs que les tiens.

– Je ne suis pas de... Nelbri, je ne sais même pas ce que c'est ! Je viens de Londres et là-bas, plein de gens ont les cheveux bruns, je vous assure.

– Doit-on le neutraliser ? interrogea alors un homme d'une quarantaine d'années qui se tenait en retrait avec un de ses pairs.

Les compagnons de la jeune femme étaient vêtus d'une tenue similaire à la sienne, si ce n'est qu'elle était grise et que sur eux, elle ne paraissait pas aussi... affriolante.

Lucan se demanda s'il allait de nouveau être obligé de fuir.

– Je ne crois pas que cela sera nécessaire, répondit-elle, il semble avoir quelques troubles psychologiques, mais je ne pense pas qu'il soit dangereux. S'adressant de nouveau à lui, elle se présenta : Je m'appelle Palioma Levantori, je suis la savantoresse responsable de ce site.

Bien qu'un peu vexé par ces commentaires, Lucan ne put retenir un soupir de soulagement.

– Moi, c'est Lucan, dit-il à son tour.

– Enchantée, répondit Palioma avec un sourire en coin, accepterais-tu de nous suivre hors de ce jardin ?

– Heu... certainement. Je suis arrivé de manière un peu brutale, bien que le truc qui sert de plafond ait été très efficace pour limiter les dégâts.

D'un geste, Palioma l'invita à marcher à ses côtés.

– Il s'agit d'une paroi poreuse et élastique nous permettant de capturer les oiseaux que nous étudions sans les blesser, expliqua-t-elle, nous les attirons avec de la nourriture posée en évidence au sol. Jusqu'à présent, il s'agissait exclusivement de volatiles, mais apparemment, cela fonctionne très bien avec d'autres... sujets d'étude, conclut-elle avec un regard en coin et une pointe d'ironie, il faudra que je réfléchisse à élargir notre champ d'action.

Les pommettes de Lucan se teintèrent de rouge et il jugea judicieux de relancer la conversation sur un autre sujet.

– Des oiseaux comme celui dont j'ai tiré la queue ?

– Entre autres. C'est un kaskouyou, une espèce redoutable, bien que totalement inoffensive si l'on est équipé des protections adéquates, dit-elle en tapotant du doigt son casque antibruit. Il n'en reste pas moins une plaie pour ses congénères. Feignant comme pas un, il utilise son cri insupportable pour obtenir de quoi satisfaire ses besoins. Il passe son temps à dormir, sauf pendant la période des amours. Il ne se réveille qu'une fois par jour pour criailler et pourrir la vie des autres oiseaux jusqu'à ce que ceux-ci aient rempli sa poche à provisions. Efficace, comme tu as pu le constater par toi-même.

Lucan hocha la tête, très intéressé. Comme tout cela était étonnant !

Ils marchèrent une dizaine de minutes jusqu'à atteindre une porte dissimulée derrière un feuillage.

Alors qu'il passait devant Palioma pour en franchir le seuil, cette dernière se racla la gorge et demanda, l'air de rien :

– Est-ce que tu portes là une des tenues traditionnelles des habitants de Londres ?

Lucan s'empourpra violemment. Crispant la main pour remonter son pagne, il bredouilla :

– Heu... en fait, non, pas vraiment. Suite aux... aléas de mon voyage, je me suis retrouvé... dépouillé. Cela n'était en rien volontaire.

– Dans ce cas, tu ne verras pas d'inconvénient à ce que l'on t'offre des vêtements, j'imagine ?

Ce fut au tour du garçon de se racler la gorge et de déclarer d'un ton solennel :

– Absolument pas. C'est très généreux de votre part.

– Oh, tu peux me tutoyer, lui proposa Palioma avec un petit rire, tu sais, à Roslend, on ne vouvoie que les gens très vieux, très importants ou qui se prennent très au sérieux.

Lucan se dit que la jeune femme faisait preuve de beaucoup de modestie. Être responsable de ce centre d'étude était à l'évidence un poste très important. Elle était cependant si simple et directe qu'il accepta avec plaisir sa proposition.

15

Alter Monde, terre de Roslend

– Un espion nelbrien ? Au cœur de Roslend ? Comment est-ce possible ?

Xélion tenait un conseil de guerre avec les hauts gradés de l'armée dans la grande salle du Devenir quand la nouvelle était tombée.

– Messieurs, j'attends vos explications. Vous m'avez certifié que nos frontières étaient hermétiques !

Les colonils échangèrent des regards à la fois embarrassés et perplexes. Leur porte-parole, le colonil Lhô, finit par répondre :

– Il doit s'agir d'une erreur, Immuable. Nos côtes sont en permanence sous surveillance.

Xélion reçut cette réponse avec une moue méprisante.

– Je crains que vos affirmations ne suffisent à me rassurer, colonil Lhô. Vous parlez trop vite et trop fort.

Les traits du gradé se crispèrent sous l'affront mais il ravala sa colère. L'Immuable s'était déjà tourné vers Altrïos, assis à sa droite. Son maître espion avait retrouvé son apparence habituelle : cheveux blancs liés en chignon, veste sans manches du même noir que sa ceinture et ses bottines et pantalon bouffant incarnat.

– Qu'en penses-tu, toi qui reviens de chez eux ?

– Je n'ai eu aucun écho à ce sujet.

– Vous êtes sûr qu'il s'agit d'un Nelbrien ? demanda Xélion à l'estafette qui avait apporté la dépêche.

– Affirmatif, Immuable ! confirma le jeune soldat, seuls les Nelbriens possèdent cette couleur de cheveux. De plus, il s'est enfui dès que nous avons essayé de l'appréhender. Mais son arrestation ne va plus tarder : la cité des Concepts est grande, mais clôturée. Nous finirons bien par le débusquer.

– La cité des Concepts ? s'emporta Xélion, il est entré dans la cité des Concepts ? Pourquoi ne l'avez-vous pas dit plus tôt ? Doublez les effectifs de recherche ! Et soyez prudents, je ne veux aucun blessé parmi les savantors et savantoresses. Ils sont l'élite de Roslend !

Le soldat chercha du regard l'approbation du colonil avant d'obéir. Dès qu'il l'obtint, il claqua des talons et quitta la salle.

– Attention, Immuable, commenta sournoisement le colonil, vous avez tendance à perdre votre calme.

Furieux contre le militaire et encore plus contre lui-même pour avoir perdu son sang-froid, l'Immuable lutta pour afficher un air serein.

– La séance est levée, décréta-t-il.

Comme un seul homme, les militaires se mirent debout, saluèrent et sortirent. Seul Altrïos s'attarda. Il attendit que l'immense porte de verre se referme pour murmurer :

– Que se passe-t-il, Immuable ? Votre réaction était un peu exagérée. Vous risquez de froisser les militaires. Ou de leur donner des raisons supplémentaires de porter atteinte à votre réputation.

Tout en se balançant sur sa chaise de verre trempé, Xélion observait le plafond de cristal. L'artiste qui l'avait réalisé s'était inspiré des plantes luxuriantes qui foisonnaient autour de la Grande Pleureuse. La lumière du jour, complice du créateur, semblait leur donner vie en modifiant leurs teintes et leurs ombres au fil des heures. Xélion retint un soupir. Sa réputation... Si seulement Altrïos savait le nombre de fois qu'il l'avait mise en danger ! Le visage de Palioma s'imposa soudain à son esprit. Dès le premier regard, il avait été frappé par sa vivacité et son éclat...

Cinq ans plus tôt, il s'était rendu incognito dans une taverne perdue au fond d'une oasis. Un soir où son nouveau statut d'Immuable était devenu insupportable, il s'était déguisé en chasseur du désert, les cheveux dissimulés par une capuche à longue pointe. Il avait pris soin de pousser sa monture jusqu'à une oasis retirée, loin du centre de Roslend ville, où nul ne pouvait le reconnaître. Il voulait s'encanailler, retrouver sa vie d'avant. Palioma s'était approchée pour lui demander ce qu'il voulait boire. Elle lui était apparue comme une étoile dans la nuit noire. Il lui avait demandé un verre de whixi. Elle avait ri et la salle s'était comme illuminée. Puis elle avait répondu qu'ils n'étaient pas à Roslend ville, qu'ici ils ne servaient que de l'alcool de sablon. Quand elle était revenue, ils avaient discuté jusqu'à ce qu'on l'appelle ailleurs. Le soir suivant, il était retourné à l'auberge. Le soir d'après également. Puis ils s'étaient retrouvés une fin d'après-midi à se promener dans le labyrinthe de l'oasis. Elle lui parlait de ses rêves d'études. De l'argent qu'elle mettait de côté pour payer les frais de scolarité de la plus prestigieuse école de Roslend. Mais son rêve paraissait bien inaccessible. Lui restait discret, s'inventait une vie de chasseur. Il avait beaucoup d'imagination. C'était essentiel pour un menteur.

Les semaines s'étaient écoulées. Malgré son passé de séducteur, il restait résolument sage. Palioma s'impatientait. Il aimait son tempérament passionné et le redoutait en même temps. Avec raison. Le jour où elle l'avait poussé à la renverse alors qu'ils étaient assis au bord d'un petit lac, il s'était dit qu'il allait vivre le plus beau et le pire instant de sa vie. Le plus beau parce qu'il allait enfin connaître le goût de ses lèvres, le pire, car il savait qu'il serait unique. Quand il l'avait repoussée avec douceur après un baiser enflammé qui avait duré une éternité, elle n'avait pas compris que c'était la fin.

Elle ne l'avait plus jamais revu. Du moins, sous les traits d'un chasseur du désert.

Aucune loi n'interdisait à l'Immuable de se marier en début de mandat. Certains l'avaient fait et avaient vu leur conjoint vieillir puis mourir. Pire, les conjoints avaient vu leur époux ou épouse, puisque l'Immuable pouvait être une femme, rester éternellement jeune sous leurs yeux. Leur souffrance, paraît-il, était immense. Xélion n'avait pas eu le cœur de lui imposer ça. Il avait préféré disparaître. Laisser le souvenir d'un lâche, ce qu'il était au fond. Un tel comportement devait aider Palioma à tirer un trait sur leur histoire. Mais il aurait dû se douter qu'en signant un décret permettant aux élèves les plus méritants d'obtenir une bourse d'études, il la reverrait. Elle avait décroché la bourse, bien sûr, et était sortie première de sa promotion. Quand elle était entrée à la cité des Concepts, il avait compris qu'une rencontre serait inéluctable. Il s'était rendu chez elle un soir. Le choc avait été violent. Pour elle. Pour lui aussi. Elle avait gagné en assurance et en beauté et son cœur avait palpité avec ardeur. Mais le ressentiment de Palioma était profond. Sa colère intense quand elle avait appris qu'il était l'Immuable. Elle lui avait demandé des explications et il avait pris soin de ne pas donner les vraies. Il valait mieux qu'elle le déteste plutôt qu'elle perde sa vie à l'aimer. Elle l'oublierait mieux ainsi…

– Immuable ? Vous m'avez entendu ?

La voix d'Altrïos ramena Xélion au présent.

– Ne t'inquiète pas. Je gère, répondit-il enfin.

Altrïos inclina la tête :

– Bien.

Il allait tourner les talons quand l'Immuable intima :

– Altrïos. Quand nous sommes seuls, appelle-moi Xélion.

Le maître espion regarda l'Immuable dans les yeux.

– Tu devrais oublier notre vie d'« avant », dit-il tout bas.

L'Immuable lui adressa un regard qui révélait son impuissance.

– Oublie pour moi, toi qui es si fort.

– Je le ferais si je le pouvais.

Xélion eut un petit rire triste.

– Si seulement nous pouvions tous être comme toi, Altrïos…

– Le monde serait alors fort ennuyeux, dit son ami avec la plus profonde sincérité.

Cette fois, l'Immuable éclata d'un rire franc.

– Mon cher, tu es impayable ! Allez viens, partons à la rencontre de cet espion. Nous devons absolument savoir ce qu'il cherche.

16

Alter Monde, terre de Roslend, Roslend ville

Lucan n'avait pas cherché à résister lorsque les gardes avaient débarqué dans le bureau de la savantoresse. Si, le matin, il avait réagi plutôt que réfléchi devant l'urgence de la situation, il avait compris depuis qu'il ne pourrait fuir éternellement. D'autant moins qu'il se trouvait dans un monde qu'il ne connaissait pas. L'accueil de Palioma, chaleureux et ouvert, l'avait également encouragé à se fier aux gens de ce pays. Après tout, il s'agissait d'une stupide méprise. Il n'avait rien à voir avec les Nelbriens qui combattaient ce pays.

Une fois qu'il avait eu enfilé la même tenue grise que les assistants, la jeune femme l'avait convié à boire un « thil », une boisson locale parfumée à l'aspect lacté. Remarquant son recul instinctif devant le liquide verdâtre contenu dans sa tasse, Palioma l'avait informé que c'était une boisson très saine, à base d'écorce de thillier, et que tous les Roslendiens, bébés y compris, en consommaient au quotidien. Pour finir de le rassurer, elle en avait bu plusieurs gorgées devant lui. Quand il avait trouvé le courage de tremper les lèvres dans sa tasse, il avait constaté que le thil avait un goût très agréable et il n'avait pas tardé à terminer sa boisson. Palioma lui en avait servi aussitôt une deuxième tasse en lui expliquant le pourquoi de sa mise en accusation : les habitants de Roslend, qui vivaient en autarcie depuis des siècles, descendaient de deux lignées : les Albins et les Khaz.

Les premiers avaient la carnation et les cheveux blancs, les iris rouges, une vision ultraperformante dans l'obscurité et une ouïe remarquable, captant une grande gamme d'infra et ultrasons. Dotés d'une silhouette longiligne, ils possédaient en plus d'importantes qualités athlétiques.

Les seconds étaient blonds aux yeux bleus et étaient doués d'une capacité à bâtir, manipuler la matière et, bien sûr, régenter. Au fil des ans, les deux peuples appréciant leur complémentarité, les lignées s'étaient mêlées. Si donc aujourd'hui les yeux des Roslendiens offraient une large palette de couleurs, leur chevelure, en revanche, n'était jamais plus sombre qu'un blond cendré.

– Je connais l'Immuable, je parlerai en ta faveur. Il incarne la sagesse, il comprendra, avait assuré la savantoresse en posant une main apaisante sur son bras quand la soldatesque avait frappé à la porte.

Lucan, encadré par une dizaine de militaires, se trouvait donc maintenant devant la porte de la salle du trône. Après de longues palabres, les gardes avaient finalement accepté que Palioma les accompagne jusque-là. Il faut dire qu'ils avaient été stupéfaits de trouver celui qu'ils considéraient comme un dangereux espion en train de boire le thil avec la plus célèbre des savantoresse du pays. Mais ils refusèrent qu'elle franchisse le seuil de la pièce. Les consignes avaient été strictes : nul ne devait assister à l'interrogatoire qu'il allait subir en présence de l'Immuable et de son conseil.

– Tu... Tu ne devais pas lui toucher deux mots ? s'inquiéta Lucan en voyant la porte s'ouvrir, il vaudrait mieux que ce soit avant qu'après, je pense.

Il n'eut pas le temps d'entendre sa réponse. D'une poussée brutale, un soldat le propulsa dans la pièce et la porte se referma. La salle était immense, jalonnée de piliers de marbre rosé soutenant des voûtes dentelées qui s'entrelaçaient. En face de lui, une gigantesque baie vitrée, aux parois en arc de cercle, occupait toute la largeur de la pièce. Elle offrait une vue impressionnante de la cascade tumultueuse qui dominait Roslend.

Les autres murs étaient recouverts de végétaux qui cascadaient les uns sur les autres dans le désordre harmonieux que seule la nature sait créer. Un silence austère régnait, à peine troublé par le ruissellement de l'eau qui s'écoulait entre les plantes. Un mouvement fugace attira son regard vers le haut : le plafond, de hauteur variable, était un aquarium géant dans lequel des poissons multicolores évoluaient au milieu d'un jardin aquatique.

Tant de beauté le stupéfia. Au point qu'il en oublia une seconde qu'il était là pour subir un interrogatoire en tant qu'ennemi de la nation.

– Avancez ! ordonna l'homme blond d'une grande beauté qui se trouvait à l'extrémité de la salle.

Il se tenait sur une estrade, debout à côté d'un siège immense inoccupé.

Comme il progressait à pas lent, il remarqua des militaires gradés assis dans des alcôves périphériques et un Albin vêtu de noir et de pourpre qui l'étudiaient tous attentivement.

Il arriva enfin devant l'Immuable. Pendant un instant fugace, il eut l'étrange impression de le connaître. Cette pensée lui parut aussitôt ridicule mais il ne put s'empêcher de chercher où il aurait pu déjà le rencontrer. Il ne chercha pas longtemps car son attention fut distraite par la double porte qui s'ouvrit à toute volée. Une pétarade colérique retentit, annonçant l'entrée de Palioma et Sido. Tous les regards se braquèrent sur la jeune femme qui avançait à grand pas, la natte ébouriffée, et passablement furieuse. Un soldat la rattrapa mais elle le repoussa avec brusquerie.

– Rappelez vos chiens de garde, Immuable, j'ai à vous parler !

D'un geste, Xélion stoppa les soldats qui revenaient à la charge.

– C'est bon. Laissez-là.

– Il fut un temps où la savantoresse la plus éminente de ce pays n'avait pas besoin de se battre contre la garde pour parler à l'Immuable, cracha-t-elle, encore furibonde qu'on ait osé porter la main sur elle.

– Nous sommes en temps de guerre, savantoresse, vous semblez l'oublier.

La jeune femme s'avança de quelques pas, jusqu'à se trouver au pied de l'estrade, toute proche de l'Immuable, et le plus loin possible des militaires.

– J'ai dit à ce jeune homme que j'interviendrai en sa faveur..., dit-elle d'une voix forte.

Puis tout bas, en rivant ses iris mauves à ceux de Xélion :

– ... et moi, je ne suis pas de ceux qui trahissent leur parole.

Xélion se raidit, comme si elle l'avait giflé. Heureusement, il devait être le seul à l'avoir entendue !

– Eh bien, parlez !

– Je ne crois pas un instant que ce jeune homme soit un espion nelbrien. Certes, il a les cheveux sombres, mais il doit y avoir une autre explication. J'irais même jusqu'à dire que c'est la preuve de son innocence : si le Brac Marquel avait des espions à Roslend, il ne serait pas assez stupide pour les envoyer affublés de tels signes distinctifs. Croyez-moi, ce garçon n'est pas dangereux. Je crois qu'il a juste quelques troubles de la mémoire accompagnés de petites failles mentales. C'est un cas d'étude fort intéressant dont je me chargerais bien volontiers.

L'Immuable applaudit avec lenteur.

– Brillante démonstration, savantoresse, qui nous montre combien votre esprit est supérieur au nôtre. Malheureusement pour vous, nous avons quelque difficulté à accorder grande crédibilité à votre témoignage étant donné que ce jeune homme, à moitié nu, s'est dirigé tout droit vers votre site et a été retrouvé en votre compagnie en train de boire un thil.

– Qu'insinuez-vous par là ?

Les yeux de Palioma lançaient des éclairs.

– Mais rien du tout. Je vous annonce simplement que je vais faire mon devoir. Vous vouliez parler, on vous a écoutée par égard pour votre rang. Maintenant, je vous demande instamment de quitter les lieux.

– Qu'allez-vous faire de lui ? demanda la jeune femme d'une voix inquiète.

– Ce que l'on doit faire avec tout individu soupçonné de collaborer avec l'ennemi. Chercher à obtenir le maximum d'informations.

– Tu... tu ne vas quand même pas lui faire boire l'eau de vérité, bredouilla-t-elle tout bas, il est bien trop jeune, tu sais que les séquelles peuvent être irréversibles, voire fatales. Ce serait criminel !

– Comme c'est touchant, répondit Xélion sur le même ton, il semble que tu te sois beaucoup attachée à ce jeune homme en très peu de temps.

– Et c'est toi qui es censé incarner la sagesse ! siffla-t-elle.

Il ne répondit pas. D'un geste autoritaire, il frappa le sol du bâton qu'il tenait d'une main pour appeler sa propre garde :

– Faites-la sortir ! ordonna-t-il, avant d'ajouter avec un sourire mielleux : avec tout le respect dû à sa position, bien évidemment.

Palioma fulminait mais avait compris qu'il n'y avait plus rien à faire. Elle fit demi-tour et lorsqu'elle passa près de Lucan, posa sa main sur son bras en murmurant :

– Je suis désolée.

Lucan la suivit du regard, affolé, mais elle ne se retourna pas. Il avait assisté avec une angoisse croissante à l'échange. Il avait vite perçu que les choses tournaient mal. Il se demandait maintenant s'il n'aurait pas mieux valu pour lui que la savantoresse n'intervienne pas.

– Nous ne savons pas qui vous êtes, mais je ne vous le demanderai pas, ou tout du moins pas dans l'immédiat, déclara froidement l'Immuable.

De son regard de glace, il détaillait Lucan. Il était jeune. Bien bâti. Ses traits manquaient peut-être de maturité, mais il allait certainement devenir un homme très séduisant avec ses yeux changeants et ses cheveux bruns, si inhabituels à Roslend. Peut-être était-ce cette touche d'exotisme qui séduisait Palioma, et sa stature athlétique ne devait rien gâcher. Elle avait largement eu le temps de l'admirer tandis qu'il se promenait à moitié nu dans son jardin !

Son visage se crispa. Qu'importe ce que Palioma pensait, il ne pouvait se permettre de se montrer faible ! Les militaires n'attendaient que ça.

La sentence tomba.

– Qu'on apporte le calix d'eau de vérité !

17

Ego Monde, Londres, dimanche 9 septembre 1940

Catriona avait accompagné sa mère à la messe de 8 heures. Elle pensait bien que Lucan serait trop éprouvé pour les accompagner, mais elle s'attendait tout de même à ce qu'il soit réveillé à leur retour. Elle avait voulu monter jusqu'au deuxième étage pour voir comment il allait, cependant sa mère s'y était opposée, arguant que le garçon avait besoin de calme. Sauf qu'il était bientôt 10 heures et qu'il ne s'était toujours pas manifesté. Elle décida qu'elle avait assez attendu. Sans rien dire, elle s'éclipsa de l'appartement et avala quatre à quatre les marches qui la séparaient de l'étage supérieur. Arrivée devant la porte des Sondran, elle toqua vigoureusement.

Pas de réponse. Pas un mouvement. C'était surprenant.

Elle appela à travers le battant de bois :

– Lucan ? Tu dors ?

Elle frappa à nouveau. Plus fort. Une porte s'ouvrit. Hélas, ce n'était pas la bonne.

– Doucement Cathy, ou tu vas faire s'effondrer l'immeuble avant que les Allemands ne s'en chargent, ronchonna le voisin de palier.

– Mille excuses, monsieur o'Rourke, marmonna-t-elle.

Dès qu'il eut refermé, elle n'hésita plus. Appuyant sur la poignée, elle fit jouer la penne et entra dans l'appartement. Elle appela de nouveau mais n'obtint pas davantage de réponse. Dans la première chambre, elle vit Axélief Sondran qui reposait. La deuxième pièce était vide. Plus étonnant encore, le lit n'était pas défait. Où donc Lucan avait-il passé la nuit ?

Elle sortit de l'appartement en se reprochant de ne pas avoir insisté davantage pour qu'il vienne dormir chez elles. Elle le connaissait pourtant suffisamment pour savoir qu'il pouvait vite se laisser emporter par les idées noires quand il était seul.

Elle se rendit dans la boutique de l'horloger, pensant qu'à tous les coups il y ait passé la nuit à ruminer sa culpabilité.

– Bingo, murmura-t-elle un instant plus tard en constatant que l'atelier était éclairé.

Elle aperçut vite Lucan, écroulé sur la table de travail.

– Lucan ! Il est 10 heures passées ! Tu ne crois pas qu'il serait temps de te réveiller et de sortir un peu ? Il fait un temps fantastique. J'irais bien taper quelques balles dans le parc...

Il semblait dormir d'un sommeil agité, torturé. Elle fut frappée par son teint livide. Il devait faire un affreux cauchemar. Sans ménagement, elle le secoua par les épaules.

– Hé, Lucan ! Réveille-toi !

Il gémit, s'agita, leva la tête un instant et la laissa lourdement retomber sur la table.

– Non mais, t'es dingue ! Tu vas t'assommer ! protesta-t-elle.

Inconscient, il restait indifférent à ses récriminations. Soudain, il se mit à suffoquer.

– Oh, oh ! Qu'est-ce que tu me fais là ? s'inquiéta Catriona.

Elle commençait à se demander s'il s'agissait bien d'un simple cauchemar. Et si c'était plus grave ? Elle était partagée entre l'envie de courir chercher sa mère et la peur de l'abandonner seul ne serait-ce qu'un instant. Quand elle vit ses mains se mettre à trembler et sentit son front devenir brûlant, elle n'hésita plus. Courant vers le petit évier qui se trouvait à l'angle de deux murs, elle remplit le seau qui se trouvait à portée de main. Elle allait le déverser sur la tête de Lucan quand soudain celui-ci se redressa en poussant un cri. De l'une de ses mains tomba un cadran d'horloge miniature qui roula sur le sol. Catriona n'y prêta pas attention. Elle avait bien d'autres soucis.

– Que... Palio... ma... Je ne sais... oh, ma tête !

Palioma ? C'était qui celle-là ?

– Hé ? Ça va mieux ? C'est moi, Catriona !

Lucan battait des paupières, comme s'il tentait de lutter contre le sommeil.

– Ma tête ! gémit-il encore, j'ai mal... tellement mal.

Rassurée de l'entendre parler, même si c'était pour se plaindre, elle lui dit :

– Ne bouge pas, ma mère doit avoir de l'aspirine. Tu as sûrement une sale migraine. Je reviens tout de suite.

Quelques minutes plus tard, elle lui tendait deux cachets qu'il avala avec un verre d'eau. Elle avait doublé la dose habituelle, espérant que cela suffirait. La douleur de Lucan était effrayante. Il se prenait la tête comme s'il cherchait à l'arracher, tout en se lamentant comme un animal blessé. Elle dissimula son inquiétude en lui racontant la sortie de la messe. Elle imitait chacune des personnalités qui habitaient dans le voisinage afin de le distraire de sa souffrance. Puis, les gémissements diminuèrent et Lucan se calma. Dès qu'elle eut l'impression que l'aspirine avait produit son effet, elle le bombarda de questions :

– Qu'est-ce que tu fichais dans cet atelier ? Ça fait combien de temps que tu es là ?

En grimaçant, il lui expliqua avec docilité qu'il était venu honorer la promesse faite à son grand-père et relata comment il s'était endormi pour plonger dans le plus étrange des rêves.

– C'est qui, cette Palioma dont tu as parlé ?

– Une Albine. Une savantoresse. Très... très... bien. Gentille aussi. Elle a essayé de m'aider en parlant à l'Immuable, mais on peut pas dire que ça ait vraiment marché.

Catriona ouvrait de grands yeux.

– C'est quoi ces histoires ? Une Albine ? Une savantoresse ? Un... un quoi déjà ? Un déplorable ?

– Non, un Immuable, corrigea Lucan.

– Hou là ! C'est fou ce rêve ! Et si tu me racontais depuis le début ?

Et Lucan se mit à raconter du mieux qu'il le put.

Pour une fois, Catriona se tut. Petit à petit, Lucan semblait reprendre des forces. Ses phrases s'allongeaient, devenaient plus précises.

– ... puis une procession de femmes est entrée. La plus âgée portait une sorte de coupe sur un plateau...

La scène était d'une clarté absolue dans son esprit.

L'Immuable avait saisi le plateau et l'avait approché de Lucan.

– Bois, avait-il ordonné.

Le pied du calix était en verre torsadé et la coupe s'épanouissait comme une fleur de nénuphar. Par transparence, il pouvait voir qu'il contenait un liquide orangé dans lequel de minuscules billes vertes se tenaient en suspension. C'était beau.

Mais peu engageant.

Estimant que le garçon tardait trop, l'Immuable avait fait signe aux gardes qui l'entouraient. Ils s'étaient aussitôt saisis de lui et l'avaient immobilisé en lui bloquant les coudes derrière le dos.

– Il te reste encore le choix : soit tu ouvres la bouche de toi-même et tu avales, soit tu refuses et on te fera boire de force.

Lucan avait fixé l'Immuable avec défi avant de lancer :

– Lâchez-moi ! Je peux boire tout seul.

On l'avait libéré. Sans plus attendre, il s'était saisi du calix et l'avait vidé d'un trait. Le breuvage était fade, mais très vite les petites billes vertes s'étaient mises à exploser dans sa bouche, dans son gosier, dans tout son corps et jusque dans son cerveau. Tout, autour de lui, s'était teinté de vert et s'était mis à tanguer. Il avait entendu alors, comme si elle venait de très loin, la voix de l'Immuable interroger :

– Qui es-tu vraiment ?

Une vague de chaleur avait déferlé en lui et Lucan s'était entendu répondre avec lenteur :

– Je… n'en… sais rien.

Des murmures s'étaient élevés à droite, à gauche.

– Que viens-tu faire à Roslend ?

Nouvelle vague de chaleur, nouvelle réponse :

– Je… ne sais… pas.

Il y avait eu des échanges assez vifs tout autour de lui. D'autres personnes s'étaient mises à l'interroger. Il n'avait pas compris ce qu'on lui demandait et l'avait confessé avec une sincérité absolue. Ses réponses s'étaient bornées à « Je ne sais pas, je ne connais pas cette personne, je ne comprends pas ».

Les discussions étaient devenues houleuses, puis quelqu'un avait lancé :

– Assez perdu de temps ! Posez-lui la question capitale !

Le calme s'était fait d'un coup. La voix de l'Immuable avait alors percé le brouillard de plus en plus dense qui l'envahissait pour lui poser une dernière question :

– As-tu causé la mort d'un innocent ?

Lucan s'était troublé. Il se sentait de plus en plus mal et une douleur aiguë lui vrillait les tempes. Comme si quelqu'un lui avait introduit dans le crâne une armée de termites qui lui dévoraient peu à peu le cerveau.

– Il est en train de nous lâcher, avait constaté une voix sans émotion.

Puis celle de l'Immuable avait résonné à nouveau, plus incisive, plus impérieuse :

– As-tu déjà causé la mort de quelqu'un ?

– Oui ! avait alors avoué Lucan dans un cri de douleur.

Puis il avait perdu connaissance.

18

Ego Monde, Londres, dimanche 9 septembre 1940

Lucan regarda autour de lui comme s'il doutait que ce fût bien la réalité. Ce cauchemar avait semblé si réel ! Et la douleur qui sourdait dans son crâne, bien qu'estompée par l'effet de l'aspirine, n'avait rien de fictif. Ni même la façon dont il s'était senti obligé de TOUT raconter à Catriona quand elle le lui avait demandé.

Un long sifflement admiratif le ramena à l'instant présent.

– Eh bien mon vieux, dommage qu'il n'existe pas une machine à écrire qui puisse se greffer sur ton cerveau quand tu dors ! Tu aurais de quoi écrire un sacré roman !

Lucan grimaça. Il avait voulu se lever, mais sa tête n'était pas d'accord et l'avait douloureusement rappelé à l'ordre.

– Ce que je trouve drôle aussi, en dehors du fait que tu t'es retrouvé tout nu sur une estrade face à une foule (Lucan grimaça de nouveau, il aurait bien aimé occulter ce détail ainsi que quelques autres, mais les mots étaient sortis tout seuls...), c'est que ton histoire tient vraiment bien la route. Moi, quand je rêve, je suis en train d'attraper des sauterelles géantes au milieu d'une salle de cinéma et l'instant d'après je suis en plein match de hurling, sauf que je n'ai pas de crosse et que ma mère me court après pour que j'aille repriser des chaussettes ! Bref, des trucs sans queue ni tête !

Elle entortilla une mèche de ses cheveux de feu autour de son doigt et remarqua pensivement :

– Pourquoi tu as répondu que tu ne savais pas qui tu étais ? Tu as bien dit à cette Palioma que tu t'appelais Lucan !

Le garçon chercha à masquer son embarras en toussotant. Au prix d'un immense effort de volonté, il parvint à ne pas lui parler du faux acte de naissance. Sa migraine s'atténuait et, avec elle, ce besoin irrépressible de dire la vérité. L'étrange breuvage contenu dans le calix n'était-il pas appelé « eau de vérité » ?

– On s'en fiche, non ?

Il repensa à son grand-père qui reposait dans sa chambre et une vague de tristesse et de culpabilité l'assaillit. La fin de son cauchemar lui revint à l'esprit. Le rêve et la réalité se mêlaient de manière dérangeante. Maintenant que son mal de tête avait presque disparu, il comprit que s'il devait rester inactif toute la journée, il deviendrait fou.

– Il faut que je sorte ! s'exclama-t-il.

– Bien sûr ! Mais avant, petit déjeuner ! On ne fait pas de hurling le ventre vide.

– Non, je n'ai pas envie de remonter à l'appartement. J'achèterai quelque chose en route. Et puis le hurling, ça ne me dit pas trop. Si on allait plutôt du côté des docks ? Hier soir, avant de descendre, j'ai vu qu'ils ont été bombardés. On devrait aller donner un coup de main.

Catriona aurait préféré le hurling mais accepta sa proposition pour lui faire plaisir.

Se levant avec effort, Lucan se dirigea vers la porte en lançant :

– Sortons ! J'ai l'impression d'étouffer ici !

Longtemps avant d'arriver, ils virent des colonnes de fumée noire qui s'élevaient vers le ciel. Tous les passagers du bus avaient les yeux tournés vers ces piliers sinistres qui semblaient soutenir les nuages. Lucan se sentait en meilleure forme, comme si son corps avait réussi à évacuer la douleur qui l'avait terrassé.

Arrivés au terminus de la ligne, ils prirent le métro, direction les docks. Des gens s'étaient installés dans les galeries, attendant d'être relogés. Une population hétéroclite y cohabitait tant bien que mal. Des bébés pleuraient dans les bras de leur mère, des vieux se traînaient d'un coin à l'autre, espérant trouver un abri plus confortable. Ils descendirent à Canary Wharf et se frayèrent un chemin à travers cette populace pour remonter à la surface. La vision qui les attendait leur coupa le souffle. Ils avaient peine à croire que lorsqu'ils étaient passés là, deux jours plus tôt seulement, ces lieux grouillaient de vie. Les docks avaient été le cœur de cible des derniers bombardements. Touchés par les bombes incendiaires, les entrepôts emplis de sucre, d'épices, de grain et d'alcool s'étaient transformés en brasier d'apocalypse. Tant de litres de rhum avaient brûlé que l'air était saturé d'effluves de punch. Des bâtiments frappés le 7 septembre ne subsistaient plus que quelques squelettes noircis. Ceux qui étaient tombés la nuit précédente dégageaient encore des fumées noirâtres. Même si les feux étaient éteints, la mission des pompiers était loin d'être terminée. On pouvait les voir s'activer parmi les ruines malgré leur fatigue. De partout des secouristes leur venaient en aide, soulevant des poutres, des blocs de béton, des poutrelles d'acier. Des hommes, des femmes pouvaient encore être là, coincés depuis des heures sous les décombres.

– Par ici ! Il faudrait quelqu'un !

Lucan et Catriona se précipitèrent d'un même mouvement. En compagnie d'autres volontaires, ils se mirent au travail. Pendant des heures, ils s'activèrent en silence, concentrés sur leur tâche qui consistait à soulever délicatement des briques, vestiges d'un mur qui s'élevait auparavant à plus de dix mètres.

Au bout de deux heures, ils parvinrent à atteindre l'homme qui avait été enseveli. Ensanglanté, il était blessé en de nombreux endroits, mais quand un médecin l'examina, il constata qu'il respirait encore. Un soupir de soulagement, semblable à un cri de victoire, s'éleva parmi les sauveteurs.

Lucan essuya la transpiration qui perlait à son front. Il était heureux d'avoir pu participer au sauvetage d'une vie, mais ce n'était pas suffisant. Il y avait eu des centaines de morts, et il y en aurait encore des centaines, voire des milliers tant que les bombardements dureraient.

– On fait une pause ? proposa Catriona en se frottant les reins, j'ai le dos en compote !

– OK, allons prendre un sandwich.

Une cantinière improvisée offrait des vivres à tous les volontaires. Ils la remercièrent et allèrent s'asseoir un peu à l'écart, près d'une fosse à moitié remplie de gravats.

Ils mangèrent leur collation avec recueillement. L'atmosphère ambiante n'incitait guère à la légèreté.

– Dis donc, fit soudain Catriona, je repense à ton rêve… ça ressemble à ce qu'on vit ici. C'est aussi la guerre entre Nelbri et Roslend…

– Évidemment ! On rêve souvent de ce qu'on…

Lucan s'interrompit brusquement, aux aguets.

– T'as entendu ? murmura-t-il.

– Non. Quoi donc ?

– Un bruit métallique. Comme si quelqu'un tapait sur un tuyau.

Catriona tendit l'oreille mais ne remarqua rien. Lucan s'était levé pour s'approcher de la fosse. Il attendit quelques instants puis finit par y descendre.

– Tu as encore entendu quelque chose ? demanda Catriona, ou tu essayes seulement de changer de sujet de conversation ?

– Chut, je veux en avoir le cœur net.

– C'est pas très clair comme réponse, se plaignit Catriona tout en le rejoignant.

Ils commencèrent à déplacer les gravats.

– Si tu voulais dire qu'on rêve de ce qu'on vit, cela veut dire que tu as dû rêver de moi ! Sous une autre forme, bien sûr. Catriona, Palioma, ça se ressemble beaucoup, ce n'est certainement pas un hasard… C'est sûrement comme ça que tu me vois réellement : grande, belle, intelligente…

– ... modeste, marmonna Lucan qui, concentré sur sa tâche, n'écoutait que d'une oreille le monologue de la jeune fille.

Soudain, il se mit à sourire. Catriona demanda :

– Pourquoi tu souris ?

Il resta coi, mais ses lèvres s'étirèrent encore.

– Pourquoi tu souris ? Allez, dis-le, enfin, tu sais bien que c'est le genre de truc qui m'énerve !

Sachant qu'il n'aurait pas la paix avant d'avoir cédé, Lucan déclara :

– Je pensais au kaskouyou.

Catriona s'arrêta de soulever des gravats et le fixa avec suspicion :

– Qu'est-ce que tu veux dire par là ? Que je te fais davantage penser au kaskouyou qu'à Palioma ?

– Certainement pas, assura Lucan en essayant de garder son sérieux, jamais je n'oserais !

– Ah, je préfère ! De toute façon, je ne sais pas où tu es allé piocher tous ces noms ridicules : Palioma, kaskouyou, Roslend...

Ce fut au tour de Lucan de s'arrêter.

– Pour Roslend, je sais, dit-il, c'est mon grand-père qui m'en a parlé juste avant de mourir. Je n'y ai rien compris, d'ailleurs.

Ébahie, son amie s'exclama :

– « Roslend » ? Il a dit le mot « Roslend » ? Tu es sûr ? Mais ça ne veut rien dire !

– Eh bien, pour lui, ça voulait dire quelque chose, je t'assure !

Comme il se redressait pour jeter un morceau de plâtre, Lucan vit soudain qu'un homme les observait depuis le bord de la fosse. Il était à contrejour, mais même ainsi, il fut certain de le reconnaître. De taille moyenne, la carrure large, un chapeau mou enfoncé sur un crâne largement dégarni, un pardessus qui lui arrivait sous le genou, une canne à la main et un cigare à la bouche.

Le Premier Ministre de la Grande-Bretagne, premier lord de l'Amirauté.

L'homme qui avait osé jurer la perte d'Hitler.

Lord Winston Churchill.

19

Ego Monde, Londres, dimanche 9 septembre 1940

Lucan n'en revenait pas. Il l'avait entendu si souvent à la radio, exhorter par ses discours enflammés le peuple britannique à s'élever contre le nazisme et à résister coûte que coûte ! Il avait vu tant de fois sa photo dans les journaux, avec cet air renfrogné et déterminé qui lui avait valu le surnom de « Bulldog ». Et il était là, à l'observer d'un air énigmatique du haut de la fosse. Depuis quand était-il arrivé ? Lucan avait été bien trop occupé à déplacer les gravats et à gérer les bavardages de Catriona pour le savoir. Cette dernière, réalisant soudain que son compagnon s'était arrêté de travailler, leva les yeux à son tour.

– Merde alors ! laissa-t-elle échapper en reconnaissant le Premier Ministre, heu, mille excuses, ce n'est pas vraiment ce que je voulais dire..., essaya-t-elle de se rattraper.

Mais l'homme politique ne semblait pas choqué outre mesure par son langage. Il venait d'être rejoint par une troupe de conseillers qui s'étaient aussi arrêtés au bord de la fosse. Ils devaient certainement se demander ce qui retenait l'attention du grand homme.

Comme un silence relatif régnait maintenant que Catriona s'était tue, Lucan sursauta.

– Là ! Je l'ai entendu de nouveau ! s'exclama-t-il en désignant une zone qu'ils avaient commencé à déblayer.

– Moi aussi ! confirma l'adolescente tout excitée.

Cette fois, plus de doute possible : il y avait bien quelqu'un coincé là-dessous.

– De l'aide, vite ! cria Lucan.

Aussitôt, deux grands gaillards qui se restauraient abandonnèrent leur sandwich et accoururent pour les rejoindre. À eux quatre, ils parvinrent à dégager une ouverture. Elle semblait donner sur un sous-sol. La personne avait dû s'y réfugier au moment de l'alerte. Une porte métallique à moitié tordue bouchait l'entrée. Ils eurent beau tirer, ils n'arrivèrent pas à la faire bouger. Maintenant, ils entendaient plus clairement le son métallique qui avait attiré l'attention de Lucan.

– C'est impossible ! tempêta l'un des deux hommes.

– Il a raison, elle est coincée ! confirma le deuxième.

Ils échangeaient des regards découragés quand une voix grommela :

– Quand le singe ne peut franchir l'obstacle, il se débrouille pour le contourner...

Toutes les têtes se tournèrent vers le Premier Ministre. Puis Lucan observa l'entrée de la cave et se saisit d'une pioche qui traînait par là. Il introduisit la partie la plus pointue entre le montant métallique et le mur de brique et l'utilisa comme levier. Déjà fragilisée par les bombardements, la cloison se démantela comme un jeu d'enfant. Tout le monde se précipita pour l'aider à dégager une ouverture.

Quelques minutes plus tard, une femme d'une soixantaine d'années, épuisée mais indemne, parvenait à sortir. Elle s'effondra en pleurant dès qu'elle vit la lumière du jour.

Ils appelèrent une infirmière en faisant de grands gestes. Peu de temps après, la rescapée fut prise en charge.

Lucan, lui, était déjà en train de grimper sur le tas de gravats pour sortir de la fosse. Churchill avait quitté les lieux. Il finit par le repérer au loin, en train de s'éloigner, toujours suivi par sa petite troupe.

– J'ai pas rêvé, c'était bien Churchill ? demanda-t-il à un des hommes qui étaient venus à leur aide pour dégager la porte.

– T'as pas rêvé, mon gars. Il vient régulièrement sur le site des bombardements pour constater les dégâts. Il paraît même qu'il monte sur les toits du 10, Downing Street[1] pour suivre les batailles aériennes en direct ! Il veut prendre la mesure de la souffrance des Britanniques, ajouta-t-il avec gravité.

Bien sûr, c'était logique. Pourtant Lucan ne pouvait se défaire d'un drôle de sentiment. Le bref regard qu'ils avaient échangé avait été si intense qu'en y repensant, cela le mettait mal à l'aise. Il finit par hausser les épaules en se reprochant d'y attacher trop d'importance.

1. Résidence officielle du Premier Ministre de la Grande-Bretagne.

20

Ego Monde, Londres, dimanche 9 septembre 1940

De retour chez lui, Lucan alla ouvrir une fenêtre. Malgré la température ambiante plutôt fraîche, il avait chaud et un besoin irrépressible de prendre l'air. Dehors, il pleuvait. Des gouttes d'eau et des bombes incendiaires. Les averses avaient démarré en fin d'après-midi, au moment même où les sirènes se mettaient à hurler. Les feux provoqués par l'attaque de la nuit précédente étaient à peine éteints que les Allemands étaient de retour. Il referma brusquement la fenêtre et se dirigea vers la chambre de son grand-père. Il s'assit près de lui et laissa ses pensées vagabonder. Ses souvenirs d'enfance remontaient à la surface, se mêlaient à toutes ses questions demeurées sans réponses. Il y avait eu beaucoup de tabous dans sa relation avec le vieil homme. Le passé, la famille, ses origines… Tous ces sujets avaient été éludés par Axélief Sondran.

– Qu'est-ce que tu m'as caché ? murmura-t-il. Et qui pourra me répondre désormais ?

Personne. Il était condamné à ne jamais savoir qui il était. Plus jeune, il avait terriblement souffert d'être orphelin, puis il s'était fait à l'idée. Il n'était pas tout seul dans ce cas. On vivait rarement vieux dans le quartier. Les femmes mouraient en couche, les hommes d'accidents du travail. C'était comme ça. Mais au moins, les enfants esseulés possédaient de vrais certificats de naissance. Ils avaient des racines.

Épuisé par ses pensées qui tournaient en boucle dans sa tête, il sombra dans le sommeil sans même s'en rendre compte.

Le matin suivant, il se réveilla courbaturé. Il crut d'abord que c'était dû au fait d'avoir dormi sur une chaise, mais en réalisant qu'il transpirait, il se demanda si une mauvaise fièvre ne pouvait en être responsable. Il se rafraîchit le visage et s'abreuva longuement, ce qui lui fit du bien. Il était encore tôt mais il décida de se préparer. L'enterrement était à 9 heures et il ne voulait pas être en retard.

Lucan ne garda qu'un souvenir brumeux de cette journée. La mère de Catriona avait tout organisé avec les amis les plus proches et il s'était laissé porter par le mouvement. L'enlèvement du corps, la cérémonie à l'église, le cimetière, tout s'était enchaîné avec rapidité. L'époque ne permettait pas de consacrer trop de temps aux morts. Ils étaient si nombreux ! Et les alertes compliquaient encore la vie des survivants.

De retour du cimetière, Lucan ne put échapper à Maureen. Elle s'inquiéta de le trouver fiévreux et voulut le nourrir à tout prix, comme si un estomac plein était capable de guérir tous les maux. Trop fatigué pour lutter, il accepta.

– Tu vas voir, je t'ai mitonné un délicieux ragoût irlandais, annonça-t-elle en ouvrant la porte. Le boucher m'avait réservé un magnifique collier d'agneau. Ça a mijoté à feu doux sur le poêle toute la nuit.

En effet, un délicieux fumet leur emplit les narines dès qu'ils pénétrèrent dans le petit hall. Maureen enleva son manteau et se dirigea vers la cuisine tout en continuant de parler.

– On n'a plus qu'à le faire réchauffer. Tu m'en diras des... AAAAAAAH !

Lucan et Catriona se précipitèrent. Le tableau aurait été risible si la blanchisseuse n'avait été aussi scandalisée : sur la table, Tara, la chatte de la maison, se pourléchait les babines à côté d'un faitout dont le couvercle avait roulé au sol.

– Catriona ! hurla Maureen, je t'avais demandé de la sortir ! Je ne veux pas qu'elle reste seule dans l'appartement ! Regarde un peu ce qu'elle a fait, cette sale bestiole !

– Mais je l'ai sortie ! se défendit sa fille.

– Elle a dû passer entre tes jambes sans que tu t'en aperçoives ! Tu ne fais attention à rien !

– Impossible ! s'insurgea l'adolescente, j'avais fermé la porte et je l'ai descendue jusqu'en bas de l'escalier. Après, on est partis !

Comme elle prononçait cette phrase, elle réalisa ce que cela signifiait.

– Quelqu'un est entré pendant qu'on était à l'enterrement et elle en a profité pour se glisser à l'intérieur. On a été cambriolées !

Étouffant une exclamation, sa mère courut jusqu'à sa chambre. Elle en revint quelques minutes plus tard, perplexe.

– C'est bizarre. On n'a rien volé. Pourtant, je suis sûre que tu as raison. Les tiroirs ont été fouillés, même si on a essayé de tout remettre en place.

Elles se mirent à fureter dans l'appartement, notant qu'un bibelot avait été légèrement déplacé, comme l'indiquait la trace laissée dans la poussière, ou qu'une pile de linge était un peu bancale. D'infimes détails sans importance qu'elles n'auraient jamais remarqués si Tara n'avait pas joué les intruses.

Après un tour de l'appartement, elles ne purent que constater que rien ne manquait.

– Il faut prévenir les voisins, décréta Maureen, tout l'immeuble était à l'enterrement. Les cambrioleurs ont peut-être visité d'autres appartements.

Ils se dispersèrent pour avertir tout le monde, mais les autres occupants du bâtiment ne remarquèrent rien de suspect.

Quand finalement Lucan regagna son logement, Catriona l'accompagna. Ils se mirent à inspecter chaque pièce avec attention. Et là aussi, ils s'aperçurent que les cambrioleurs étaient passés.

– Ça devait arriver, constata Lucan avec philosophie, personne ne ferme à clé dans le quartier, ça a fini par se savoir.

Il alla dans la cuisine pour étancher la soif qui semblait ne jamais le quitter.

– Mais qui oserait faire ça ? s'indigna Catriona en le suivant, on connaît tout le monde et on sait bien que nous ne sommes pas riches.

– À l'évidence, les voleurs ne cherchaient pas de l'argent ou des bijoux. La cagnotte de mon grand-père n'a pas été touchée. Cela dit, il n'y avait pas grand-chose...

– Et la caisse de sa boutique ? On n'a pas vérifié ! Il avait des montres qui coûtent cher !

La remarque de sa sœur de lait fit soudain bondir Lucan. Comment n'y avait-il pas pensé plus tôt ?

Sans prononcer un mot, il se précipita dans la cage d'escalier. Il dut éclairer l'atelier lorsqu'il y arriva. Les rideaux de fer de la boutique étaient toujours baissés et bien qu'on soit en milieu de journée, l'obscurité régnait. Il se mit à explorer la table de travail. Il retrouva la petite horloge en forme de Big Ben à l'endroit où il l'avait laissée l'avant-veille. De son œil borgne, elle semblait l'observer moqueusement.

– Qu'est-ce que tu cherches ?

– Quand tu es venue me réveiller l'autre jour, demanda-t-il sans cesser de fureter, tu n'as pas vu un petit cadran d'horloge, de la taille de celui d'une montre ?

– Un cadran d'horloge ? Il n'y a que ça ici !

– Non, celui-là était particulier. Il y avait des aiguilles des deux côtés.

Et il lui expliqua comment, en suivant les indications de son grand-père, il avait découvert cet objet unique en son genre. Tout en parlant, il s'était mis à quatre pattes, cherchant sous la chaise et sous l'établi. Catriona l'observait, éberluée. Bien ancrée dans la réalité, elle demanda :

– Tu ne devrais pas plutôt vérifier la caisse ?

– On s'en fiche de la caisse. Il y a plus précieux... comme le cadran que je cherche, par exemple.

– Parce qu'il avait des aiguilles des deux côtés ?

– Non. Parce qu'elles étaient incrustées de diamants.

Les yeux d'ambre de Catriona s'arrondirent.

– Des... des... dia... dia... mants ?

– Oui, des diamants !

– Des vrais ? insista-t-elle, comme pour les bijoux de la Couronne ?

– Un peu moins gros peut-être.

– Wahou !

Puis, voyant qu'il transpirait et paraissait fiévreux, elle interrogea :

– Tu es sûr que ce n'est pas la fièvre qui te fait délirer ?

Lucan la fusilla d'un regard qui n'avait rien de malade.

– Je vais très bien ! J'ai juste un peu chaud. Tu ferais mieux de venir m'aider au lieu de poser des questions stupides !

Catriona leva les yeux au ciel et sans insister davantage, se mit à quatre pattes à son tour.

Ils cherchèrent dans tous les coins, poussèrent les chaises et les meubles, explorèrent la boutique... En vain.

– Flûte ! On trouve que dalle !

– Eh bien, au moins on sait maintenant ce que les cambrioleurs voulaient ! constata Lucan en s'asseyant sur le sol.

– Mais comment ont-ils pu savoir ? Même moi je n'étais pas au courant !

– Ça, c'est un mystère. Un de plus. Je trouve que depuis que mon grand-père est mort, il se passe plein de choses bizarres.

– Il faut prévenir la police !

– Ah ouais ? Pour leur dire quoi ? On n'a aucune preuve d'effraction et comme tu le disais, à part moi, personne n'a jamais vu ce cadran.

Catriona soupira en s'asseyant à son tour.

– Alors c'est foutu…

– J'en ai bien peur. Je ne saurai jamais pourquoi mon grand-père tenait tant à cette horloge !

Soudain pris d'un accès de fureur, il donna un coup de pied dans la chaise qui était près de lui. Pourquoi tout lui glissait-il des mains ? Pourquoi le sort s'acharnait-il ?

– Tu sais quoi ? Je suis un gros nul ! s'emporta-t-il, je ne suis capable de rien de bon.

– Arrête ! Hier, grâce à toi, la vie d'une femme a été sauvée !

Lucan haussa les épaules.

– C'est grâce à Churchill. Et si ce n'avait pas été moi, cela aurait été quelqu'un d'autre.

– *Pff !* Toi, tu broies du noir. C'est pas bon, ça. Il ne faut pas te laisser aller.

Lucan ne répondit pas. Catriona bondit alors sur ses pieds.

– Viens, je sais ce qu'il te faut. Avec toutes ces histoires, on a toujours le ventre vide. Allons voir si Tara a laissé quelques miettes pour nous. Moi, j'ai une faim de loup !

Son ami se laissa entraîner. De toute façon, il n'avait rien d'autre à faire…

21

Ego Monde, Londres, lundi 10 septembre 1940

Lucan ne fut pas surpris d'être réveillé en pleine nuit. Dormir huit heures d'affilée était devenu mission impossible depuis qu'Hitler avait juré de faire plier le genou à la capitale britannique.

Au déferlement des bombes, les discours transcendants de Churchill répondaient en écho. Plus sa ville était brutalisée, plus il exaltait les vertus du sacrifice et du dépassement de soi. Plus elle était ensanglantée, plus sa résolution s'affermissait. On le sentait prêt à donner son corps et son âme pour résister jusqu'au bout à l'infamie nazie. Et les Londoniens faisaient bloc derrière lui.

Il entendit au loin le ronronnement meurtrier des bombardiers qui s'approchaient de leur proie, tels de monstrueux félins assoiffés de sang. Il se sentait à la fois coupable et soulagé d'habiter une zone présentant peu d'intérêt pour la stratégie allemande. Pendant qu'il était allongé dans son lit, combien hurlaient dans les rues ou se pelotonnaient en tremblant les uns contre les autres dans les couloirs du métro ?

Lucan se retourna, l'esprit et le corps agités. Il avait toujours aussi chaud et son drap de dessous était trempé de transpiration. Il hésitait à se lever pour en changer quand le parquet du salon craqua. Il fronça les sourcils. Il avait pourtant pris la précaution de tourner la clé dans la serrure. Lucan se demanda un instant s'il n'avait pas rêvé. Les bruits extérieurs l'avaient peut-être trompé… Mais la seconde d'après, la porte de sa chambre s'ouvrait en grinçant. Sans réfléchir, le garçon se glissa hors de son lit et saisit la crosse de hurling qu'il laissait en permanence appuyée contre la table de chevet. Son instinct lui disait que les silhouettes apparaissant dans la pénombre n'étaient pas venues veiller sur son sommeil. L'adolescent chercha une issue mais sa fenêtre, qui donnait côté rue, était bien trop haute pour pouvoir sauter.

Les intrus ne s'étaient pas encore rendu compte qu'il était éveillé. Ils étaient trois et avançaient silencieusement vers son lit. Alors Lucan tenta le tout pour le tout. La tête rentrée, il bondit et fonça en avant comme il l'aurait fait lors d'un match de hurling. Il heurta de l'épaule un premier homme qui laissa échapper un cri. Il esquiva le deuxième, trop lent à réagir, et d'un mouvement circulaire de sa crosse balaya le troisième qui hurla de douleur. La voie étant libre, Lucan traversa le salon au pas de course. La porte d'entrée était ouverte. Il la franchit... et reçut un violent coup sur la nuque. À moitié sonné, il pivota tant bien que mal pour faire face à son agresseur, mais deux bras d'acier l'enserraient déjà, annihilant toute velléité de défense. Les trois autres hommes arrivèrent en pestant. L'un d'eux lui arracha sa crosse tandis qu'un de ses complices lui fourrait un bâillon dans la bouche et lui attachait les mains. Lucan réalisa alors qu'il n'avait même pas pensé à crier pour alerter les voisins. La faute au hurling qui lui avait appris à encaisser les coups en silence. Maintenant, c'était trop tard !

L'instant d'après, il se trouvait propulsé à l'intérieur d'une voiture noire, garée devant l'immeuble. Deux des kidnappeurs montèrent à l'arrière avec lui tandis qu'un deuxième s'asseyait à l'avant. Le véhicule démarra immédiatement. Pas un mot n'avait été échangé. L'adolescent essaya de se contorsionner et de parler, mais on ne lui prêta pas la moindre attention. À l'évidence, ces gens-là ne doutaient pas de l'efficacité de leurs nœuds. Il se demanda s'il n'était pas plongé dans un nouveau cauchemar. Cette fois pourtant, il n'y avait rien d'étrange dans le décor et l'accoutrement des protagonistes, si ce n'est que lui était en pyjama. Incapable de réfléchir rationnellement à ce qu'il lui arrivait, il se contenta d'observer ses ravisseurs. Ils étaient vêtus d'un pull, d'un pantalon et d'un bonnet noirs dissimulant leurs cheveux. L'enchaînement des actions semblait avoir été programmé d'avance et même sa tentative de fuite avait dû être envisagée puisqu'il s'était fait prendre à la sortie. C'était des pros, à n'en pas douter. Mais quel intérêt y avait-il à enlever un adolescent de quartorze ans, trop naïf pour être un bon joueur de hurling et trop « irlandais » pour être pris au sérieux ? Sans compter qu'il était orphelin ! Ce n'était pas avec lui qu'on obtiendrait une rançon !

La tête lui tournait lorsqu'il cherchait un sens à tous ces événements.

Soudain, il prit conscience qu'on ne lui avait pas bandé les yeux. N'était-ce pas pourtant ce que l'on faisait dans ces cas-là ? Il connaissait le visage de ses ravisseurs et maintenant on le laissait découvrir l'itinéraire vers son lieu de détention... Il n'y avait qu'une explication : il ne ressortirait pas vivant de cette histoire. Il fallait absolument qu'il...

La voiture stoppa. Les portières s'ouvrirent et on le fit descendre. Ils s'étaient dirigés vers le centre de Londres et le bal aérien des Spitfire semblait à portée de main. Il n'était pas possible de s'approcher davantage sans risquer de se trouver pris sous les bombes de l'ennemi. Tout près, les feux déclenchés par les attaques transformaient la nuit d'été en jour sanglant. Le bruit des moteurs, des mitrailleuses et des explosions se mêlait au hurlement des sirènes pour offrir aux spectateurs un son et lumière dantesque. Une odeur de brûlé et de pétrole flottait dans l'air...

La City, demain, serait un champ de cendres.

L'un des ravisseurs sectionna la corde qui lui liait les poignets d'un geste sec et il se retrouva libre de ses mouvements. Devant lui, une plaque d'égout avait été soulevée. Il comprit qu'ils voulaient qu'il descende par une petite échelle métallique dont on apercevait les premiers barreaux. Un homme était déjà en bas et l'attendait. Une bourrade qui manquait de douceur le motiva à obéir.

Aux émanations de matériaux brûlés succédèrent les relents prégnants du cloaque. Ils marchaient dans un tunnel voûté construit en brique, s'éclairant à l'aide d'une torche. Des ombres fantasmagoriques dansaient sur les parois rougeoyantes et se reflétaient dans les eaux souillées coulant trente centimètres en contrebas. Ils arrivèrent à une jonction où la galerie s'élargissait. Une barque les attendait. Ils y grimpèrent et le trajet se poursuivit. Même à cette profondeur, le bruit d'une explosion leur parvenait de temps à autre. Les eaux clapotaient alors plus fort tandis que les murs frémissaient. Lucan n'osait imaginer ce qu'il se passerait si la voûte cédait. Au bout d'un temps impossible à estimer et après avoir bifurqué de nombreuses fois, ils accostèrent le long d'un petit embarcadère.

Une minute plus tard, ils remontaient dans un conduit par une échelle semblable à celle qui leur avait permis de descendre, à la différence près que celle-ci semblait neuve. L'homme qui le précédait frappa plusieurs coups nets en un code long et compliqué. Plusieurs verrous furent tirés et la plaque se souleva. Deux hommes armés les regardèrent sortir. L'organisation qui l'avait enlevé semblait de plus en plus importante au fur et à mesure qu'ils avançaient. On lui rattacha les poignets. Le garçon se demanda une fois de plus dans quel guêpier il s'était fourré. Qu'avait-il donc pu faire pour attirer leur attention ? Il devait forcément s'agir d'une erreur !

Finalement, ils atteignirent une salle uniquement meublée d'une table et deux chaises. On le força à s'asseoir avant de l'abandonner là. Quand la porte se referma dans son dos avec un bruit métallique, une vague d'angoisse déferla en lui. Il était seul. Désespérément seul.

La porte s'ouvrit à nouveau, et une voix qu'il n'aurait jamais imaginé entendre dans ce lieu résonna :

– Alors mon garcon, tu as fait bon voyage ?

Lucan sursauta. Ce n'était pas possible ! Ses oreilles le trahissaient...

Une soudaine odeur de cigare emplit ses narines. Voilà que son nez s'y mettait !

Alors il se tordit le cou, se déboîtant presque une vertèbre pour apercevoir l'homme qui venait d'entrer.

22

Ego Monde, Londres, lundi 10 septembre 1940

Churchill.

Churchill en chair et en os.

Ni son ouïe ni son odorat ne l'avaient trompé.

Avant que Lucan puisse se remettre de sa surprise, le Bulldog haussa un sourcil et lui ôta le bâillon.

– Voilà, ce devrait être plus facile pour communiquer. Les gens du MI5 font leur travail avec beaucoup de conscience professionnelle. Parfois même un peu trop. Mais étant donné la situation, on ne peut pas le leur reprocher, n'est-ce pas ?

Le MI5 ? Les services secrets intérieurs ? Lucan n'en revenait pas ! Il inspira plusieurs fois par la bouche, appréciant grandement le confort de ne plus avoir ce morceau de tissu entre les dents. Le Premier Ministre alla s'asseoir et se mit à l'examiner d'un regard perçant tout en tirant sur son cigare :

– *Boy*, tu me poses un problème. J'ai fait faire une petite enquête sur toi mais je n'ai pas pu découvrir qui tu es vraiment. Ni d'où tu viens. Ce nom bizarre de Sondran n'apparaît nulle part avant ta naissance. Tu vas devoir m'éclairer…

Il se tut et croisa les mains sur son ventre, le cigare coincé entre les lèvres. Lucan avait l'étrange sentiment de revivre la scène de son rêve. Pourquoi toutes ces personnes voulaient-elles savoir qui il était ? Que lui-même se pose la question semblait légitime. Après tout, il était concerné au premier plan ! Mais le Premier Ministre britannique, n'avait-il pas mieux à faire que de se soucier de ses bêtes histoires de famille alors que les bombes pleuvaient sur leur tête ?

Churchill attendait. Le garçon se racla la gorge et croassa :

– J'ai soif… s'il vous plaît…

L'homme d'État le regarda avec attention et comprit qu'il ne cherchait pas à gagner du temps. Le garçon avait le visage rouge et des gouttes de transpiration perlaient sur son front. Il ne faisait pourtant pas si chaud dans la pièce.

Churchill fit apporter un verre et une bouteille d'eau et l'aida à boire avant d'aller se rasseoir.

Lucan était décidé à raconter tout ce qu'il savait sur ses origines et son enfance (c'est-à-dire pas grand-chose). Il avait toujours admiré le grand homme et ne voyait pas pourquoi il lui cacherait la moindre information. Après tout, son intérêt était plutôt flatteur. Emporté par sa narration, il parla même du choc qu'il avait ressenti en découvrant que son acte de naissance était un faux et des questions qui l'obsédaient depuis.

Quand il eut fini, Churchill s'adossa à sa chaise. Il semblait absorbé par la fumée épaisse qui s'échappait de son cigare en volutes odorantes. Lucan n'osait plus rien dire. Au bout d'un moment, le Bulldog interrogea :

– Que sais-tu de Roslend ?

Le garçon en resta bouche bée.

– Ne fais pas l'innocent, s'énerva soudain Churchill, je t'ai moi-même entendu en parler avec ton amie hier, près de cette fosse.

– Mais… on parlait juste d'un cauchemar que j'ai eu, réussit à articuler Lucan.

– Quel cauchemar ? Dis-moi tout. Je veux TOUT savoir ! Quand tu as entendu ce mot pour la première fois, ce que tu connais à son sujet. N'oublie rien, sinon je le saurai, assura-t-il sur un ton lourd de menaces.

Estomaqué, Lucan décida d'obtempérer. Pour la deuxième fois, il se mit donc à rapporter les propos incohérents de son grand-père ainsi que le rêve qui en avait résulté la nuit suivante.

Dès qu'il commença à parler, Churchill quitta sa position nonchalante pour s'accouder à la table. Il le fixait intensément, comme s'il voulait pénétrer à l'intérieur même de ses pensées. Lorsque le garçon se tut, son interlocuteur lui posa tout un tas de questions précises sur ce qu'il n'avait pas assez décrit à son goût. Il répondit du mieux qu'il put, jusqu'à ce que Churchill s'estime satisfait. Le ministre se leva avec lenteur. Il se dirigea vers la sortie et dit « Je reviens » avant de disparaître. Quelques minutes plus tard, il était de retour. Cette fois, il tenait un dossier sous un bras et un couteau avec lequel il sectionna les liens de Lucan. Celui-ci ramena les bras sur sa poitrine avec un intense soulagement. Le sang avait eu du mal à circuler dans ses poignets et ses épaules commençaient à devenir douloureuses.

– Merci, murmura-t-il, et aussitôt il se resservit à boire.

Il se frottait les mains quand il remarqua que Churchill l'observait de nouveau.

– Je crois ce que tu m'as raconté, finit-il par déclarer. D'abord parce que si tu savais vraiment de quoi il s'agit, tu n'en parlerais pas dans un lieu public avec ton amie, ensuite parce qu'il se dégage de toi une innocence impossible à simuler. Je connais suffisamment les hommes pour savoir de quoi je parle.

Un sentiment mitigé s'empara de Lucan. Il était à la fois heureux qu'il le croie et énervé de dégager autant de naïveté. Churchill poursuivit :

– Il va falloir que tu jures un secret absolu sur ce que je vais maintenant partager avec toi. Seuls le roi et ceux qui ont été Premiers Ministres sont au courant de ce dossier.

L'adolescent, impressionné, jura. Churchill ouvrit alors le porte-document qu'il était allé chercher. Ce dernier paraissait vieux mais en bon état. Sur la couverture, on pouvait lire en capitales rouges *Top secret – for your eyes only*, sans autre mention. Mais à l'intérieur, sur une chemise papier cornée, il reconnut, même à l'envers, les lettres formant le mot *Roslend*.

– Ça alors ! s'exclama-t-il.

– Le dossier Roslend est classé au niveau le plus haut du secret. Je ne te dirai pas de quand il date, je l'ignore moi-même, mais les éléments qu'il contient doivent être communiqués au nouveau Premier Ministre par son prédécesseur dès sa prise de fonction. Je t'en parle aujourd'hui parce que je n'ai pas le choix et qu'il en va de la survie des valeurs morales et humaines de notre société...

Comme Lucan ouvrait la bouche, Churchill leva une main et l'arrêta :

– Je vais te demander de ne pas m'interrompre pendant que je parle, j'ai horreur de ça.

Puis il se lança :

– Il a été découvert qu'un monde parallèle au nôtre existe quelque part, dans un autre espace-temps. Tu n'es pas le premier à avoir fait une incursion dans ce monde-là. Nous l'avons appelé l'Alter Monde et le nôtre, l'Ego Monde. Ils sont liés par des lois physiques que nous ne maîtrisons pas mais qui ont été constatées. Par une sorte d'équilibre impossible à expliquer, ce qui se passe dans un monde affecte ce qui se passe dans l'autre monde et vice versa. C'est pourquoi cet autre monde est également en guerre. La terre qui s'appelle Roslend correspond à la Grande-Bretagne. Un peu comme notre image reflétée par un miroir déformant, si tu veux. À moins que ce ne soit le contraire... Peu importe, ce qui compte, c'est que si Roslend tombe, la Grande-Bretagne tombera aussi, et leur chute entraînera celle de l'Ego Monde et de l'Alter Monde tout entiers. L'inhumanité et l'oppression régneront alors dans tout l'Univers. La Grande-Bretagne tient encore face à l'adversaire, mais c'est si dur que je doute que Roslend fasse sa part du boulot. Il doit y avoir quelque chose qui cloche chez eux. Il faut qu'ils résistent davantage ! Il faut qu'ils nous aident !

Lucan, qui commençait à admettre que son rêve n'en était pas un, osa chuchoter :

– Je… Je ne suis pas sûr de comprendre en quoi tout cela me concerne…

Churchill se pencha en avant, les deux mains posées à plat sur la table.

– Ça te concerne plus qu'aucun autre car tu es la première personne que je connaisse qui sait exactement comment basculer dans l'Alter Monde !

– Moi ?!

– Oui, toi !

C'était tellement grotesque que Lucan eut envie de rire. Mais le regard que lui décocha le Bulldog l'en dissuada.

– Je crois qu'il y a erreur sur la personne, se contenta-t-il de dire. OK, j'ai rêvé, ou si vous insistez, j'ai basculé une fois du côté de votre Alter Monde, mais c'était par le plus grand des hasards et ce n'est arrivé qu'une seule fois ! Je ne contrôle rien ! Je ne sais pas comment ça marche…

– Mais moi si ! répliqua Churchill.

Il se redressa et sortit un petit objet de sa poche que Lucan reconnut immédiatement.

– Le cadran ! Le cadran de Big Ben ! Mince alors ! C'était vous les cambrioleurs ! Vous n'avez pas le droit !

– Raison d'État, *boy*, on a tous les droits. Il nous fallait découvrir ce que tu savais.

– Ce cadran n'est qu'une pièce d'horlogerie…

Mais comme il prononçait ces mots, les paroles de son grand-père sur son lit de mort lui revinrent en mémoire. Le Premier Ministre ne manqua pas de le lui faire remarquer.

– Je ne sais pas qui était vraiment ton aïeul, *boy*, mais je subodore qu'il en savait plus qu'il ne t'a dit.

– Je croyais qu'on l'avait volé à cause des aiguilles. Elles brillent tant que j'ai pensé qu'elles étaient faites en diamants, murmura Lucan, un peu sonné.

– Ce ne sont pas des diamants, rétorqua Churchill, tout du moins pas des diamants comme on en trouve chez nous...

Le garçon se passa la main dans ses cheveux bruns trempés de sueur. Désormais, il était prêt à tout entendre.

– Il se trouve que les scientifiques de nos services ont remarqué un phénomène très étonnant : ils ont une fréquence de résonnance fluctuante et sont d'une brillance jamais vue...

– C'est-à-dire ? osa demander Lucan.

– C'est-à-dire que ces pierres viennent de Roslend et ont un pouvoir bien particulier. On les soupçonne de pouvoir faire « basculer » la personne dont les vibrations corporelles correspondent à la résonnance sur laquelle elles se fixent vers l'Alter Monde.

Le regard de l'adolescent ne fit que se troubler davantage.

– Je... Je n'y comprends rien...

– Tu as dit que tu t'étais endormi après avoir pris ce cadran dans ta main, s'impatienta Churchill, mais ne s'est-il rien passé auparavant ? Un petit détail que tu aurais oublié de mentionner ?

Lucan réfléchit et se souvint de la légère piqûre qu'il avait ressentie.

– Voilà ! s'exclama le Premier Ministre à l'évocation de ce souvenir, c'est de cette façon que les pierres se sont étalonnées. Désormais, elles doivent entrer en résonnance lorsqu'elles sentent les pulsations de ton corps.

– Cela veut dire que... je suis le seul à pouvoir... basculer dans l'Alter Monde ?

– Et tu vas devoir y retourner, confirma le Premier Ministre.

– Y retourner ? répéta Lucan, effaré.

– Oui, y retourner. Mais cette fois, tu y seras en mission. Pour Sa Majesté le roi.

– ... Pour Sa Majesté le roi, répéta encore Lucan, ahuri.

– Et pour mener à bien cette mission, je vais te confier un autre secret d'État. Cela pourra t'être utile pour venir en aide à Roslend.

Churchill se rassit et tira sur le cigare qu'il avait pour un temps gardé coincé entre ses doigts. Il rejeta un nuage de fumée et croisa les jambes.

– Le 12 février dernier, le sloop[1] britannique *The Gleaner* a coulé un sous-marin U33 allemand en mer du Nord. Or, dans ce sous-marin, on a retrouvé les rotors de la machine de cryptage allemande Enigma. On est sur le point de découvrir son fonctionnement. Dès qu'on y sera arrivé, on pourra décoder tous les messages interceptés, ce qui nous assurera un avantage certain sur l'ennemi. Il y a fort à parier que sur Roslend, une telle découverte leur serait précieuse. Ta mission sera de leur apporter ton aide dans ce domaine. Bien sûr, il te faudra garder le secret de ta provenance une fois là-bas. Je ne peux te dire qui connaît notre existence, mais cela doit représenter très peu de monde. Dommage que ton grand-père soit décédé… Il nous aurait certainement appris beaucoup.

Oui, pensa Lucan avec infiniment plus de regret que le Premier Ministre, il était bien dommage que grand-père ne soit plus là… Sa vie n'aurait pas sombré dans cette folle tourmente ! En même temps, cette folie, bien qu'effrayante, n'était pas pour lui déplaire. Et revoir la sublime Palioma ne serait pas désagréable non plus.

Un reste de sagesse le poussa cependant à demander :

– Ai-je le choix ?

Le bulldog plissa les yeux et rejeta une bouffée de fumée.

– Je viens de te confier deux secrets d'État. À ton avis ?

L'adolescent déglutit et se versa de nouveau à boire.

– Pas vraiment alors…

1. Dragueur de mine. Navire de guerre.

– Pas vraiment, non.

– Très bien. Quand dois-je commencer ?

– Sans vouloir te presser, *boy*, je te rappelle qu'il y a urgence. Si tu en doutes, pense à ce qui se passe en ce moment au-dessus de nos têtes. La RAF vole à cent cinquante pour cent de ses capacités, mais elle commence à être à bout de souffle...

Churchill prêchait un converti. Le garçon savait tout cela.

– Il faut que tu t'infiltres dans ce monde, que tu apprennes pourquoi ils se défendent si peu, reprit le Premier Ministre avec persuasion. Dès que tu le sais, reviens m'en parler, je pourrai certainement avoir un conseil stratégique à leur transmettre, déclara-t-il avec l'assurance d'un homme qui connaissait intimement tous les mécanismes de la guerre. Et parle-leur d'Enigma, ou mieux encore, essaie de découvrir la machine ou l'engin avec lequel l'ennemi code ses messages. Cela changera tout. Crois-moi, un ennemi qui devient prévisible est presque un ami.

Churchill se leva et l'invita à le suivre. Il le guida jusqu'à une chambre du premier étage. Décorée dans le plus pur style victorien, elle était la plus belle pièce que Lucan ait vue de sa vie.

– Voilà ton bureau, ironisa le Premier Ministre en lui indiquant le lit, cette chambre restera à ta disposition tant que tu seras en mission. Le quartier est rarement bombardé, mais en cas d'alerte, il sera facile de t'évacuer dans l'abri au sous-sol.

Tremblant un peu, Lucan alla s'asseoir sur le lit. Il était beaucoup plus confortable que le sien. En temps normal, il aurait été aux anges.

Churchill lui tendit le cadran aux aiguilles scintillantes.

Lucan observa le petit objet. Son tic-tac était régulier, obsédant. D'un revers de manche, il essuya les gouttes de sueur qui perlaient à son front. La peur ? La fièvre ? Qu'importait, au vu de l'ordre mondial ?

– Une dernière chose, comme tu as pu le constater, le cadran correspondant à l'Alter Monde affiche seize numéros. C'est tout simplement parce que les journées y durent trente-deux heures. Le temps est donc décalé entre eux et nous. Quand tu passeras un jour entier en Roslend, tu auras vécu huit heures de plus que si tu étais resté chez nous... Tu imagines ce que les gens donneraient pour qu'on leur offre huit heures de plus par jour ? ajouta Churchill avec une pointe d'humour.

Lucan haussa les épaules, il n'était pas sûr que ce bonus soit une chance. Le temps qu'il avait passé dans l'Alter Monde n'avait pas été une partie de plaisir !

– Alors mon gars, qu'est-ce que tu attends ?

La patience ne semblait pas être la qualité première de Churchill.

Tout tremblant, Lucan tendit une main moite vers le Premier Ministre.

Partie 3

Bravoure

23

Terre de Roslend. Geôles des Fournaises. Niveau moins quatre

Le soldat, transpirant à grosses gouttes, donna un coup de pied dans le flanc du prisonnier qui était allongé sur la roche rouge. Ce dernier ne réagit pas.

– C'est ce que je vous disais, Immuable, il n'a pas très bien résisté à l'eau de vérité. On nous l'a amené dans cet état et depuis plusieurs jours, il n'y a pas eu d'évolution. Il ne mange pas, ne boit pas... Incroyable qu'il soit encore en vie. Dans de telles conditions, les gars ne durent jamais longtemps à ce niveau des Fournaises...

Comme si cette pensée lui rappelait les règles élémentaires de sécurité, le gardien aspira une grosse gorgée d'eau grâce au fin tuyau arrivant à hauteur de sa bouche et qui était relié à une réserve qu'il portait sur son dos. Il proposa ensuite l'embout à l'Immuable qui déclina l'offre d'un signe de tête.

– ... Moi je dis qu'on ferait aussi bien de s'en débarrasser dans la fosse des non-réclamés, conclut le geôlier. Au moins, là-bas, il sèchera sans risque de contaminer les autres.

Xélion observa le jeune homme qui était couché sur le dos, le visage ruisselant de sueur. Palioma ne le lui pardonnerait jamais. Mais lui aurait-elle pardonné le reste, de toute manière ? Et puis, était-ce sa faute si son protégé avait un mort sur la conscience ? Un mort... et peut-être d'autres d'ailleurs ! Le garçon s'était évanoui avant qu'on puisse en savoir davantage. Lors de cet interrogatoire des plus étranges (il n'avait jamais entendu quelqu'un répondre aussi souvent « Je ne sais pas » sous l'emprise de l'eau de vérité !), les militaires, sur son insistance, avaient fini par accepter que le garçon soit relâché. À condition cependant qu'il ne soit coupable d'aucun crime. Alors il avait été obligé de poser la question capitale.

Il ne pensait pas que cela poserait problème, étant donné le jeune âge du prisonnier. Mais ce dernier, à la surprise générale, avait avoué être coupable d'un crime de mort. Depuis, il croupissait dans les Fournaises, le nom que l'on donnait habituellement aux prisons souterraines de Roslend. Creusées dans la plaque rocheuse par d'anciens cours d'eau chaude sous pression, les grottes s'étendaient en un labyrinthe sans fin qu'il fallait parfaitement connaître si l'on ne voulait pas en faire son tombeau. En effet, certains boyaux se remplissaient brusquement lors de la montée en pression des geysers. Durant quelques instants, une eau à quatre-vingts degrés inondait les galeries encore actives. Nul n'en réchappait. Puis, lorsqu'on atteignait des niveaux où la chaleur était plus tolérable, on affectait les prisonniers, en fonction de leur dangerosité, dans des grottes plus ou moins profondes. La geôle du protégé de Palioma se trouvait située à une profondeur suffisamment importante pour que l'inconfort y soit permanent... Sa fin était proche et il emporterait dans la tombe le secret qui l'entourait.

– C'est bon. Sortons ! déclara l'Immuable.

Le gardien lui tint la porte pour le laisser passer. Il était en train de la refermer lorsqu'ils entendirent une exclamation.

– Quelle chaleur !

La voix était rauque. Les deux hommes se fixèrent, surpris.

– Rouvrez ! ordonna Xélion après une seconde d'hésitation.

Le gardien s'exécuta. Lucan était en train de se relever.

– À boire, par pitié !

Son geôlier lui désigna une coupelle remplie d'eau. L'adolescent s'en empara et la vida avec avidité. Même si le liquide était chaud, c'était mieux que rien. Il essuya ses lèvres desséchées sur sa manche et demanda, interdit, en regardant autour de lui :

– Où suis-je ?

– Dans les Fournaises, les prisons de Roslend. Là où tu dois être après avoir avoué ton crime.

La stupéfaction de Lucan monta d'un cran.

– Pardon ? Vous avez bien dit « mon crime » ?

L'Immuable fut peu étonné de sa réaction. L'eau de vérité avait la triste réputation de perturber l'activité cérébrale de ceux qui l'ingéraient. Mais si le jeune homme avait perdu la mémoire, il allait se faire un plaisir de la lui rafraîchir.

– Tu as reconnu être coupable de la mort d'au moins une personne. Cela t'a conduit tout droit dans cette geôle.

D'abord choqué par cette affirmation, Lucan comprit soudain de quoi il s'agissait :

– Vous n'avez pas compris ! s'indigna-t-il, il ne s'agit pas d'un crime ! C'était un accident ! Mon grand-père est mort… et je m'en sens responsable, c'est tout !

Les yeux bleus le fixaient ironiquement.

– Mon pauvre ami, si tu savais combien ont essayé avant toi de justifier ce qu'ils avaient avoué sous l'effet de l'eau ! « C'est pas moi, c'est l'autre », « Je ne l'ai pas fait exprès », « On m'a forcé », et blablabla et blablabla… ce n'est pas au vieux chatagrar qu'on apprend à faire la grimace…

– Mais…

Lucan s'interrompit aussitôt en voyant que l'Immuable n'attendait qu'une chose : qu'il se défende pour l'humilier davantage. Allait-il donc être condamné à cuire à petit feu dans ce trou à rats toutes les fois qu'il basculerait dans Roslend ? Sa mission de sauvetage risquait de vite se terminer si c'était le cas ! Il songea à Churchill et se demanda ce que le grand homme penserait de la situation. À vrai dire, bien que tous ses sens témoignent de l'existence de ce monde, il avait encore du mal à croire que tout cela était bien réel, que tout ce qui lui avait été raconté n'était pas qu'un rêve ou un cauchemar particulièrement élaboré. Il se morigéna. Bien sûr que cette folie était réelle ! Sinon le Premier

Ministre de la Grande-Bretagne ne perdrait pas son temps avec ce dossier alors que la bataille d'Angleterre faisait rage !

Se carrant les épaules, le garçon défia du regard l'Immuable qui lui retourna la politesse. Chacun essayait d'évaluer l'autre et de déchiffrer ses pensées. À nouveau, Lucan eut une sensation de déjà-vu, mais le sentiment disparut dès que le dirigeant reprit son air impénétrable. Lucan s'attendit à une de ses remarques condescendantes dont il semblait avoir le secret.

– J'ai cependant la faiblesse de bien vouloir te donner une seconde chance..., commença-t-il.

Lucan fut stupéfait :

– Une chance ? Vraiment ?

– Une chance qui te permettra te revoir ta bonne amie la savantoresse Palioma et de participer à l'effort de guerre. Si tu n'es pas un espion nelbrien, tu n'as là que des raisons d'accepter.

– Ce sera un honneur pour moi, reconnut Lucan avec soulagement. De quoi s'agit-il ?

Le fantôme d'un sourire glissa sur les lèvres de l'Immuable qui répliqua :

– Suis-moi. Tu le découvriras... très bientôt. Je m'en voudrais de te gâcher la surprise.

24

Alter Monde, terre de Nelbri

La résidence du Brac Marquel ne ressemblait en rien aux constructions habituelles érigées par les hommes. Héritage d'une ère lointaine, c'était un palais troglodyte qui s'enfonçait dans les noires falaises de roche volcanique.

La plus grande des salles, surnommée « la cathédrale » à cause de sa hauteur spectaculaire, était réservée aux audiences que le Brac Marquel accordait avec parcimonie. Certains quémandaient cette faveur sans jamais l'obtenir. Le géniral Porka, en cet instant, aurait pourtant payé cher pour ne pas bénéficier de ce privilège. Sanglé dans son uniforme d'apparat qui le boudinait chaque fois davantage, il tira sur l'extrémité de ses manches pour tenter de gagner un peu de confort aux entournures.

– Ne restez pas planté là à me faire perdre mon temps, vous avez demandé à me voir en urgence, j'espère que vous avez une bonne raison !

L'interpellation du Brac Marquel avait claqué comme un coup de fouet, la froideur et l'amplitude de sa voix décuplées par l'acoustique minérale de la salle. Le géniral Porka lutta contre une irrépressible envie de se recroqueviller. Il se répéta une fois de plus qu'il n'était pas fait pour la politique. Il avait remporté ses galons sur le champ de bataille, combat après combat, guerre après guerre. Depuis que ses succès lui avaient valu le grade de géniral, il n'avait eu de cesse de regretter l'époque où il chevauchait une rorsse, sabre au clair et les yeux injectés de sang. Tuer ou être tué. La règle était simple et lui convenait bien. Les jeux de pouvoir et de manipulation, qui allaient jusqu'à impliquer sa précieuse fille, l'angoissaient et lui faisaient dangereusement sentir ses limites.

Il s'avança en soufflant. Depuis qu'il ne combattait plus, il avait pris du poids. Beaucoup de poids. C'était dû au manque d'exercice. Et aussi au stress engendré par la proximité du Brac Marquel. Manger était l'une des rares activités qui le détendaient.

– Bien sûr, Votre Puissance, j'ai une bonne raison ! déclara-t-il en forçant la fermeté de sa voix.

Le Brac Marquel ne releva pas la tête. Il observait une carte en relief montrant un champ de bataille peuplé de petits soldats de plomb.

– Un informateur nous a signalé l'arrivée d'un prétendu espion nelbrien dans la cité de Roslend, continua-t-il. Cela a donné lieu a une poursuite et une capture rocambolesque, bien loin de nos méthodes habituelles.

Le Brac Marquel avança une figurine et demanda :

– S'agit-il du même informateur qui a « omis » de nous signaler la mise en place des miroirs qui ont transformé nos Volants en torches ? Pensez-vous vraiment qu'il soit fiable, géniral ?

Le géniral Porka se dandina d'un pied sur l'autre.

– Tout est allé très vite. Il a bien fait passer l'information, mais le temps de décrypter le message, il était trop tard. Les Volants avaient décollé.

– Je vous trouve bien compréhensif, Porka. J'espère que cette faiblesse ne vous a pas empêché d'exécuter mes ordres le concernant ?

– Bien sûr que non, Votre Puissance, assura le militaire en commençant à transpirer, sa fille aînée a rejoint le centre d'entraînement des amazines à la première heure le matin suivant. C'est pourquoi je pense que nous pouvons avoir toute confiance en lui. Il sait qu'elle sera au front lors du prochain combat s'il est pris en défaut.

– Cet « espion », il ne s'agit pas d'une de vos initiatives, j'espère ?

– Non, absolument pas, Votre puissance !

– Un espion nelbrien qui n'est pas envoyé par nos services. C'est étrange. Je n'aime pas ça. Dites à votre informateur de collecter plus de renseignements.

– Ce sera fait, assura Porka en inclinant le buste, soulagé que l'entretien se termine, mais il n'y a pas de raison de s'inquiéter. D'après sa description, il s'agit d'un garçon tout ce qu'il y a de plus insignifiant.

– Insignifiant, vous dites... insignifiant comme un grain de sable...

D'une pichenette, le Brac Marquel renversa un soldat roslendien qui, en tombant, entraîna tous ses frères d'armes.

– Roslend est sur le point de craquer, je le sens, mais il suffit parfois d'un grain de sable pour enrayer la plus performante des machines. Rappelez-vous ce que je vous ai dit, géniral Porka : en temps de guerre, il n'y a pas de place pour le hasard. Il faut TOUT prévoir.

Il releva la tête et fixa le militaire de son regard inexistant.

– Tout ! Vous m'entendez, géniral Porka ? Absolument tout !

25

Alter Monde, terre de Roslend

Lucan se pencha légèrement du haut de la falaise et son estomac se contracta. C'était haut. Terriblement haut. Plusieurs dizaines de mètres en dessous, les vagues de sable ondulant se fracassaient en myriades de gouttelettes d'or sur des rochers acérés. Luttant contre l'attraction exercée par le vide, il recula vivement. Aussitôt, le capiteïne de l'escouade de soldats chargée de le surveiller fit signe à ses hommes de le mettre en joue. Lucan leva les mains en geste d'apaisement. Il ne comptait pas s'enfuir. Se tournant vers un vieil homme qui se tenait un peu à l'écart, il quémanda :

– Est-ce qu'on ne pourrait pas faire ça ailleurs ?

Ce dernier était un maître volatile. Et le moins que l'on puisse dire, c'était qu'il avait le physique de l'emploi : son visage sillonné de rides était doté d'un long nez crochu qui évoquait immédiatement le bec des oiseaux de proie. De ces derniers, il avait aussi le regard alerte et les mouvements vifs. Le corps sec et rabougri, il avait conduit d'une main de fer le char qui les avait emmenés de Roslend à la falaise. Le véhicule, de facture très proche de ceux des Romains de l'époque antique, était tracté par quatre oiseaux de la taille d'un gros chien. Deux hautes pattes leur permettaient de s'élancer pour prendre leur envol puis de se poser pour tirer le véhicule lorsqu'on désirait se déplacer à vitesse réduite.

– Toutes les autres possibilités ont déjà été explorées, répondit le maître volatile en secouant son crâne parsemé de cheveux blonds filasses, mais d'ici, il y a toutes les chances que ça fonctionne, ajouta-t-il avec confiance.

Le cœur battant à grands coups dans sa poitrine, Lucan se retourna vers Palioma. La tresse décoiffée par le vent, elle était en train de descendre du chariot bâché qui les suivait.

– N'y va pas ! C'est du suicide ! s'exclama-t-elle.

Pour souligner ce point de vue, Sido, toujours perché sur son épaule, entonna les premières notes de ce qui ressemblait étrangement à une marche funèbre.

– Merci de m'encourager ! grommela Lucan.

– On trouvera d'autres façons de te sortir de prison !

Lucan eut une moue dubitative. Il n'y croyait pas. La scène qui s'était déroulée un peu plus tôt lui faisait penser le contraire.

Le matin même, à sa sortie des Fournaises, il avait été conduit sous bonne garde à la cité des Concepts où il avait été introduit dans le bureau de la savantoresse. Face à lui, Palioma était assise derrière une table blanc et or. À sa droite, l'Immuable se tenait debout.

Une fois la porte refermée, Xélion lui avait mis le marché dans les mains :

– Nous avons besoin de pilotes d'essai pour tester la capacité d'envol des ouzgouchs. Si tu acceptes de réaliser un décollage depuis les falaises de Roslend, tu gagneras ta liberté.

Avant que l'adolescent ait pu émettre la moindre remarque, Palioma avait bondi de sa chaise, faisant gargouiller de protestation le minuscule oiseau posé sur son épaule. Elle s'était insurgée :

– C'est odieux ! Tu le condamnes à mort, ni plus ni moins !

Ce à quoi Xélion avait rétorqué :

– Tu es trop excessive, comme toujours. Je lui propose de devenir pilote d'essai, pas kamikaze.

– C'est du pareil au même et tu le sais bien !

– Et toi tu n'es jamais satisfaite. Qui tempêtait ces derniers jours pour que ce jeune homme sorte des Fournaises ? Qui a besoin de pilotes pour tester les capacités d'envol de ces affreux volatiles ? Je fais d'une pierre deux coups et tu n'es toujours pas contente !

Deux taches écarlates étaient apparues sur les pommettes de Palioma et ses yeux mauves avaient pris une teinte qui donnait tout son sens à l'expression « voir rouge ».

– Tu es odieux. Et d'une mauvaise foi révoltante ! Quel gâchis de vivre deux cents ans pour proférer des conneries pareilles !

Lucan n'avait pu retenir une exclamation d'incrédulité :

– Deux cents ans ?! C'est une blague ?

L'Immuable l'avait regardé comme s'il était débile.

Palioma expliqua :

– Une fois tous les deux cents ans à peu près, il naît un enfant qui va devenir l'Immuable de Roslend. On le découvre quand il atteint l'âge adulte : bien que les années passent, son corps ne vieillit pas. D'un point de vue physiologique, il reste bloqué à vingt-cinq ans. Normalement, toutes ces années de vie en plus doivent lui permettre d'acquérir de la sagesse et de se détacher des enjeux temporels de notre monde. Cela lui donne plus d'objectivité aussi... Enfin, il semble qu'il y ait parfois une exception à la règle, conclut-elle, sarcastique.

Apparemment indifférent à sa critique, Xélion avait répliqué :

– J'ai rien demandé, moi ! Je suis même la première victime de cette stupide anomalie génétique...

Les yeux parme de Palioma s'étaient faits méprisants.

– Quel gâchis ! s'était-elle exclamée. Puis elle avait sifflé entre ses dents : Quand je pense aux larmes que j'ai versées pour toi, j'ai honte d'avoir été aussi stupide !

– Ne t'en veux pas, avait répondu avec légèreté l'Immuable, c'est ton côté émotionnel. Très touchant d'ailleurs quand on pense aux immenses capacités de ton cerveau. Cela te rend terriblement attachante !

La savantoresse s'était efforcée de reprendre le contrôle d'elle-même, convaincue que sa révolte et son indignation ne représentaient qu'un divertissement pour Xélion.

D'une voix plus posée elle était revenue au sujet qui la préoccupait vraiment :

– C'est un gamin, laisse-le tranquille. Qu'as-tu à gagner à le voir mort ?

– Comme tu vas vite en besogne ! Il n'est pas encore mort, que je sache. Et tu m'as affirmé que le nouveau régime alimentaire des ouzgouchs commençait à faire son effet.

Palioma avait rabattu en arrière une mèche blanche qui lui tombait sur le front.

– C'est exactement ça : il commence *juste* à faire son effet. Il faut encore du temps pour qu'elles retrouvent leur poids optimal.

– Tu es trop pessimiste. Je suis sûr que l'on peut d'ores et déjà faire un essai.

Pivotant d'un mouvement ample et élégant vers Lucan, il avait demandé :

– Et qu'en pense notre principal intéressé ? Moi, je suis sûr que ce grand costaud est impatient de « voler de ses propres ailes » !

Il avait été le seul à rire de son jeu de mots mais cela n'avait pas semblé le déranger. Les yeux fixés sur Lucan, il avait attendu une réponse. L'adolescent avait eu tout le temps de réfléchir à sa décision en les écoutant se disputer. La proposition de l'Immuable l'effrayait, d'autant plus qu'il sentait bien qu'il se servait de lui comme d'un pion pour toucher Palioma. Il ne comprenait rien à leur relation, mais une chose était sûre : s'il devait y rester, Xélion ne le pleurerait pas. Pourtant, il n'avait pas le choix : pour sortir des Fournaises et avoir une chance de remplir la mission confiée par Churchill, il fallait tenter ce décollage.

Sans compter que l'idée de voler ne manquait pas d'attrait.

– J'accepte, avait-il déclaré avec autant de fermeté qu'il en était capable.

– Bravo ! s'était enthousiasmé l'Immuable en frappant dans ses mains.

– Mais ce n'est qu'un gamin ! s'était lamentée Palioma d'une voix écœurée en se laissant retomber sur sa chaise.

Cette fois, Lucan s'était insurgé :

– Je ne suis pas un gamin !

– Bien sûr que non ! avait renchéri Xélion en le fixant de ses pénétrants yeux d'azur, comment un gamin pourrait-il bien avoir un mort sur la conscience ?

Un silence embarrassé avait suivi. Xélion en avait profité pour décréter d'un ton sans appel qu'il fallait présenter sa future monture à Lucan. Malgré son désaccord, Palioma avait bien été obligée d'obéir.

Quelques minutes plus tard, ils arrivaient dans un enclos de la cité des Savoirs. Tandis que le garçon découvrait avec effarement l'énorme volatile posé au sol, Palioma, le regard plein de tendresse, déclarait avec fierté :

– Voici une ouzgouch !

Lucan déglutit avec difficulté en se demandant comment une créature vivante pouvait afficher un air aussi stupide. Quand Xélion avait parlé de devenir pilote d'essai, il s'était tout de suite imaginé aux commandes d'un engin ressemblant à un Spitfire. Pas à cheval sur un oiseau obèse.

Tandis qu'il luttait contre l'envie de prendre ses jambes à son cou, la savantoresse, avec un orgueil quasi maternel, vantait les qualités exceptionnelles de sa protégée : ses yeux indépendants l'un de l'autre lui permettaient de disposer d'une vision à 360°, son bec long et fin était capable de recracher en rafale (et à volonté) tout ce qu'on lui avait donné à ingurgiter la veille (que ce soit des graines de céréales ou des fléchettes pointues comme des aiguilles), et ses plumes, en plus d'être d'une résistance à toute épreuve, avait la particularité de réfléchir les couleurs et d'assurer un camouflage remarquable.

Ne l'écoutant que d'une oreille, Lucan ne voyait que deux gros yeux globuleux qui tournaient ridiculement en tout sens, un bec aussi long qu'un pipeau planté sur une petite tête, et un corps gras et pataud qui semblait plus fait pour la sieste que pour le combat d'élite. Seul son superbe plumage chatoyant sauvait cet animal incroyable de la plus parfaite laideur.

– Une ouzouch adulte de taille moyenne a une envergure totale d'une centaine de coudées et un poids équivalant à celui d'une cinquantaine d'hommes, précisa Palioma, malheureusement, depuis qu'elles sont nourries à volonté et laissées inactives, elles ont trop grossi. Elle lança un regard incendiaire à Xélion avant de poursuivre : Du coup, elles ne parviennent qu'à ouvrir leurs ailettes arrière lors du décollage et leurs ailes principales n'ont pas le temps d'entrer en action avant qu'elles s'écrasent à terre. Et comme il faut une dizaine d'années de dressage pour parvenir à les rendre pilotables...

Palioma ne finit pas sa phrase, mais Lucan avait compris : Roslend ne pouvait plus compter sur une quelconque armée de l'air. Les soupçons de Churchill se révélaient exacts. Il fallait à tout prix que Roslend retrouve sa puissance aérienne pour soulager les efforts de guerre de la Grande-Bretagne !

– C'est pourquoi nous avons décidé de tenter un nouveau décollage depuis les falaises, lança gaiement Xélion.

Pour cela cependant, il fallait un pilote assez fou pour risquer sa vie. Ou un homme n'ayant pas vraiment le choix.

Ignorant le nouveau regard assassin que lui décochait Palioma, Xélion s'adressa au capiteïne chargé de surveiller le prisonnier :

– Je dois retourner au palais. J'ai déjà consacré trop de temps à cette affaire. Capiteïne, je vous confie la bonne exécution de mes ordres.

Puis sans un regard en arrière, il quitta les lieux.

Palioma ne fléchit pas pour autant. Elle continua à répéter à Lucan qu'il ne devait pas céder à cet ultimatum, que c'était une mission suicidaire.

Lucan avait tenu bon jusqu'à présent, les paroles de Churchill affermissant sa volonté.

Mais voilà que mis au pied du mur, ou plutôt en haut de la falaise, il sentait sa résolution vaciller.

Soudain, le projet lui apparaissait dans toute sa folie. Qui était-il pour penser réussir un tel exploit ? Il ne savait même pas piloter !

Une bourrasque de vent le fit tituber. Il repensa aux rochers mortellement coupants qui l'attendaient une trentaine de mètres plus bas et ses jambes se mirent à trembler.

Renoncer. Tant qu'il était encore temps.

Sentant que le doute l'assaillait, Palioma insista :

– Si tu tombes dans les sables ondulants, ce sera la fin. Nul n'en est jamais ressorti, ni mort, ni vivant. N'y va pas ! Cette guerre n'est pas la tienne.

Étrangement, cette phrase fit jaillir dans l'esprit du garçon la vision de son grand-père agonisant dans son lit. Si Churchill disait vrai, il avait justement été une victime collatérale de ce conflit. Par ailleurs, il avait été le premier à lui parler de Roslend. Ce ne pouvait être un hasard.

– Au contraire, dit-il, une personne qui m'était chère est morte à cause de cette guerre. Crois-moi, ce combat est aussi le mien.

Ignorant l'air interloqué de Palioma, il pivota vers le petit homme rabougri. Le maître volatile lui présenta alors un blouson taillé dans un cuir souple mais épais, d'une nuance bleu ciel. Il était déjà vêtu d'un pantalon coupé dans le même matériau. Les vêtements étaient ajustés et comportaient des coutures en accordéon aux articulations qui permettaient de bouger avec aisance.

– Cela te protégera de deux manières, précisa le dresseur, contre l'ennemi tout d'abord, en t'assurant un minimum de camouflage, contre l'ouzgouch ensuite.

Lucan lui lança un regard interrogateur alors qu'il finissait de boutonner sa veste.

– Les plumes de l'ouzgouch sont plus résistantes que le métal, expliqua Palioma, et elles peuvent être aussi extrêmement coupantes.

Elle s'était soudain résignée en voyant le regard de Lucan changer, un instant plus tôt. Ce qu'elle y avait lu lui avait fait comprendre que rien ne le ferait changer d'avis.

Lucan hocha la tête et enfila les gants qu'on lui tendait. Il était déjà botté et, le cœur battant, sentit approcher le moment où il lui faudrait enfourcher la bête.

Palioma se mit à le bombarder de conseils et de détails techniques. Au point que le maître volatile intervint :

– C'est trop, savantoresse, il ne pourra pas tout retenir, il lui suffit de savoir faire demi-tour si l'ouzgouch parvient à s'envoler, puis à se poser. Et pour cela, il aura l'aide de son copilote.

Lucan haussa les sourcils et demanda :

– Un copilote ? Je vais avoir un copilote ?

Ça, c'était plutôt une bonne nouvelle ! Le vieil homme eut un léger sourire en coin.

– C'est la meilleure partie de l'aventure. Comme tu l'as parfaitement compris toi-même, les ouzgouchs ne brillent pas par leur intelligence. Le cerveau de la manœuvre, c'est donc toi. Mais comme ces oiseaux sont extrêmement difficiles à diriger, il te faut un copilote capable de communiquer directement avec ton ouzgouch.

– Communiquer... Vous voulez dire comme « parler » ?

– Oui, sauf qu'en l'occurrence il s'agirait plutôt de « crier ».

– Mais il y a des hommes capables d'apprendre ça ? Capables d'apprendre à « parler » avec un oiseau débile ?

– Un homme... pas vraiment. Mais une créature, absolument !

La savantoresse ouvrit alors un compartiment à l'arrière du char sur lequel se trouvait l'ouzgouch. Elle en ressortit une boule de poils marron tachetés de bleu à laquelle elle se mit à parler tout bas. La boule se déroula et déplia ses petites pattes et sa longue queue. Elle s'étira et secoua la tête. Celle-ci était relativement grosse par rapport à la taille de son corps, surmontée de deux petites oreilles rondes très mobiles, et prolongée par un museau qui finissait par une jolie truffe rose.

– Un mélange de singe et d'ourson, murmura Lucan.

Les oreilles fines de Palioma l'entendirent :

– Un singe ? Un ourson ? reprit-elle en fronçant les sourcils, de quoi parles-tu ?

– Rien d'important, se reprit l'adolescent, juste des trucs qui me sont passés par la tête... Mais dis-moi plutôt quelle est cette... créature ?

– Un rigmuffin, voyons... Il s'appelle Pébo, c'est lui ton copilote !

26

Alter Monde, terre de Roslend

– C'est une blague, n'est-ce pas ? Vous ne pouvez pas réellement envisager de m'envoyer dans les airs en dépendant d'un... enfin... en dépendant d'une... d'une vulgaire boule de poils ?

Le rigmuffin avait commencé sa toilette et, absorbé par le nettoyage des interstices entre ses orteils, ignora son intervention. Palioma, par contre, fronça ses fins sourcils blancs en affichant un air peiné.

– Les rigmuffins sont parmi les êtres les plus évolués de notre monde, dit-elle, et celui-ci est la crème des rigmuffins. La première année de sa naissance, il a passé seize heures par jour avec de jeunes ouzgouchs et les seize autres heures avec des bébés humains. Cela lui a permis de développer de manière optimale les zones du langage de son cerveau. Trois années de dressage supplémentaires lui ont permis d'acquérir toutes les compétences nécessaires d'un copilote : il sait traduire les ordres du pilote en langage ouzgouch et inversement, il peut informer le premier des dangers repérés par le second. Il représente l'interface idéale !

La petite bête, qui avait enfin fini sa pédicure, grimpa sur l'épaule de Palioma qui n'était pas occupée par Sido, avant de sauter au sommet de son crâne.

– OK, fit Lucan lentement, bien qu'il ne se sente qu'à moitié rassuré par l'explication de la savantoresse.

– Il faut y aller, intervint le capiteïne qui s'impatientait, vous finirez vos explications plus tard...

Il évalua Lucan d'un coup d'œil et ajouta d'un ton goguenard :

– ... s'il y a un plus tard, bien sûr.

Lucan s'adressa au maître volatile :

– C'est bon. Dites-moi ce que je dois faire.

Peu après, il était harnaché à une selle dont le pommeau s'élevait si haut devant lui qu'il pouvait y reposer le menton. Il n'y avait pas de rênes, toutes les commandes étant transmises par le rigmuffin. Ainsi, pendant les batailles, le pilote avait les mains libres pour tirer et combattre. Afin de pouvoir se stabiliser, deux poignées étaient fixées à la selle de part et d'autre du pommeau, et les pieds étaient calés dans des étriers métalliques.

– Surtout pas d'imprudence, insista le maître volatile, rappelle-toi : tu plonges, tu redresses et tu reviens. N'oublie pas de lui ordonner d'atterrir sinon elle pourrait t'emmener jusqu'au désert. Et puis, bien évidemment, tu ne l'énerves pas. Cette ouzgouch est une machine de guerre, dressée pour la bataille aérienne et la haute voltige. Elle peut être très difficile à piloter quand elle devient nerveuse.

Le garçon hocha la tête tout en doutant que cet oiseau balourd et pataud puisse devenir ne serait-ce qu'un peu moins apathique.

– Il ne te manque plus que ton copilote, lança Palioma en plaçant le rigmuffin sur la cuisse de Lucan.

La petite créature et le garçon se dévisagèrent mutuellement, comme pour mieux s'évaluer. Les grands yeux ronds et noirs de Pébo brillaient comme deux diamants d'ébène sous le soleil de plomb, énigmatiques. S'il était impossible de déterminer ce que le copilote pensait de son pilote, il semblait cependant très loin de partager ses craintes, car dès que Palioma claqua de la langue, il grimpa aussitôt sur la tête de Lucan et l'enveloppa de ses membres. Ses pattes arrière se rejoignirent sous son menton et celles de l'avant s'arrondirent au niveau de son front.

– Hé ! s'exclama Lucan en essayant de se dégager, c'est quoi ces façons ?

Le rigmuffin poussa des petits cris de protestation en tentant de se maintenir en position.

– Laisse-le faire, enfin ! s'indigna le maître volatile, il est bien plus expérimenté que toi !

Lucan cessa de s'agiter. Le petit Pébo put alors finir de se positionner. Il posa son menton sur le sommet du crâne du garçon et de ses pouce et index, il forma un cercle autour de ses yeux. Lucan fut alors très étonné de constater que ses doigts longs et fins étaient palmés, et plus incroyable encore que leur membrane était translucide et teintée, et possédait des propriétés grossissantes.

– Hé ! Mais c'est fantastique ! On dirait des loupes-lunettes de soleil !

Le visage de Palioma s'illumina d'un sourire un brin moqueur.

– Tiens donc, je croyais que c'était une vulgaire boule de poils complètement inutile !

– Oui, bon, j'ai peut-être parlé un peu vite, reconnut Lucan.

– Il faut y aller, maintenant ! lança impatiemment le capiteïne.

– Il a raison, renchérit le maître volatile, c'est une zone plutôt calme par ici, mais nous sommes en guerre, ne l'oublions pas. De mauvaises rencontres sont toujours possibles.

Il fit avancer l'ouzgouch à petits pas jusqu'à ce que ses pattes atteignent le bord de la falaise.

– N'oublie pas, petit, insista-t-il d'un air soucieux, tu plonges, tu redresses, tu reviens. Pas de bêtises.

– Ne vous en faites pas, j'ai bien l'intention de revenir vivant ! dit Lucan, ému de son inquiétude.

Le vieillard lui jeta un regard étonné :

– C'est pour mon ouzgouch que je m'en fais, moi..., marmonna-t-il en caressant avec tendresse les plumes de sa protégée de sa main gantée.

Palioma intervint :

– Mais moi, je m'inquiète pour toi. Reviens sain et sauf.

Lucan ne l'entendit pas. Son esprit était tout entier absorbé par le vide qui s'ouvrait sous ses pieds. Un ordre dut être donné car l'ouzgouch émit un cri rauque et commença à s'agiter.

Puis ce fut le grand saut.

27

Alter Monde, terre de Roslend

Lucan se sentit tomber comme une pierre. Le rigmuffin s'accrochait si fort qu'il avait l'impression qu'on lui arrachait la tête. Il avait envie d'hurler, mais son cri ne pouvait sortir tant ses mâchoires étaient compressées par les pattes de son copilote. Sa terreur resta donc bloquée en lui, semant un désordre indescriptible dans son estomac, ses intestins, son cœur. Tous ses organes semblaient se fondre et se mélanger en une douloureuse mélasse. Il vit la mer d'or se précipiter vers lui, prête à l'engloutir voracement. Et soudain, une première secousse : l'ouzgouch venait d'ouvrir ses ailettes arrière. La vitesse diminua assez pour que Lucan retrouve l'usage de ses mâchoires.

– Ouvre tes ailes ! s'égosilla-t-il, aussitôt traduit par Pébo qui croassa quelques cris.

L'ouzgouch piailla à son tour, mais Lucan n'attendit pas d'avoir la traduction. À quelques mètres des sables ondulants, il enfonça brutalement ses pieds dans les flancs de l'oiseau en poussant un hurlement sauvage : il ne voulait pas mourir ! Pas comme ça ! Pas maintenant !

L'oiseau brailla d'indignation en se cambrant. Puis enfin, après quelques frémissements, il déploya ses immenses ailes bleutées. Le spectacle dépassa ce que Lucan avait pu imaginer. Et son efficacité aussi. Le premier battement évita la catastrophe mais ne parvint pas à les faire remonter. Les pattes de l'ouzgouch plongèrent dans la mer des Sables ondulants et les remous éclaboussèrent Lucan. À nouveau, il enfonça de toutes ses forces les talons dans les plumes.

Un deuxième battement permit de conserver l'altitude zéro. L'oiseau semblait courir sur les vagues, l'extrémité de ses ailes effleurant les grains dorés avant de les soulever en gerbes scintillantes.

– Plus vite ! Plus vite ! exhorta le garçon.

L'ouzgouch répondit à l'invective du rigmuffin. La fréquence de ses battements s'accéléra lentement mais sûrement. Et enfin, ils s'élevèrent avec puissance vers l'azur parfait du ciel de Roslend. Pendant les premières secondes, Lucan cessa de respirer. Après la terreur qu'il venait de vivre, des émotions incroyables, provoquées par le vol puissant de l'ouzgouch, le submergeaient. Il aurait bien été en peine de décrire ce qu'il ressentait en cet instant. Il n'était plus un homme, il n'était plus de ce monde, ni d'aucun autre. Il était la flèche qui fendait l'air, l'éclair qui zébrait les cieux... le maître de l'Univers !

Le temps suspendit son vol tandis que celui de l'oiseau s'amplifiait. L'ouzgouch, après tant d'années de vie terrestre, semblait retrouver avec bonheur l'immensité du ciel. Lucan, toujours plus grisé, la laissait libre de sa trajectoire et elle filait là où le vent la portait. L'or de la mer ondoyait de reflets changeants des centaines de mètres plus bas. Droit devant, il n'y avait que l'infini de l'horizon, et le souffle de l'air qui fouettait son visage.

Et puis, aussi, quelques points sombres qui tachetaient le panorama. Tout à son ivresse, Lucan s'attendit à croiser une nuée d'oiseaux marins. Il lui fallut un certain temps pour commencer à s'interroger sur la nature de ce groupe de volatiles et toute l'aide de ses « lunettes » spéciales pour commencer à avoir des soupçons. L'ouzgouch fut plus rapide que lui à tirer des conclusions de ce qu'il voyait. Elle poussa un cri que le rigmuffin s'empressa de traduire :

– Des Volants et leurs ptéradaks.

– Des ptéradaks ? répéta Lucan soudain en alerte, qu'est-ce que c'est que ces bestioles-là encore ?

Pébo émit quelques couinements trahissant son désarroi. Il ne savait comment traduire ces propos bien loin des consignes habituelles.

– Laisse tomber ! Avec un nom pareil, sûr que ça n'annonce rien de bon.

Les injonctions de prudence du maître volatile lui revinrent alors à l'esprit. Il se mit à regarder à droite et à gauche. Il n'avait plus aucun repère. Il avait laissé l'ouzgouch voler librement et tout d'un coup, il se rendait compte que pas mal de temps s'était écoulé depuis leur décollage. Avisant les points sombres droit devant, il constata qu'ils avaient sérieusement grossi. Il fonçait à pleine vitesse sur eux et ils semblaient faire de même. Il distinguait maintenant un escadron d'une trentaine d'oiseaux. Très vite il comprit qu'ils volaient par groupe de trois, liés les uns aux autres par une structure. Leur agressivité, même à cette distance, était manifeste.

– Demi-tour ! ordonna-t-il.

L'ouzgouch obtempéra avec fluidité. Cependant, à cause de leur grande vitesse, Lucan dut se cramponner ferme pour rester en selle pendant le virage.

– Vitesse maximum !

Fidèle, le rigmuffin traduisit et ils accélérèrent. Malgré le danger, Lucan ne put retenir un tressaillement de plaisir. C'était si... si... Enfin, peu importait ! Ce qui comptait, c'était qu'à cette vitesse-là, ils sèmeraient avec facilité tout agresseur.

Soudain, ils ralentirent brusquement. Ils plongèrent de quelques mètres avant de retrouver un vol stable mais très lent.

– Qu'est-ce qui se passe ? Ne me dis pas que le moteur a des ratés !

Un long cri plaintif de l'ouzgouch lui répondit avant même que sa phrase soit traduite. Pébo se contenta de lui annoncer en rafale :

– Douleur à l'aile gauche. Entraînement insuffisant. Crampe. Vitesse réduite obligatoire.

Lucan ne demanda pas comment un seul cri pouvait signifier autant de choses. Il y avait plus urgent. L'oiseau tournait ses yeux globuleux dans toutes les directions. Une série de petits cris plus tard, le copilote apprit à son pilote :

– Ptéradaks en approche. Attaque prévue dans trois minutes et trente secondes.

Lucan souleva sa tête de la mentonnière pour se retourner. Ce qu'il vit lui glaça le sang. Des bêtes tout droit sorties de l'enfer fonçaient sur lui. Leurs becs armés de dents claquaient furieusement. Quant au guerrier nelbrien qui était en tête de la formation, il le visait déjà et s'apprêtait à tirer. Lucan essaya de se réconforter en se souvenant que ses « lunettes » possédaient un pouvoir grossissant. Les Volants n'étaient pas aussi près qu'il le semblait. Il avait encore le temps de trouver un plan... Un carreau d'arbalète sifflant à ses oreilles le convainquit du contraire. Dire qu'il n'avait pas la moindre arme pour se défendre ! Il réalisa alors toute l'étendue de sa vulnérabilité et son immense incompétence.

– Fais ce que tu veux, mais sors-nous de là ! s'écria-t-il en désespoir de cause.

Au lieu de traduire, le rigmuffin couina d'un air paniqué :

– Pilote pas savoir piloter ?

Une volée de flèches frappant le derrière de l'ouzgouch lui fit faire une embardée et empêcha Lucan de s'étonner à voix haute de la capacité du rigmuffin à communiquer.

– Traduis, bon sang ! Traduis !

Les carreaux d'arbalète n'avaient pas entamé la protection naturelle de l'ouzgouch, mais ses cris manifestaient son indignation. Dès qu'elle reçut l'ordre donné par son pilote, elle caqueta de contentement et cessa de battre des ailes principales. Aussitôt, ils perdirent plusieurs mètres d'altitude et l'estomac de Lucan fut de nouveau mis à mal. Mais la manœuvre avait permis d'éviter une nouvelle salve. L'inconvénient était qu'ils se situaient désormais sous l'escadron de ptéradaks. Des cris atroces fusèrent et des fientes enflammées se mirent à pleuvoir. Une odeur infecte envahit les narines du garçon juste avant qu'une douleur vive lui enflammât le mollet. Un coup d'œil lui confirma qu'il avait été touché. Heureusement, la combinaison et les bottes l'avaient protégé, mais la brûlure s'intensifiait. Il fallait à tout prix qu'il se débarrasse de cette chose répugnante. Il sortait son pied de l'étrier pour le secouer quand l'ouzgouch stoppa une de ses ailettes arrière et battit de l'autre à toute vitesse. Lucan eut juste le temps de se raccrocher aux poignées de la selle. La manœuvre leur fit opérer une rotation parfaite et lui évita un nouveau largage.

– Bravo ! s'écria-t-il tandis que certains Volants, moins manœuvrables, décrivaient un arc de cercle pour revenir à l'attaque. Le reste de l'escadron resta orienté dans la même direction afin de les prendre en tenaille.

Lucan flatta l'encolure de l'oiseau. Il le trouvait de moins en moins stupide et commençait à regretter son jugement hâtif. L'ouzgouch sembla apprécier et roula les yeux en arrière pour lui envoyer un regard reconnaissant, voire enamouré. Cela l'empêcha d'anticiper l'attaque en piqué d'un Volant. Lucan hurla. Une volée de flèches venait de s'abattre sur eux et l'une d'elles s'était fichée dans son épaule.

– Pilote blessé ? Pilote blessé ? s'inquiéta Pébo.

Le garçon ne parvint pas à répondre. Il serrait les dents pour ne pas hurler et laissa juste échapper un gémissement. La petite créature poilue sembla comprendre la situation et tenta de l'aider en lançant une succession de propositions de manœuvre :

– Évacuation ? Soins ? Secours ? Hôpital ? Urgence ? Viiiiiiiiiiite !

– Évacuation, articula Lucan avec difficulté.

Le rigmuffin se mit à beugler une série de cris. L'oiseau réagit au quart de tour. Enchaînant les tonneaux, il parvint à reprendre de l'altitude. Les Volants décriptèrent son intention. Déterminés à bloquer sa percée, ils accélérèrent de part et d'autre pour se rejoindre. L'ouzgouch les esquiva de justesse en effectuant un redressement spectaculaire et en remontant quasiment à la verticale. L'exercice de voltige porta ses fruits : les Volants, ne parvenant pas à rectifier leur trajectoire, se percutèrent en un fracas terrible. Hélas, Lucan n'était plus en mesure de féliciter sa monture pour son exploit. Il avait usé ses dernières forces à serrer de sa main valide une des poignées de la selle. Au bord de l'épuisement, il luttait contre la douleur qui irradiait dans tout son corps.

– On rentre, balbutia-t-il, espérant que l'ouzgouch parviendrait à retrouver seule son chemin.

Pébo commençait à traduire quand l'oiseau se mit à tanguer bizarrement. Puis soudain, il poussa un cri rauque. Son aile gauche se ramollit et retomba, flasque, sur le côté. Le ciel et la mer s'inversèrent et se mirent à tourbillonner de plus en plus vite. Le ciel, la mer, le ciel, la mer… Chaque seconde la vrille s'accélérait, la force centrifuge augmentait. Jusqu'à devenir irrésistible. Lucan, incapable de lutter, fut arraché de la selle. Il resta un instant suspendu par l'étrier qui retenait encore son pied avant de le sentir glisser petit à petit. Et décrocher. Le rigmuffin eut juste le temps de sauter sur l'ouzgouch. Cette dernière, allégée du poids du garçon, sollicita un maximum ses ailettes arrière et parvint à se rétablir *in extremis*.

Mais Lucan ne put s'en réjouir. Tête la première, à la limite de l'inconscience, il venait de se faire engloutir par l'or des sables ondulants.

28

Ego Monde, Londres, mardi 11 septembre 1940

Lucan émergea difficilement du sommeil. Il avait du mal à respirer, comme si l'air qui l'entourait ne contenait pas assez d'oxygène. Après quelques instants de flottement, il reconnut la chambre dans laquelle Churchill l'avait conduit. Il voulut se redresser mais ressentit aussitôt des douleurs à la jambe et à l'épaule. Aspirant l'air à petites goulées, il retenta l'expérience en procédant plus lentement. Cette fois, il eut plus de succès. Il constata que le cadran reposait maintenant sur le lit. Sortant un mouchoir, il récupéra l'objet en prenant soin de ne pas le mettre en contact avec sa peau et le rangea dans sa poche de pyjama. Mi-boitillant mi-suffoquant, il se dirigea vers la fenêtre drapée de voilages, encadrée de lourdes tentures pourpres. Il reconnut immédiatement la rue dans laquelle la maison se trouvait. Downing Street. Et, puisqu'il y avait des gardes devant la porte, il en déduisit qu'il s'agissait du numéro 10, résidence attitrée des Premiers Ministres de l'Empire britannique. Il semblait donc être l'invité de Churchill. Son invité ou son prisonnier ? se demanda-t-il soudain en se rappelant la méthode musclée qu'on avait employée pour le kidnapper la nuit dernière. Bien qu'il se sente au bord de l'asphixie, il voulut en avoir le cœur net. Il franchit avec la plus grande difficulté la distance qui le séparait de la porte. Elle était fermée à clé, ce qui semblait confirmer sa seconde hypothèse, mais en entendant la poignée s'activer, on déverrouilla aussitôt. Un homme en habits civils ouvrit.

Soudain Lucan sentit ses poumons se remettre à fonctionner normalement. Comme après une noyade manquée de peu, il respira par grandes bouffées.

L'homme le regarda d'un air à la fois surpris et condescendant.

– Déjà réveillé ? s'étonna-t-il.

– On dirait ! rétorqua le garçon à qui le ton du garde déplaisait.

– Cela devait attendre le retour de Sir Churchill !

– Désolé, j'ai pas fait exprès de me faire attaquer.

– Attaquer ? On t'a attaqué ?

Un revolver jaillit de la poche intérieure du garde qui entra dans la pièce en le bousculant. Il regardait partout, à la recherche d'un éventuel agresseur. Lucan comprit qu'il était chargé de sa sécurité et qu'il devait être inquiet d'avoir failli à sa tâche.

– C'était dans mes rêves, expliqua Lucan, comprenant que le garde ne devait pas être au courant du statut très spécial de son protégé.

– C'est malin, dit l'homme furieux, tu aurais pu le dire plus tôt.

Lucan haussa les épaules et grimaça de douleur en posant une main sur son épaule droite.

– Quoi encore ? s'irrita le garde.

– J'ai mal, mais c'est rien, ça va passer.

– Fais-moi voir.

– Non, non, ça va...

Mais l'homme lui saisit l'épaule et Lucan hurla de douleur. Le garde tira sur l'encolure de son pyjama et dénuda son omoplate.

– Il n'y a absolument rien ! grogna-t-il d'un ton méprisant.

Lucan ne répondit pas, trop occupé à gérer sa souffrance.

– Retourne à l'intérieur ! Le Premier Ministre doit passer te voir ce soir.

En entendant ces paroles, une envie folle de retrouver son appartement et la compagnie de Catriona s'empara de Lucan. Il commençait à en avoir assez de tous ces gens qui le considéraient comme un pantin. Il voulait retrouver la liberté et la complicité qu'il partageait avec son amie.

– Je veux rentrer chez moi ! Je n'ai pas l'intention de rester un instant de plus ici. Le Premier Ministre saura bien où me trouver.

Le garde le fixa d'un air offusqué et choqué à la fois. Lucan lui-même était surpris d'avoir prononcé ces mots. Il avait plus l'habitude de se soumettre à l'autorité que de se révolter. Il n'avait cependant aucune intention de les retirer.

– *Hey* Paddy, comment oses-tu ?

– Je ne suis pas...

Lucan s'interrompit. L'exaspération habituelle qu'il ressentait dans ce genre de situation se muait cette fois en colère. Malgré la douleur, il banda ses muscles, prêt à en découdre. Son adversaire s'en rendit compte et se prépara à son tour.

– Allons, allons ! Ce n'est pas une façon de parler à notre invité, Tom !

« Tom » changea immédiatement de posture en s'entendant interpellé. Dans un même mouvement il se relâcha et pivota.

– Monsieur ? Mais... Excusez-moi de vous le demander, monsieur, mais... que faites-vous là ? La présence de ce garçon est supposée secrète.

– Connaître les secrets fait partie de mon métier, mon cher Tom. Je remplirais bien mal mon rôle si j'ignorais ce qui se trame sous le toit même du 10, Downing Street.

– Monsieur, bien sûr monsieur, c'est juste que Sir Churchill m'avait dit que personne ne devait...

L'homme laissa échapper un rire bref.

– Justement ! Je suis « personne ».

– Oui, bien sûr, monsieur.

Le garde inclina légèrement le buste et s'effaça, laissant enfin Lucan découvrir le personnage qui venait d'arriver. Le garçon fut déçu de constater qu'il n'avait rien de remarquable. Sa voix, à l'autorité discrète mais incontestable, lui avait fait imaginer un homme au physique impressionnant. Or, celui qui se présentait comme « personne » était de taille moyenne et d'un physique quelconque. Ses cheveux blond foncé commençaient à se raréfier et ses yeux bleus étaient identiques à ceux de la grande majorité des Britanniques.

– Appelez-moi « N », proposa-t-il en tendant la main vers Lucan, et veuillez pardonner à Tom. Il ne s'agit que d'un excès de zèle. Vous devez être très précieux pour que la Couronne vous affecte une chambre au 10, Downing Street, et nous ne voudrions surtout pas vous voir disparaître. Mais évidemment, vous êtes libre d'aller où vous voulez.

Lucan se détendit et serra la main en réprimant une grimace. Il se demanda ce que pouvait savoir N au sujet de Roslend. Churchill l'avait-il mis au courant ?

– Merci, dit-il simplement, je voudrais rentrer chez moi.

L'homme fit la moue.

– Nous préférerions tout de même vous garder en sécurité ici, jeune homme. Sachant ce que vous savez...

Lucan se rembrunit.

– Vous venez de dire que j'étais libre d'aller où je voulais.

– Vous l'êtes, vous l'êtes ! affirma N en lui tapotant le bras avec familiarité, nous nous inquiétons juste pour vous.

– Ne vous inquiétez pas. Jusqu'à présent, vous êtes les seuls à m'avoir agressé. Dans mon quartier, je suis en sécurité. Et n'ayez crainte, je connais mon devoir. Je ferai tout ce qu'il faudra pour la victoire de mon pays.

– Je n'en doute pas une seconde. Et puisqu'il est si important pour vous de rentrer, nous nous ferons même un plaisir de vous raccompagner.

Peu de temps après, Lucan s'installait dans la voiture noire qui l'attendait devant la résidence du Premier Ministre.

29

Ego Monde, Londres, mardi 11 septembre 1940

L'après-midi touchait à sa fin lorsque Lucan atteignit Kilburn. Une alerte avait retenti pendant le trajet, et le garçon avait pensé qu'ils allaient s'arrêter pour se mettre à l'abri, mais le chauffeur, imperturbable, avait continué en lui expliquant qu'il n'allait pas prendre du retard pour si peu. Comme ils roulaient dans les rues de Londres, Lucan avait remarqué qu'il n'était pas le seul adepte de cette philosophie. Beaucoup de taxis et de camions continuaient de se déplacer. « Il faut savoir distinguer les grandes attaques des petites, avait ajouté l'homme avec philosophie, sinon, on ne bougerait plus. »

Moins d'une heure plus tard, il se gara juste devant l'entrée de son bâtiment sans avoir subi le moindre dommage. Lucan traversa le trottoir en deux enjambées pour que personne ne le voie en pyjama. Quand il referma la porte de son immeuble derrière lui, il poussa un profond soupir de soulagement. Enfin, il était chez lui !

Tandis qu'il gravissait les marches menant aux étages supérieurs, il constata avec plaisir que ses diverses douleurs avaient beaucoup diminué. Il marqua une pause devant chez Catriona et, après un instant d'hésitation, toqua. Personne ne répondit. Il était certainement trop tôt, les occupantes de l'appartement devaient encore être à la blanchisserie. Décidant de repasser plus tard, il poursuivit son ascension. Un frisson d'inquiétude le parcourut lorsqu'il constata que sa porte était entrebâillée. Il chercha à se rassurer en se disant que les sbires de Churchill n'avaient pas dû se donner la peine de fermer correctement après son enlèvement, mais il ne se convainquit qu'à moitié.

Poussant le battant, il se prépara au pire. Il n'y avait personne dans le hall, mais des bruits confus provenaient de sa chambre. Des sons étouffés. Le glissement d'objets qu'on déplaçait. N avait-il raison ? D'autres étaient-ils sur sa piste ? Avisant sa crosse de hurling qui avait été abandonnée sur le sol, il s'en saisit. Cette fois, il n'allait pas se faire surprendre. Ceux qui avaient violé son intimité, quels qu'ils soient, allaient comprendre qu'on n'était pas capable de frapper une balle à 150 kilomètre/heure sans avoir quelques muscles bien rodés.

Il avança en silence jusqu'au seuil de sa chambre. Le furetage se poursuivait, accompagné de bruits sourds. D'un violent coup de pied, il fit valdinguer la porte. Un cri perçant vrilla ses oreilles... et sa crosse, de surprise, lui tomba des mains. Face à lui, Catriona, en pleurs, tentait de remettre de l'ordre dans la chambre. Dès qu'elle le reconnut, elle se précipita pour lui sauter au cou. Instinctivement, il referma les bras autour de sa taille pour la serrer contre lui. Une émotion inattendue le saisit au contact de ce corps qu'il avait si bien connu lors des bagarres acharnées de leur enfance, mais qu'il n'avait plus tenu contre lui depuis l'arrivée de l'adolescence. Un corps aux formes discrètes, certes, mais indéniables.

Avant même qu'il puisse analyser le trouble qui s'était emparé de lui, Catriona s'arracha de son étreinte et lui flanqua une gifle retentissante.

– Ça, c'est pour m'avoir laissée imaginer que tu avais disparu.

– Mais je...

Une deuxième gifle l'empêcha de poursuivre.

– Et ça, c'est pour m'avoir fait la peur de ma vie juste à l'instant !

– Hé ! s'indigna Lucan en lui attrapant les poignets, si tu continues comme ça, je vais être obligé d'utiliser la force !

Catriona renifla avec mépris.

– La dernière fois qu'on s'est battus, c'est moi qui ai gagné, je te rappelle !

– La dernière fois qu'on s'est battus, on avait dix ans. Tu étais pire qu'un chat sauvage toutes griffes dehors.

– Tu commençais à être plus grand que moi, il fallait bien rééquilibrer les forces.

– J'ai gardé les griffures pendant une semaine. Terrifiant. J'en fais encore des cauchemars !

Catriona renifla à nouveau.

– Bon, tu me lâches ? Il faut que je me mouche !

– OK, à condition que tu arrêtes de me filer des baffes.

– Pas de problème, tu as eu ta dose.

Lucan la relâcha et sa sœur de lait en profita pour se moucher. Le nez encore dans le mouchoir, elle menaça :

– Plus de baffes... à condition que tu arrêtes d'en mériter.

Lucan éclata de rire. Cette tête de mule d'Irlandaise se débrouillait toujours pour avoir le dernier mot. Catriona le fusilla du regard.

– Arrête de te moquer de moi !

Le rire du garçon redoubla.

– Désolé ! fit-il quand il put parler, ça fait trop de bien de rire après tout ce que je viens de vivre ! Et sérieux, je ne me moque pas de toi !

Catriona, dès qu'elle fut convaincue de sa sincérité, ne tarda pas à se joindre à lui. Ils finirent par se laisser tomber sur le dos en travers du lit. Petit à petit, les rires se calmèrent et Catriona finit par avouer :

– J'ai eu vraiment très peur. Après les cambriolages, je sentais qu'il se passait des trucs bizarres. Alors quand j'ai vu la porte ouverte, l'appartement vide et les traces de lutte, j'ai vraiment cru que... enfin qu'il s'était passé quelque chose de grave.

Elle s'arrêta de parler car les sanglots remontaient dans sa gorge à l'évocation de ces souvenirs. Elle s'attendait à ce qu'il lui explique ce qu'il avait fait, mais Lucan resta muet. Il pensait qu'il n'avait vu Catriona pleurer qu'en de rares occasions. Jamais sur sa propre douleur, et pas davantage sur celle des autres. Quand ils s'étaient blessés lors de leurs nombreuses escapades ou bagarres, elle avait toujours serré les dents et montré qu'une fille ne versait pas plus de larmes qu'un garçon. Et s'il avait le malheur d'avoir les yeux humides à cause d'un genou ouvert, elle lui écrasait le pied pour qu'il oublie sa souffrance. Pas tendre, la copine !

Aussi, en se rappelant son visage mouillé de larmes à son arrivée, il se sentait tout drôle. Une partie de lui aurait aimé lui prendre la main pour la rassurer, mais une autre se rebellait à cette idée. Ce serait si... bizarre ! De quoi se sentir vraiment mal à l'aise.

– Alors qu'est-ce qui s'est passé ? demanda-t-elle, frustrée par son silence.

Lucan fut heureux de cette diversion, mais il prit quelques instants pour répondre. Son esprit était déchiré. Roslend était classé top secret. Il ne fallait pas en parler. Jamais. Mais il était si mal à l'aise à l'idée de mentir à sa sœur de lait !

Le devoir ou l'amitié de toujours, que fallait-il choisir ? La réponse s'imposa à lui lorsqu'il se souvint de sa conversation ambiguë avec N. Le Premier Ministre n'avait-il pas lui-même trahi le secret ? Bien sûr, c'était auprès d'une personne de confiance, mais Catriona en était une également. Il était sûr que même sous la torture elle ne lâcherait rien. Et puis, il avait tant besoin de se confier !

Les yeux toujours fixés sur le plafond, il commença :

– Tu ne vas jamais me croire...

30

Alter Monde, communauté d'Hircuz

« Je suis en train de me noyer dans les yeux de Catriona. »

Lucan était à la frontière de la conscience. Dans cet état où l'esprit se libère et délire en même temps. Oui, il se noyait... Sa trachée irritée qui l'empêchait de respirer normalement, ses poumons en feu... Tous ses sens le lui confirmaient ! Et ce sentiment enivrant de flotter dans un bain d'or... doré comme les yeux de Catriona.

Petit à petit, ses pensées s'éclaircirent. Il réalisa qu'il était confortablement allongé, les yeux fermés. Une violente quinte de toux lui permit d'expectorer un reste de liquide stocké dans ses bronches. Il tenta de se redresser pour mieux inspirer, mais des liens l'en empêchèrent. Alors il se décida à ouvrir les yeux. Ce qu'il avait pu percevoir à travers ses paupières ne l'avait pas trompé. Il régnait autour de lui une lumière ambrée qui n'était pas sans rappeler le regard si singulier de Catriona.

Reprenant pied dans la réalité, il se mit à observer le lieu où il se trouvait.

Cela ressemblait à une demi-bulle transparente de la taille de sa chambre. Le mobilier était fonctionnel, médical même, et taillé dans un matériau qui ressemblait à de l'ivoire. Le matelas qui le soutenait était rempli d'eau et le berçait à chacun de ses mouvements. Trois bandes de tissu le ceinturaient depuis la poitrine jusqu'au pied. Il n'eut pas le loisir de poursuivre plus loin son inspection car à ce moment-là une personne traversa la paroi de la bulle.

– Ah, ça y est ! Tu as enfin recouvré tes esprits !

Devant la merveilleuse créature qui venait d'apparaître, Lucan resta sans voix. C'était une jeune fille à la silhouette fine et délicate, vêtue d'une robe légère et dentelée. Dans un visage en forme de cœur, deux immenses prunelles sombres tranchaient sur des iris d'un incroyable blanc nacré. Tout le reste de son être, depuis le fond de l'œil jusqu'à sa longue chevelure, en passant par sa peau, n'était qu'un camaïeu de bleu.

– Il a peut-être recouvré ses esprits, Ivalys, mais pas encore la parole !

Les mots avaient été prononcés par une vieille femme qui venait d'arriver. Elle avait les mêmes particularités physiques que la jeune fille, à la différence près qu'elle était nettement plus enrobée et se tenait courbée.

– C'est le choc, justifia Ivalys, cela viendra.

– Je peux parler ! confirma le garçon, je m'appelle Lucan, et je viens de Roslend.

– Je suis Marulys, l'informa la vieille femme en retour, soigneuse de la communauté d'Hircuz. Je suis chargée de ton rétablissement depuis qu'Ivalys t'a sauvé de la noyade.

– Ah oui ? s'étonna Lucan en lançant un regard débordant de gratitude à la jeune fille, c'est à toi que je dois d'être en vie ?

Alors que le teint d'Ivalys se colorait, Marulys souleva les emplâtres faits d'algues qui couvraient ses blessures pour estimer leur état de cicatrisation.

– Oui, c'est à elle que tu le dois, marmonna la soigneuse avant d'ajouter d'un ton sec : Et ce n'est pas ce qu'elle a fait de mieux dans sa vie.

Ivalys baissa les yeux.

– La survie de la communauté d'Hircuz dépend du secret de son existence, justifia avec douceur la jeune fille devant l'air choqué de Lucan, nul ne doit connaître sa présence.

Hircuz... Qu'était-ce donc ce nouvel endroit dont on ne lui avait jamais parlé ?

– Il est guéri, décréta Marulys en jetant les emplâtres dans un récipient prévu à cet effet. Elle pressa une protubérance de la taille d'une noix qui se trouvait à côté sur la paroi, et aussitôt, une forte aspiration fit disparaître les déchets.

– Écoutez, je ne sais pas qui vous êtes, et franchement, ça ne m'intéresse pas. Je vous remercie de m'avoir sauvé et soigné, même si c'est contraire à vos règles, mais maintenant, pourriez-vous me détacher ?

– Pas si vite, jeune homme, les chefs de la communauté sont encore en train de statuer sur ton sort. Tant qu'ils n'ont pas pris de décision, tu resteras attaché.

– Quoi ? C'est une blague ! s'énerva Lucan en s'agitant sur le matelas d'eau, je ne vais pas rester allongé ici pendant qu'ils discutent !

Lucan commençait à être las de se retrouver prisonnier où qu'il se trouve !

Marulys allait répliquer quand Ivalys lui saisit le bras et lui chuchota plusieurs phrases à l'oreille. La soigneuse fronça ses sourcils bleutés et grogna :

– Tu ne crois pas que tu en as déjà assez fait ?

Ivalys recommença ses messes basses avec encore plus de conviction.

– C'est bon, c'est bon, marmotta la petite vieille en fixant Lucan d'un œil peu amène, tu sais bien que je ne peux rien te refuser. Mais si jamais cela se passe mal, je te jure qu'il le paiera, jura-t-elle en croisant les deux mains sur sa poitrine.

Sur ces paroles, Marulys pivota des talons et quitta la bulle.

– Que... qu'est-ce qui va se passer ? demanda Lucan en se tortillant.

Ivalys s'approcha de lui et se pencha pour décrocher les bandes de tissu. Avec un plaisir infini, le garçon se redressa et sauta au bas du lit. On avait remplacé sa tenue de pilote par un pantalon ample qui s'arrêtait en dessous du genou et une chemise à manches courtes qui ne fermait que par un lien à la taille. Il passa une main sur son épaule et fut stupéfait de ne sentir qu'un léger boursouflement en V, là où la flèche avait pénétré dans sa chair. Il se pencha pour examiner son pied et sa jambe. La brûlure avait laissé une trace rouge, mais la douleur avait disparu.

– C'est fantastique ! s'enthousiasma-t-il.

– Marulys est la meilleure des soigneuses, commenta Ivalys de sa voix douce.

Lucan releva la tête et croisa ses yeux incroyables. À nouveau, il en redevint muet.

– Je me suis engagée à te surveiller tout le temps que durera la délibération, dit-elle en reproduisant le geste qu'avait eu Marulys avant de sortir.

Lucan en déduisit que c'était une façon plus élégante de souligner une promesse que de cracher par terre.

– Merci encore, articula-t-il quand il se fut un peu habitué à son regard. J'ai l'impression que j'ai de lourdes dettes envers toi.

Elle parut gênée et d'un simple signe de la main lui fit comprendre que tout cela n'avait guère d'importance. Maintenant qu'il était debout, il nota qu'elle était petite. Mais si gracieuse ! Chacun de ses gestes avait une fluidité naturelle, comme si elle était une danseuse en perpétuelle représentation.

– Tu dois avoir faim et soif, supposa-t-elle à juste titre, je peux te conduire à l'espace restauration si tu le désires.

– Heu, oui... j'aimerais beaucoup, acquiesça Lucan tout aussi impatient de remplir son estomac que de découvrir ce qui l'attendait à l'extérieur.

Elle sortit aussitôt de la pièce et il lui emboîta le pas. Quand il franchit la paroi de la bulle, il éprouva une sensation similaire à celle qu'il avait ressentie quand il avait traversé le toit de la cité des Concepts. Le matériau utilisé devait être de la même essence. Une fois dehors, il s'arrêta pour regarder autour de lui. Des demi-bulles semblables à la sienne étaient accolées sur plusieurs dizaines de mètres de largeur et superposées sur au moins cinq étages. Les parois qu'il avait cru transparentes depuis l'intérieur car elles laissaient passer la lumière, étaient opaques depuis l'extérieur, protégeant ainsi l'intimité des occupants. Dans un calme remarquable, de nombreuses personnes s'activaient. Elles rentraient ou sortaient des bulles ou utilisaient des passerelles extérieures pour se rendre d'un lieu à un autre.

Ivalys attendait patiemment Lucan devant un tube transparent qui servait de cage d'ascenseur. Avant d'y entrer, ce dernier renversa la tête et constata qu'une voûte surmontait le tout.

– Mais où sommes-nous ?

– Dans l'espace de soin d'Hircuz, répondit la jeune fille en traversant la paroi du tube pour avancer vers la plateforme qui était arrivée à leur étage. Elle retarda son départ de la main jusqu'à ce qu'il la rejoigne puis elle appuya sur des protubérances aux reliefs tous différents. Ils descendirent ainsi jusqu'au rez-de-chaussée. Ivalys lui fit ensuite traverser une grande esplanade où les personnes dévisagèrent Lucan avec beaucoup moins de curiosité qu'il en avait lui-même à leur égard. Après plusieurs minutes de marche, ils franchirent la paroi qui permettait de sortir de l'espace de soin. Alors Lucan ne put retenir une exclamation de surprise. Devant lui fleurissaient des dizaines de demi-bulles tout aussi grandes que celle qu'ils venaient de quitter. D'autres, plus petites, étaient nichées dans les interstices. La palette de couleurs allait du blanc nacré au vert émeraude. De nombreuses passerelles et ascenseurs les reliaient les unes aux autres. L'ensemble faisait penser à une ruche géante. Au sol, des voies recouvertes d'une sorte de sable clair slalomaient entre elles. Aucun véhicule à l'horizon. Tous les habitants qu'il pouvait voir se déplaçaient à pied.

– Voici Hircuz..., déclara la jeune fille en balayant l'espace d'un grand geste, puis elle dirigea l'index vers le haut et ajouta : Et sa bulle de vie.

Lucan regarda dans la direction qu'elle indiquait et découvrit qu'un gigantesque dôme recouvrait toute la cité. Une gigantesque bulle transparente qui permettait d'apercevoir les mètres cubes de liquide et de sable doré qui pesaient au-dessus de leur tête.

– Voilà pourquoi la lumière a ces reflets ambrés, chuchota Lucan.

Tout s'expliquait. Hircuz était une cité sous-marine.

31

Alter Monde, terre de Nelbri

– Dix.

La voix du Brac Marquel n'était qu'un murmure sous la voûte caverneuse de la salle de l'état-major.

– Dix contre un, reprit-il sur le même ton.

Autour d'une table aux proportions impressionnantes, les plus hauts gradés de l'armée nelbrienne s'étaient réunis pour rendre compte de l'évolution du conflit. Leur chef suprême ne leur prêtait guère attention. Il semblait totalement absorbé par la réplique miniaturisée d'un Volant qu'il faisait tournoyer entre ses longs doigts fins.

– Et redites-moi encore, géniral Rux, comment s'est soldée la rencontre de nos dix appareils Volants avec la première ouzgouch non armée qu'ils aient rencontrée ?

Le géniral Rux tira sur le col de son uniforme qui lui serrait soudainement la gorge. Il avait bien pensé dissimuler un instant le bilan de cet affrontement, ou du moins en changer quelques détails, mais le Brac Marquel avait une capacité remarquable à déceler les mensonges ou les demi-vérités. Il espérait qu'à défaut d'être porteur d'une bonne nouvelle, son honnêteté l'exonérerait du pire.

– Nous avons perdu quatre appareils, Votre Éminance.

– Et ?

– Leurs pilotes ont été descendus.

Le filet métallique qui masquait le haut du visage du Brac Marquel resta tourné vers lui. Le géniral Rux ajouta à contrecœur :

– Mais l'ouzgouch a réussi à regagner la terre.

– Mais l'ouzgouch a réussi à regagner la terre, répéta le Brac Marquel tel un maître faussement patient.

Il continuait à jouer avec sa maquette, amorçant les arbalètes et tâtant les voiles.

– Arrêtez-moi si je me trompe, géniral Rux, c'est bien de vous que vient l'idée de tripler le nombre de carreaux tirés en un seul coup ? Afin, je vous cite, « d'être sûr de ne pas rater la cible » ?

Le visage sec du militaire était blanc comme un linge. Le Brac Marquel reprit calmement :

– Voyez-vous, géniral, je ne partage pas votre point de vue…

Il ôta délicatement deux carreaux de l'arbalète miniature pour ne laisser que celui du centre.

– … Je pense au contraire qu'il faut toujours privilégier la qualité à la quantité.

D'une pichenette, il déclencha le système de projection du mini carreau qui jaillit de sa rainure… pour aller se ficher dans la gorge du géniral Rux. Le cri d'horreur qui parcourut l'assemblée ne couvrit pas les gargouillements pitoyables du militaire qui avait porté ses mains à son cou.

Le Brac Marquel se leva et s'approcha de son géniral qui tentait toujours de retirer le trait de métal qui lui traversait la trachée.

– Vous comprenez maintenant, géniral Rux, du moins je l'espère, qu'un seul carreau suffit si on sait viser.

Il dominait le gradé d'une bonne tête et ce dernier, qui commençait à suffoquer à cause de l'hémorragie, tenta de s'éloigner de son agresseur. Le brac Marquel l'en empêcha en le retenant par le coude.

– Vous m'avez déçu deux fois, géniral Rux. La première lorsque vous étiez amiral de ma flotte, la deuxième en étant incapable de monter une chasse aérienne digne de ce nom. C'est une fois de trop. Mais comme je reconnais vos efforts, je vais vous épargner une longue et pénible agonie.

D'une main, il saisit une poignée de cheveux à l'arrière du crâne du militaire et de l'autre enfonça d'une poussée le bout de carreau qui dépassait encore. Il y eut un dernier gargouillis puis le géniral Rux retomba mollement sur le côté, immobile. Seul un épais filet de sang continuait de s'échapper de sa bouche entrouverte.

Le Brac Marquel soupira puis tourna les talons pour faire face à son état-major. Les bras croisés, il annonça d'un ton léger :

– Le poste de commandant des forces aériennes vient juste de se libérer. Un volontaire ?

32

Alter Monde, communauté d'Hircuz

Ivalys avait conduit Lucan jusqu'à une cantine où ils purent se servir parmi un choix de plats et de boissons. Ils n'eurent rien à payer et quand le garçon s'en étonna, ce fut au tour de son guide de marquer son incompréhension.

– L'argent ? Qu'est-ce que l'argent ? demanda-t-elle de sa voix douce.

– Eh bien, c'est quelque chose que tu gagnes quand tu travailles et qui te sert ensuite à acheter ce que tu veux.

Ivalys fronça les sourcils. Elle ne comprenait pas davantage le mot « acheter » et le concept qu'il essayait de lui expliquer lui échappait totalement.

– Chez nous, les choses ne se passent pas ainsi. Chacun doit des services à la communauté en fonction de ses capacités, et en retour la communauté nous fournit ce dont nous avons besoin.

Lucan hocha la tête comme s'il saisissait, bien que ce système lui semblât difficile à faire fonctionner. Il ne voulait pas donner à la belle Ivalys l'impression qu'il était lent à comprendre...

Ils s'assirent à une table pour déguster un très lointain cousin du sandwich au goût de poisson. Sans même qu'il en formule la demande, on lui servit d'office un verre contenant un liquide aux reflets bleutés. Il souleva la boisson à la hauteur de ses yeux et regarda Ivalys d'un air interrogateur. Cette dernière sourit :

– Oui, c'est bien à l'hydromer que nous devons la couleur de nos cheveux et de notre peau. Elle nous est cependant essentielle : en plus de contenir tous les minéraux et vitamines nécessaires à notre développement sous la bulle, elle permet à notre corps de s'adapter à la pression lors de nos sorties en mer.

– Et moi, je vais aussi devenir bleu si j'en bois ? demanda-t-il mi-sérieux, mi-plaisantant.

Le sourire d'Ivalys s'élargit :

– Je n'en sais rien. Tu es le premier être d'en haut que je rencontre. Je pense qu'il faudra quelque temps avant que cela agisse, mais cela risque d'être une expérience intéressante.

– Je ne crois pas qu'on aura le temps de la mener longtemps. Il y a la guerre, là-haut. Je dois remonter au plus vite.

Le visage de sa compagne s'assombrit et elle détourna les yeux. Lucan ne le remarqua pas, car à cet instant un groupe de jeunes venaient d'entrer en riant. Quand il reporta son attention sur Ivalys, il fut à nouveau frappé par sa grâce et la finesse de ses traits. Elle était si belle qu'elle en paraissait irréelle. Quand Ivalys comprit qu'il la comtemplait, elle baissa la tête, embarrassée, pour se dissimuler derrière son opulente chevelure. Voyant que son admiration flagrante était la raison de son malaise, il chercha quelque chose à dire pour briser le silence. Mais rien d'autre que « je te trouve merveilleusement belle » ne lui venait à l'esprit et il se doutait que cela n'aurait guère arrangé la situation.

Ce fut finalement la curiosité d'Ivalys qui vint à la rescousse. Lui lançant un regard timide à travers le voile de ses cheveux, elle demanda :

– Est-ce que ça t'ennuierait de me raconter ce qui t'es arrivé ?

Il y eut un flottement. Lucan ne savait comment répondre. Ce qui lui était arrivé ? Il pensa que sa vie avait été emportée par un maelström si puissant qu'il ne savait plus qui il était, ni à quel monde il appartenait. Seule la mission confiée par Churchill lui donnait un point de repère : il fallait aider Roslend à combattre. En devenant, presque malgré lui, pilote d'essai et en réussissant à faire voler l'ouzgouch, il avait déjà fait un pas énorme dans ce sens. Mais il lui restait encore à retrouver la machine permettant de décrypter les messages nelbriens. Il n'avait aucune idée de comment y arriver, mais il ferait tout ce qui était en son pouvoir pour accomplir sa mission jusqu'au bout.

Sous le regard nacré d'Ivalys, il comprit cependant qu'elle n'en attendait pas tant.

– Comme je te l'ai dit, c'est la guerre là-haut. Je faisais un vol d'essai avec une ouzgouch quand j'ai été attaqué par une escadrille de Volants nelbriens.

Sa perplexité montra à Lucan qu'elle n'en savait pas davantage sur le monde des airs que lui sur celui des mers. Du mieux qu'il put, il lui traça alors un tableau de la situation.

– Tu as volé au-dessus des sables ondulants ? Et tu t'es battu à un contre dix ?

L'émotion contenue dans sa voix le remplit d'aise.

– Oh, ce n'était pas si difficile, avoua-t-il par souci d'honnêteté, l'ouzgouch a fait tout le travail...

– Mais c'est toi qui as été blessé !

C'était vrai après tout.

Impatient de voir le regard d'Ivalys briller encore d'admiration, il chercha quelques détails terrifiants à lui raconter. Mais aussitôt le rire moqueur de Catriona résonna dans un coin de sa tête. Son sourire assuré se transforma en moue penaude. Ivalys, prenant cela pour de la modestie, n'en fut que plus impressionnée.

– Quand je t'ai trouvé, poursuivit-elle, j'ai cru que tu étais mort. C'était horrible. Pour une première sortie en tant que Veilleuse, je n'ai vraiment pas eu de chance !

– Moi par contre, j'en ai eu beaucoup !

– Oh oui, bien sûr ! Et je suis très heureuse de t'avoir sauvé, affirma-t-elle avant d'ajouter tout bas : même si c'est illégal.

– Mais pourquoi, enfin ? Hircuz n'est même pas en guerre avec Roslend !

– Hircuz n'est en guerre avec aucune nation et ne veut surtout pas l'être. Les fondateurs de notre communauté se sont retirés du monde pour éviter tout conflit. Le secret est le meilleur moyen de nous préserver. C'est pour cela que nous ne devons jamais interférer dans les occupations des gens d'en haut. Qu'ils vivent ou qu'ils meurent, ce ne sont pas nos affaires. De toute façon, si par miracle quelqu'un parvenait à survivre aux sables ondulants, il mourrait dévoré par un des nombreux prédateurs qui peuplent la faune sous-marine.

– Ils sont si terribles que ça ?

Ivalys ouvrit tout grand ses pupilles nacrées avant de s'exclamer :

– Oh oui !

– Et vous ne les craignez pas ? s'étonna Lucan.

– Nous savons comment les éloigner lors de nos sorties de surveillance.

– Peux-tu me faire voir comment ? C'est une information dont j'aurais besoin quand je quitterai votre bulle.

Ivalys ouvrit la bouche puis la referma car elle ne savait que dire.

– Je... je... je peux toujours te montrer les sas, finit-elle par balbutier, mal à l'aise.

– Parfait, alors allons-y ! Le plus tôt sera le mieux !

33

Ego Monde, Londres, mercredi 12 septembre 1940, 8 heures du matin

Catriona entrouvrit la porte de la chambre et constata que Lucan dormait toujours. Elle s'était levée plusieurs fois au cours de la nuit pour vérifier qu'il ne se réveillait pas et que tout se passait bien. Quand il avait saisi le cadran pour basculer dans l'Alter Monde, elle avait été effrayée de voir son corps irradier de lumière pendant quelques secondes avant de retrouver son état normal. Mais elle n'avait pas eu besoin d'assister à ce phénomène pour croire à son histoire. Depuis qu'elle était toute petite, elle n'avait jamais été complètement à l'aise en présence de l'horloger qui habitait au-dessus de chez elle. Comme s'il se dégageait de lui une aura particulière dont elle ne parvenait pas à cerner l'origine. Maintenant, elle comprenait. Quant à Lucan, malgré les moqueries dont elle l'accablait, elle avait toujours senti qu'il était hors du commun. Appelé à un destin à part. Peut-être que ses sarcasmes ne visaient d'ailleurs qu'à le garder à sa portée. Afin qu'il ne lui échappe pas. Et surtout, pour qu'il ne la laisse pas derrière lui, coincée dans son petit quartier de Kilburn sans autre avenir qu'une carrière de blanchisseuse ou de mère de famille nombreuse.

Elle avait réussi à étouffer ses craintes pour l'encourager à retourner à Roslend. Il avait semblé si enthousiaste en lui racontant ses aventures ! Depuis que son grand-père était décédé, elle n'avait plus vu ses yeux s'illuminer ainsi. Et même si elle n'appréciait guère le ton admiratif dont il usait pour parler de cette Palioma, elle avait perçu à travers son récit que cette dernière semblait trop émotionnellement impliquée avec l'Immuable pour représenter un réel danger.

Elle hésita à l'abandonner pour la journée. Les bombardements avaient été limités la nuit dernière grâce à l'efficacité de la DCA, qui avait empêché la plupart des escadrilles d'atteindre le centre de Londres. Mais il était quasiment sûr que les Allemands reviendraient dans la journée. Que se passerait-il alors si une alerte était déclenchée à Kilburn ? Lucan l'entendrait-il ? Catriona en doutait fort, son sommeil était si profond... Heureusement, la grisaille et l'humidité s'étaient emparées de la ville ce matin. Avec un peu de chance, cela dissuaderait les avions de la Luftwaffe de revenir.

– Catriona ! Dépêche-toi ! claironna sa mère dans la cage d'escalier, il faut partir.

La jeune fille leva les yeux au ciel. Elle referma sans bruit la porte et sortit de l'appartement des Sondran.

– Pas la peine de l'annoncer à tout l'immeuble ! hurla-t-elle à son tour, j'arrive !

Elle descendit les marches quatre à quatre et rejoignit sa mère qui l'attendait pour aller à la blanchisserie. Il ne fallait surtout pas que cette dernière apprenne quoi que ce soit, sinon elle mourrait d'inquiétude. Catriona ne voulait pas devenir comme elle. L'inquiétude vous empêchait de vivre. Il fallait faire confiance à l'avenir.

Elle n'en avait pas moins hâte d'être au soir.

Absorbée par ses pensées, elle ne remarqua pas l'homme au chapeau melon qui se tenait sur le trottoir d'en face, un journal entre les mains et un œil fixé sur son immeuble.

Ni davantage celui qui, à quelques mètres du premier, regardait sans les voir les nippes exposées dans la boutique de Deirdre Malhone. Si elle lui avait prêté plus d'attention, elle aurait peut-être remarqué qu'il profitait du reflet dans la vitrine pour surveiller à la fois le bâtiment, décidément plein d'intérêt, et les mouvements de l'homme au chapeau melon.

34

Alter Monde, terre de Roslend

Le soleil se couchait sur la fabuleuse cité de Roslend. Le crépuscule s'y vivait comme une heure magique créant un festival de scintillements à travers ses verreries et parant d'éclats d'or les canaux sillonnant son centre. Au château de l'Arkhaz, l'Immuable et son ami Altrïos se relaxaient dans les thermes dont la magnificence était vantée dans le monde entier. Comme presque toujours à Roslend, le bâti se mêlait à la verdure et aux fleurs. L'un servant l'autre, l'un embellissant l'autre. De minuscules oiseaux y voletaient en permanence. Dans ce cadre de luxe, de calme et de volupté, il devenait presque possible d'oublier que le monde sombrait dans le chaos.

Les derniers rayons du jour enflammèrent le toit de cristal. C'était l'heure où les luxéoles regagnaient leur place dans les niches qui leur étaient dédiées le long des murs. Leur énorme arrière-train était tourné vers l'intérieur de la salle des bassins tandis que leur bec ouvert dépassait à l'extérieur, attendant d'être nourri par des serviteurs. Dès leur passage, elles s'endormaient jusqu'au lendemain tandis que leur postérieur se mettait à luir, assurant ainsi l'éclairage de la salle. Il en était de même dans tout le pays.

– Ainsi il a réussi à s'envoler !

La voix d'Altrios était chargée d'un mélange d'étonnement et d'admiration.

– Eh oui, mon cher Altrïos. Incroyable, n'est-ce pas ? Qui aurait cru ce gamin capable d'un tel exploit ?

L'Immuable était le premier étonné de ce succès. Il avait pensé que cette expédition finirait par un petit plongeon dans les sables ondulants avec un sauvetage à la clé (caché dans un renfoncement des falaises, un attelage d'otariens piloté par un de ses hommes se tenait prêt à intervenir). Il aurait ensuite pu faire valoir aux militaires que le garçon avait rempli sa part du contrat et qu'il méritait sa libération. Et ainsi obtenir la reconnaissance éternelle de Palioma. Mais de là à imaginer que le gosse parviendrait à faire voler l'ouzgouch !

Enfin, ce dénouement dépassait toutes ses espérances : non seulement le vol d'essai avait été un succès, mais en plus le pilote avait eu l'élégance de disparaître ! Certes Palioma lui en voulait à mort, même après qu'il lui eut expliqué son plan initial. C'était juste parce qu'elle était de mauvaise foi. Quand Roslend aurait remporté la victoire finale, il ferait en sorte que le jeune Lucan soit honoré comme un héros. Ça devrait suffir à la satisfaire.

– Plus j'y pense, plus je me dis que cette histoire d'espionnage ne tient pas la route, reprit l'Albin en s'aspergeant d'eau froide sous une cascade qui surgissait du mur.

Il retourna s'asseoir sur les bancs carrelés d'une mosaïque de bleus et de verts et ajouta :

– Palioma avait raison. Le Brac Marquel n'enverrait pas des espions aussi facilement repérables.

À travers la buée qui s'élevait du sol, Xélion lui décocha un regard exaspéré.

– Je te rappelle tout de même qu'il est coupable de la mort d'un homme. Sans compter que nul ne sait d'où il vient.

– Oui, je suis au courant. Je pense cependant qu'on lui doit notre première journée sans bombardements. Les Volants qui l'ont attaqué ont subi de lourdes pertes. Voir les dégâts qu'une ouzgouch non armée peut faire dans leurs rangs a dû leur rappeler la dernière guerre. Ils vont y réfléchir à deux fois avant de revenir.

– Tu as certainement raison, déclara l'Immuable en levant la tête vers la coupole de cristal.

La nuit était tombée d'un coup et les premières étoiles commençaient à apparaître. Les colonnes de verre torsadé qui soutenait le dôme étaient incrustées d'émaux verts et bleus qui s'illuminaient de mille reflets sous l'éclairage des luxéoles, comme en écho à la voûte étoilée.

– Si seulement cela pouvait les décourager définitivement et leur faire abandonner leur idée de débarquement...

– J'en doute. La soif de pouvoir du Brac Marquel ne se tarira pas si aisément. Et sa haine pour Roslend semble plus forte encore que pour les autres États. J'ai le sentiment qu'il ne sera satisfait que lorsqu'il pourra s'asseoir sur le trône de l'Arkhaz ! Je crois qu'il faudrait profiter de cette accalmie pour tenter de récupérer les codes. Cela nous permettrait de décrypter les cartes et les messages qui sont en notre possession.

– Tu es trop pessimiste, Altrïos ! La nuit est douce ce soir, ce serait un crime de ne pas l'apprécier. Relaxe-toi, mon ami, profite de...

L'Immuable s'interrompit et fronça les sourcils. Le velours ébène des cieux venait de se strier de lumière. À nouveau une luminosité intense déchira l'obscurité.

– C'est étrange, murmura-t-il, on dirait des éclairs, pourtant je n'entends pas l'orage...

Altrïos s'était levé, son visage blanc tourné vers le ciel. Il articula :

– Je me demande...

La porte des thermes se fracassant contre le mur l'interrompit.

– Immuable ! Immuable ! Les Volants ! Ils sont là ! hurla un serviteur paniqué.

Xélion sursauta et bondit sur ses pieds.

– Comment ? De... de nuit ?!

– Oui, Immuable, confirma le serviteur, ils bombardent de nuit ! Et nous n'avons aucun moyen de les arrêter.

Les yeux exorbités, il ajouta :

– Roslend est à feu et à sang !

35

Ego Monde, Londres, mercredi 12 septembre 1940, 11 heures

– Entrez !

L'agent qui avait passé la matinée à surveiller l'homme au chapeau melon obéit. Ses pas furent étouffés par l'épais tapis persan qui couvrait le parquet devant le bureau de son supérieur.

– Alors ? demanda N.

– Alors rien, Sir. Le garçon n'est pas sorti et l'homme de Churchill a été relevé juste avant moi.

N eut un bref geste de la main. L'espion s'inclina rapidement avant de se retirer. Quand il eut refermé la porte derrière lui, une voix rauque s'éleva :

– Êtes-vous sûr de vous, N ?

Elle provenait d'un fauteuil à haut dossier qui était tourné vers l'âtre de la cheminée. Son propriétaire était invisible à N tout autant qu'aux éventuels visiteurs.

– « Sûr », c'est un bien grand mot, ironisa le chef du MI5, disons que mon nez me dit qu'il y a anguille sous roche et je voudrais bien voir la tête qu'elle a, cette anguille.

– Nous ne pouvons nous disperser, vous le savez. Il est encore temps de sortir l'Empire britannique du conflit mondial et de la folie guerrière de Churchill. Mais les jours sont comptés. Les propositions de paix que le Reich a encore la bonté de faire à mon parti ne tiendront pas éternellement. Si la Luftwaffe parvient à anéantir la Royal Air Force, il n'y aura plus de négociations possibles.

– Vous prêchez un converti, mon cher. Je suis conscient, tout comme vous, du prix que paye notre nation pour satisfaire les ambitions déraisonnées de notre Premier Ministre. Nul n'a tenu devant Hitler. Et ce n'est qu'une question de jours avant que la Grande-Bretagne tombe à son tour. Aujourd'hui, demain, tout peut basculer très vite. Hier soir, le palais de Buckingham lui-même a été atteint. J'espérais que cela ferait entendre raison au roi. Mais non, il continue de soutenir la politique suicidaire de Churchill. Il a même vu dans ce coup du sort l'accomplissement d'une justice plus ou moins divine, attestant que la famille royale, tout comme le peuple, pouvait être victime des bombardements.

– Notre beau pays est envoûté par les discours du Bulldog. Il semble prêt à le suivre jusqu'à sa perte alors que nous aurions la possibilité de rejoindre le camp des vainqueurs ! Nous ne sommes que quelques-uns à garder la tête froide et à rester lucides. Alors, si vous le voulez bien, restons-le jusqu'au bout. Dites-moi donc ce que vous savez de votre fameuse « anguille », et plus intéressant encore, en quoi vous pensez qu'elle puisse faire chuter notre cher Churchill.

N s'adossa à son fauteuil en cuir, cala son pied droit sur sa cuisse gauche et joignit ses mains.

– Lucan Sondran n'a pas d'origines clairement établies. Son grand-père, Axélief Sondran, est apparu un beau jour dans le quartier irlandais de Kilburn mais il est impossible de retrouver trace de lui avant cela. Le garçon, à part d'évidentes qualités sportives, n'a absolument rien de remarquable. Scolarité médiocre, vite abandonnée pour devenir apprenti horloger chez son grand-père. Tempérament influençable, particulièrement quand une jeune tête brûlée d'Irlandaise est dans les parages. Il est facilement déstabilisé et fait preuve d'une grande naïveté. À l'instar de notre cher Premier Ministre, il a la fibre patriotique développée et a tenté de rejoindre la RAF, où il a été débouté de sa demande pour avoir produit un faux certificat de naissance. Bref, il a tout de l'adolescent immature qui rêve plus grand que sa naissance ne peut le lui permettre. Il n'a aucun passé digne de ce nom, un présent inintéressant et un futur inexistant. Pourtant Churchill mobilise ses meilleurs hommes pour l'enlever et le faire venir au 10, Downing Street alors que Londres brûle. Mais ce n'est pas tout : il le garde, l'installe dans ses appartements à la fin de l'alerte et lui attribue un garde du corps. Tout cela, bien sûr, en tentant de me court-circuiter, moi, le responsable de son service d'espionnage. Vous ne trouvez pas ça bizarre ?

– Évidemment que si. D'ailleurs, comment Churchill a-t-il réagi en découvrant que vous étiez au courant et que vous aviez laissé le garçon rentrer chez lui ?

– Oh, très bien. Le Bulldog est un fin renard. Si je ne le connaissais pas aussi bien, j'aurais cru son baratin : soit-disant, ce jeune homme aurait sauvé une femme dans les ruines d'un bombardement et il voulait le tester pour savoir s'il pourrait en faire un emblème. Une sorte de héros civique pour aider les Londoniens à tenir bon. Il m'a même félicité de l'avoir laissé repartir s'il en avait le désir, prétextant que le garde du corps avait compris ses ordres de travers !

– Ça se tient...

– Pas pour moi. Ce vieux roublard ferait un joueur de poker redoutable. Quand je me suis étonné que Lucan Sondran soit en pyjama, il m'a dit avoir donné des ordres pour le faire chercher sans se rendre compte de l'heure tardive. Il paraît qu'il est si occupé dans son abri souterrain qu'il ne distingue plus le jour de la nuit. Cependant, je n'y crois pas un seul instant.

– Mais qui serait donc ce garçon ? Un fils caché de Hitler ? Un moyen de pression qu'il voudrait utiliser ?

– Aucune idée. C'est ce que je m'emploie à découvrir. Mais vous pouvez me faire confiance. Il y a là des informations permettant de faire rentrer le Bulldog dans sa niche, la queue entre les jambes.

L'homme eut un court ricanement à l'évocation de l'image. Puis, se frottant les mains devant le feu, il déclara :

– Je l'espère, mon cher N, je l'espère du fond du cœur.

36

Alter Monde, communauté d'Hircuz

Ivalys pénétra la première dans une bulle de grande dimension qui se situait à l'écart des autres. Dès qu'il la suivit, une forte odeur de fruits de mer envahit les narines de Lucan. Il se pinça le nez en laissant échapper une exclamation de dégoût. Quand Ivalys se retourna, il s'excusa d'une moue piteuse :

– Désolé. J'ai jamais aimé les crustacés.

– Alors ne deviens jamais Veilleur, lui conseilla la jeune fille.

Elle mit un doigt sur sa bouche et alla se cacher derrière des étagères qui séparaient la bulle en deux parties. Dès qu'il l'eut rejointe, elle lui désigna une série de box dans lesquels des sortes d'énormes crabes étaient parqués. Le plus petit faisait la taille d'une voiture, le plus gros celle d'un autobus à impériale. Sur leur carapace dorsale, une demi-sphère transparente ressemblait à un habitacle. Quelques hommes et femmes s'employaient à les nourrir et les bichonner.

– Je comprends maintenant d'où vient ce... parfum subtil, chuchota-t-il dans son oreille.

Ivalys lui décocha un sourire lumineux qui fit chavirer son cœur.

– Ce sont des crabuz, les montures des Veilleurs. Nous ne sommes qu'une petite cinquantaine à occuper cette fonction. J'étais tellement heureuse lorsqu'on m'a attribué ce poste ! C'est fabuleux de parcourir le fond des mers à leur bord. Ils sont rapides et nous permettent de sortir de la bulle-cité pour partir explorer d'autres horizons.

Lucan demanda :

– Et les autres ? Ils ne sortent jamais ?

– Si, mais ils ne peuvent pas autant s'éloigner car ils n'ont pas le droit de monter un crabuz. De toute façon, ils ne sauraient pas le piloter. Alors, ils se contentent de revêtir une enveloppe.

– Une enveloppe ?

– Oui. Suis-moi. Je vais te montrer.

Ils revinrent sur leurs pas et cette fois, se dirigèrent vers la droite. Ils pénétrèrent dans une bulle secondaire où régnait une grande activité. Des gens entraient et sortaient de petites cabines. Là, comme partout depuis qu'il se déplaçait en Hircuz, on lui lança quelques regards curieux, mais vite détournés. La politique de non-ingérence imposée par les dirigeants de la communauté semblait avoir été adoptée par les citoyens sur le plan personnel.

– Choisis un vestiaire transparent, il deviendra opaque quand tu seras à l'intérieur. Puis déshabille-toi et sors de l'autre côté.

Interloqué, Lucan demanda :

– Me déshabiller ? Com... complètement ?

Ivalys bleuit fortement et baissa les yeux.

– Non, bien sûr que non ! corrigea-t-elle, tu gardes le caleçon qu'on t'a donné à l'hôpital.

– Ah, oui, bien sûr ! fit Lucan en se sentant ridicule.

Quelques minutes plus tard, ils se retrouvèrent dans une pièce où était stockée une quantité infinie de palmes et de lunettes de protection. Sur les conseils de la jeune Hircuzoise, il s'en équipa. Un peu plus loin, ils choisirent un coliantrop à leur taille. Ce coquillage en forme de pont torsadé avait la capacité de transformer le dioxyde de carbone en oxygène. Ils l'appliquèrent sur leur nez et l'introduisirent dans leur bouche.

Avant de ne plus pouvoir communiquer avec Lucan par la parole, Ivalys lui fit un résumé des choses à savoir, lui apprit quelques signes de base et lui annonça qu'ils se rendraient dans le cimetière des épaves, là où les Veilleurs, aidés par les courants marins, déposaient les restes des naufrages. C'était l'endroit le plus intéressant et le plus amusant à explorer aux alentours de la bulle-cité.

Lorsqu'il l'entendit évoquer ce lieu, le récit d'un autre naufrage lui revint à l'esprit. Celui qui s'était déroulé le 12 février 1940 et qui avait permis à la Grande-Bretagne de mettre la main sur la précieuse machine à décoder Enigma. Jusqu'où pouvaient aller les parallèles entre les deux mondes ? S'il récupérait un tel objet, Sir Churchill en serait certainement époustouflé ! Réussir d'un coup ses deux missions ! Il aurait contribué de manière plus que significative à la victoire de son pays ! Plus personne ne pourrait jamais lui dire qu'il était trop jeune ou trop irlandais.

Et peut-être même que de là où il reposait, son grand-père serait fier de lui. Peut-être même qu'il lui pardonnerait la désobéissance qui avait entraîné sa mort...

Jamais une telle chance ne se représenterait, c'était sûr.

Il ne mit pas longtemps à se décider. Même si Ivalys l'avait prévenu qu'il était interdit car dangereux de pénétrer dans les épaves, il irait les explorer dès qu'il le pourrait.

Malgré ces belles résolutions, il ne put retenir un frisson d'appréhension quand ils se présentèrent devant la sortie. Ivalys lui expliqua qu'en traversant la paroi, un film transparent l'envelopperait tout entier et le lesterait. Elle avait beau lui assurer que c'était sans danger, depuis sa presque noyade, il redoutait de se retrouver immergé dans l'eau. Ivalys, bien sûr, ne partageait pas ses craintes, sans hésiter elle s'engagea la première et franchit le seuil. Elle se retourna aussitôt pour l'encourager à l'imiter. La vue de son corps gracieux juste vêtu d'un bandeau et d'un short fut très efficace pour lui changer les idées.

Faisant appel à toute sa volonté, Lucan inspira dans le coliantrop pour vérifier qu'il fonctionnait bien et avança un pied. Contrairement aux fois où il avait traversé les parois des bulles, il ressentit une faible résistance. Il poursuivit sa progression jusqu'à ce que sa jambe soit parvenue de l'autre côté, puis, contrôlant sa peur, il fit suivre le reste du corps. Quand le film transparent se plaqua sur son visage, ses cheveux et ses lunettes, il trouva cette sensation oppressante et désagréable. Mais les battements de son cœur se calmèrent lorsqu'il constata qu'il pouvait respirer sans problème et que sa combinaison lui laissait une totale liberté de mouvement. Il forma un cercle avec son pouce et son index pour informer Ivalys que tout allait bien.

37

Alter Monde, terre de Nelbri

Le petit matin se levait sur Nelbri quand le Volant du Brac Marquel, en tête d'une imposante flotte aérienne, se posa sur le terrain d'atterrissage. Les ptéradaks épuisés criaillaient de plaisir en retrouvant l'humidité de leur milieu naturel après avoir survolé pendant des heures les déserts de Roslend. Le chef suprême n'attendit pas que les appareilleurs lui viennent en aide. D'une main précise, il se libéra de son harnais et sauta à terre. Il se dirigea droit vers la tour de contrôle où le géniral Porka avait passé la nuit. Ce dernier, malgré son embonpoint, avait dévalé l'escalier pour venir à sa rencontre, le cœur battant à tout rompre et des sueurs froides dégoulinant le long de sa colonne vertébrale. Il faillit percuter le Brac Marquel qui avait déjà atteint les premières marches. Il s'inclina à plusieurs reprises en se confondant en excuses, mais ses petits yeux porcins scrutaient déjà la partie visible du visage de son supérieur. Les deux plis marqués au coin de ses lèvres n'annonçaient rien de bon. À moins qu'ils aient toujours été là et qu'il ne les ait pas remarqués ? Le géniral avait l'esprit à l'envers tellement l'angoisse étreignait ses tripes. N'osant ouvrir la bouche, il resta devant lui, bras ballants, s'attendant au pire.

D'un geste vif, le Brac Marquel tendit la main vers sa gorge. Les paupières du géniral Porka s'abaissèrent comme deux drapeaux en berne. Puis il sentit les doigts fins, telles des serres, s'incruster dans son épaule et la voix tant redoutée articuler :

– Votre idée était brillante, géniral !

Le militaire ouvrit brusquement les yeux pour vérifier que ce n'était pas une remarque cruellement ironique. Quand il fut convaincu de la sincérité du compliment, il s'enfla d'orgueil comme un carapo à la période des amours.

– Alors ça a marché ! J'en étais sûr ! De nuit, ils ne pouvaient plus utiliser leurs fichus miroirs de malheur ! Ni leurs foutues catapultes ! C'était joué d'avance. Quels idiots ! Quels imbéciles dégénérés !

Il ne chercha pas à retenir une seconde le ricanement d'autosatisfaction qui lui chatouillait la gorge.

Un sourire étira les lèvres minces du Brac Marquel.

– Je vous ai rarement vu aussi éloquent, Porka ! commenta-t-il, mais je vous comprends... Quel spectacle jouissif de voir Roslend dévoré par les flammes ! Tous ces gens qui hurlaient, le craquement des bâtiments qui s'écroulaient... Enfin ! Après tout ce temps ! Malgré toutes leurs richesses, leur esthétisme et leur suffisance, ils ont compris cette nuit qu'ils n'étaient RIEN face à la puissance nelbrienne.

À son tour le Brac Marquel s'enflammait, encore sous l'excitation de la bataille et de la victoire. Il s'était penché en avant vers son géniral pour mieux asseoir ses propos, mais quand il réalisa que ce dernier le fixait d'un air interloqué, il retrouva son sang-froid. Il lâcha son épaule et recula d'un pas.

– Je vous félicite de vous être porté volontaire pour ce poste, géniral Porka, vous y faites merveille !

Le militaire hocha la tête avec conviction, sans prendre la peine de rappeler à son supérieur qu'il n'avait eu d'autre choix que de se désigner. Son Éminance lui ayant fait clairement comprendre que, dans le cas contraire, sa progéniture en subirait les conséquences.

– C'était une erreur de ma part d'avoir donné ces responsabilités au géniral Rux. Un homme sans enfant, célibataire de surcroît, ne pouvait faire preuve ni de la motivation, ni de la sensibilité suffisantes pour remplir correctement sa fonction.

Le Brac Marquel esquissa un nouveau sourire. C'était un jour faste.

– Mais, j'en suis convaincu, votre motivation à vous ne faiblira jamais, n'est-ce pas géniral Porka ?

Toute la fierté disparut des petits yeux du gradé, chassée par une marée d'angoisse.

– No... on. Bien sûr... que non, Votre Éminance ! balbutia-t-il.

– Parfait ! Je m'en réjouis. D'autant plus que la prochaine étape consistera à débarquer sur Roslend pour mettre un point final à cette campagne qui n'a que trop duré. Je compte sur vos qualités de stratège pour me séduire une nouvelle fois, Porka !

Le Brac Marquel tourna les talons et s'éloigna de quelques pas. Les nuages voilaient déjà le soleil matinal et une fine pluie pénétrante commençait à tomber sur les marais de Golos quand il se retourna pour ajouter :

– J'allais presque oublier : vous présenterez mes hommages les plus sincères à votre très ravissante fille !

38

Alter Monde, communauté d'Hircuz

Les premiers instants, Lucan manqua de se laisser submerger par la panique. Il n'avait jamais appris à nager, ne s'était jamais retrouvé immergé (sauf quand il était tombé de l'ouzgouch, mais cela ne comptait pas puisqu'il était inconscient !), n'avait jamais respiré autrement qu'à l'air libre. Cumuler toutes ces nouveautés en un seul baptême de plongée était déjà un exploit, mais le faire dans les eaux dorées d'un autre monde relevait du masochisme.

« Profite pour moi ! » Les dernières paroles de Catriona avant qu'il ne bascule à nouveau lui traversèrent la tête comme une météorite. Elle avait été si enthousiaste à l'issue de son récit ! Loin de le mettre en doute, elle l'avait plutôt envié de pouvoir vivre toutes ces aventures. Ces pensées le calmèrent un peu. Catriona aurait tellement aimé être à sa place qu'il ne pouvait tout gâcher en se laissant dominer par ses appréhensions.

Ses bonnes intentions n'auraient cependant peut-être pas suffi si la douce Ivalys n'était pas venue le prendre par les mains. Très vite elle lui montra comment osciller dans l'eau, ce qui, avec les palmes, était d'une efficacité déconcertante. Peu à peu, Lucan parvint à surmonter sa peur. Il commença à observer autour de lui. Ivalys lui avait expliqué que les sables ondulants n'occupaient que la partie supérieure de la mer. Il s'agissait en fait de minuscules lamelles d'une roche sablonneuse en suspension, si fines qu'elles laissaient passer les rayons du soleil, ce qui créait cette merveilleuse lumière. Mais à la profondeur à laquelle ils se trouvaient, ils évolueraient avec facilité dans une eau claire.

À quelque distance de lui, il aperçut des Hircuzois qui se mouvaient avec l'aisance de dauphins. Certains se déplaçaient avec nonchalance, comme en promenade, tandis que d'autres semblaient s'affronter en une course amicale.

Des poissons de toutes sortes circulaient entre eux comme s'ils faisaient partie intégrante du décor.

Leur enveloppe masquait toute odeur corporelle, rendant les Hircuzois inintéressants aux nez des grands prédateurs marins. Du moins tant qu'on ne venait pas les débusquer dans les épaves qui leur servaient d'abri...

Il y eut une butte à franchir, une plante sous-marine à contourner, puis la vallée des épaves apparut sous leurs yeux. Lucan resta un instant déstabilisé lorsqu'il en découvrit l'étendue. Il n'avait pas imaginé qu'il puisse y en avoir autant ! Une forêt de mâts semblait avoir pris racine entre les coraux multicolores qui colonisaient le fond sous-marin. Des proues, des poupes, des rames, des ponts, des hunes, des écoutilles... tout le vocabulaire naval dont Lucan disposait ne suffisait pas à décrire l'amoncellement de carcasses.

Quand il chercha Ivalys du regard, il constata qu'elle s'était éloignée sur la droite et qu'elle utilisait les courants marins pour jouer dans l'eau. Comme elle, d'autres jeunes se laissaient transporter par des flux ascendants avant de redescendre en tourbillonnant comme des toupies. Elle le rejoignit après quelques minutes et l'entraîna un peu plus loin. Attrapant un morceau de bois qui traînait, elle le tendit à Lucan avant d'en prendre un autre pour elle. Elle n'eut pas besoin de lui expliquer quoi que ce soit, les autres Hircuzois qui faisaient la queue à quelque distance de là assuraient la démonstration : chacun son tour, ils se laissaient happer par un courant rapide qui se déplaçait parallèlement au fond. Allongés sur leur planche de fortune, ils surfaient sur le flot d'eau à une vitesse incroyable. Lorsqu'il tenta l'expérience à son tour,

Lucan comprit vite pourquoi cette « attraction » avait tant de succès ! Il avait l'impression d'être un fétu de paille emporté par un torrent... Il pensait à la tête que ferait Catriona quand il lui raconterait ça, lorsqu'il fit un mouvement brusque pour retrouver son équilibre sur la planche. Aussitôt, il fut éjecté du courant et se mit à tournoyer sans pouvoir s'arrêter. Cela ne l'inquiéta pas. Ce nouveau jeu était tout aussi divertissant que le premier. Il s'immobilisa soudainement quand Ivalys le saisit par une cheville. En voyant son air tendu, il se retourna et comprit qu'il l'avait échappé belle : à quelques mètres de lui, la coque d'une épave rutilante arborait d'énormes pointes d'acier. Encore quelques voltiges et il se serait empalé sur l'une d'elles. La peur rétroactive qui avait déferlé en lui ne dura pas, car dès qu'il vit l'épave, il sut qu'elle était de facture nelbrienne. Bien différente des élégantes embarcations roslendiennes, elle était une démonstration de force brute. Quant à l'affûtage de ses mortelles pointes métalliques, que l'érosion n'avait pas encore entamées, il témoignait de la date récente du naufrage.

Un cadeau du ciel !

Ivalys, qui ignorait ses intentions, le tirait en arrière. Il se retourna et, en quelques gestes, lui expliqua ce qu'il s'apprêtait à faire. Elle ouvrit de grands yeux et secoua la tête avec vigueur. Ses petites mains s'agitèrent pour lui rappeler le danger : un prédateur pouvait avoir élu domicile à l'intérieur. Lucan lui fit signe qu'il avait saisi mais persista dans son idée. Bien qu'elle eût compris qu'il était vain d'essayer de le dissuader, elle le retint encore. Elle se plaça devant lui pour lui barrer le passage. Il commençait à s'agacer quand une vague sous-marine, venue d'il ne savait où, se brisa avec violence sur les pointes du navire. Ivalys commença à compter sur ses doigts. Quand elle atteignit dix, le phénomène se reproduisit. Elle compta encore jusqu'à dix, et la vague déferla à nouveau. Lucan lui fit signe qu'il avait saisi. S'il ne voulait pas se retrouver avec un gros trou à la place de l'estomac, il valait mieux calculer son coup. Il hocha la tête, forma un cercle avec son pouce et son index et se mit à onduler en direction de l'épave.

39

Alter Monde, communauté d'Hircuz

Lucan n'eut aucun mal à repérer le poste de pilotage. Dans une guérite montée sur le pont, il découvrit une barre de gouvernail et un porte-voix qui s'enfonçaient sous le plancher. Il n'y connaissait rien en navigation et les différents outils de mesure qui étaient brisés sur le sol ne lui évoquaient pas grand-chose. Il espéra juste que, parmi ces débris, ne se trouvaient pas ceux de la fameuse machine à décrypter. Après réflexion, il songea que le personnel en charge du décodage ne devait pas avoir son bureau à cet endroit. Le poste était petit et sa présence inutile. Il devait plutôt disposer d'une cabine au niveau inférieur. En bas du petit escalier circulaire qui s'enfonçait dans les profondeurs du navire. Il s'interdit de réfléchir à toutes les choses qui pouvaient être larvées à l'intérieur de la coque et s'y engouffra avec précaution.

Il ne tarda pas à s'apercevoir que la luminosité diminuait vite. Quelques marches encore, et il fut plongé dans la pénombre. On n'y voyait pas à un mètre. Il se mit à frissonner d'appréhension. Il tendit une main tremblante et la posa sur la paroi de droite. À force de la promener de long en large, il sentit une poignée. Il referma son poing et l'abaissa. Mais quand il voulut la pousser pour l'ouvrir, elle resta bloquée. Il força, s'y appuya de tout son poids, mais rien n'y fit. L'énervement le gagna. Il n'avait pas fait tout ça pour finir bloqué par une stupide porte ! Bien décidé à avoir le dessus, il la lâcha pour prendre son élan.

Le temps qu'il recule, le battant s'ouvrit de lui-même… vers l'extérieur !

Lucan se traita d'imbécile mais en profita pour pénétrer dans la cabine. Un hublot permettait d'y voir à peu près clair et le garçon découvrit un stock d'armes qui, à en croire les espaces vides dans les rayonnages, avait sérieusement été entamé. Il en examina quelques-unes et décida de garder l'une d'elles, au cas où. Il choisit une épée courte et facilement maniable, même en milieu aquatique.

Heureux de se sentir moins vulnérable, il poursuivit son exploration. Arrivé devant une deuxième porte, il essaya de l'ouvrir. Mais il eut beau tirer ou pousser, elle refusa de bouger. Elle était verrouillée. Si Lucan n'était pas serrurier, il n'en était pas moins un professionnel des ressorts et des déclics. Fabriquer le mécanisme d'une horloge exigeait bien davantage d'adresse qu'il n'en fallait pour ouvrir une serrure sans clef. Il retourna dans la pièce précédente pour se procurer une pointe acérée dans le dépôt d'armes, revint et se mit au travail. Il ne lui fallut pas plus d'une minute pour entendre le penne s'actionner. Les heures passées à trimer sur l'établi de son grand-père finissaient par payer !

Il tira le battant à lui... et la terreur envahit chaque fibre de son être.

Il hurla, mais son hurlement se bloqua dans sa gorge. Agitant frénétiquement les bras, il chercha par n'importe quel moyen à repousser le cadavre en décomposition qui se collait à lui. Ses yeux à moitié évidés étaient terrifiants. Ses bras l'enserraient comme s'il ne voulait plus jamais le laisser repartir. Lucan respira de manière anarchique, ce qui le fit tousser, avant de parvenir à se libérer du mort.

Le corps flotta jusqu'à son collègue qui, dans un état semblable au sien, était resté coincé sur son siège. Un peu calmé, Lucan observa autour de lui. Des cartes étaient affichées sur les murs. Des livres, des calepins couvraient le sol, tombés des étagères. C'était le lieu où l'on codait et décodait. Il commença à chercher par terre, dans les armoires... Churchill lui avait parlé d'une machine, mais si dans ce monde il s'agissait d'un simple livre ? Il les feuilleta mais ne trouva rien de satisfaisant. De toute façon, l'encre avait disparu sur la plupart. Alors il se tourna vers les deux cadavres enchevêtrés devant le bureau. Et là, entre les doigts encore crispés de celui qui était assis, il vit ce qu'il cherchait.

L'excitation qui s'empara de Lucan lui fit surmonter son dégoût. Il retira des mains à moitié décomposées du marin un coffret métallique. Il était ouvert en deux, tel un livre. Sur la partie gauche, un grand cadran numéroté de 0 à 16. Au centre, trois arcs de lune pouvant pivoter comme des aiguilles. Un ptéradak à deux têtes, ailes déployées, symbole de Nelbri, était gravé au-dessus. À droite, six rangées de quatre petits cadrans, dont la moitié étaient semblables à ceux de la page opposée. Les autres étaient frappés de signes divers. Lucan ne comprit pas son utilisation, mais il était sûr d'avoir trouvé ce qu'il cherchait. Il referma le coffret avec soin.

Sans plus attendre, il retourna vers l'escalier, récupérant sa courte épée au passage. Il était pressé de sortir de cette carcasse.

Au moment de remonter sur le pont, il lui sembla percevoir un mouvement furtif au fond de la coursive. Les battements de son cœur s'accélérèrent. Il essaya de se raisonner en se disant que son imagination lui jouait des tours. À moins que ce soit un autre cadavre en suspension agité par les courants. Ne voulant pas en savoir davantage, il nagea aussi vite que possible et déboucha sur le pont. Il eut la surprise de voir Ivalys qui approchait à toute vitesse dans sa direction. Elle exprimait son inquiétude par de grands gestes. Il lui sourit pour la rassurer, levant d'une main le coffret et de l'autre son épée en signe de victoire. Sauf qu'il avait oublié une chose : pour qu'il y ait victoire, il fallait qu'il y ait combat.

Or le combat n'avait pas encore eu lieu.

40

Alter Monde, communauté d'Hircuz

Les yeux agrandis d'effroi d'Ivalys l'alertèrent. Mais il n'eut pas le temps de se retourner que ses jambes furent prises en étau. L'instant suivant, il bascula, violemment tiré en arrière. Sans réfléchir, il lâcha le trophée qu'il tenait dans la main gauche pour renforcer sa prise sur son arme. Déjà, il était aspiré dans la cage d'escalier. Il contracta ses abdominaux pour effectuer un rétablissement et se retrouver face à son agresseur. Il y parvint au moment où ce dernier l'entraînait dans le couloir. Son sang se figea dans ses veines. Même dans ses pires cauchemars, il n'avait vu pareille horreur. La lumière qui pénétrait par les hublots ne laissait deviner qu'une partie du monstre, mais c'était bien suffisant. D'énormes tentacules s'agitaient dans tous les sens, telle une chevelure de Méduse déchaînée. Épais comme un tronc d'arbre à la base, ils se dédoublaient par la suite en prolongements nerveux et rapides, ce qui assurait à la bête puissance et vitesse. C'était l'une de ces ramifications qui enserrait les jambes de Lucan, si fort qu'il sentait déjà l'engourdissement gagner ses membres. À l'autre extrémité du corridor, il apercevait les corps des deux marins secoués comme des marionnettes par d'autres bras de la créature. Ils montaient et descendaient en une danse macabre. Le monstre s'enfonçait plus profondément dans le couloir, attirant inéxorablement Lucan dans la soute. Elle devait déjà croire la partie gagnée. Que le petit homme qu'elle tenait d'une poigne de fer agrémenterait son menu du jour.

Mais Lucan, dopé par l'adrénaline, n'avait pas l'intention de lui faciliter la tâche. De toutes ses forces, il abattit son épée sur le bout de tentacule qui le retenait prisonnier. Malgré son séjour sous l'eau, le fil de sa lame était plus tranchant qu'un rasoir. Le segment flasque du membre de la bête retomba sur le sol et il recouvra sa liberté. L'eau se teinta soudain de noir. Sang ? Encre ? Poison ? Il n'en avait aucune idée mais ne tenait pas à le savoir. Plus vite que jamais, il s'échappa par la cage d'escalier. Quand il déboucha sur le pont de l'épave, le nuage sombre à ses trousses, il constata avec horreur qu'Ivalys se trouvait toujours à proximité. À grand renfort de gestes, il lui ordonna de fuir. Rassurée de le voir libre, elle lui obéit. À toute allure, elle ondula pour s'éloigner du vaisseau. Mais ce ne fut qu'en voyant des remous naître dans les fonds sous-marins que Lucan comprit à quel point ils avaient été négligents. Il hurla, mais son cri fut aussi inutile que silencieux. Il suffoqua à nouveau en raison de sa respiration anarchique. Il aurait voulu annihiler la distance qui le séparait d'elle par le seul effort de sa volonté pour l'arracher au courant qui l'entraînait. Il était trop loin. Il ne put que rester là, paralysé, à la regarder lutter en vain contre le flot qui la précipitait vers la coque hérissée de pieux, vers une mort horrible et certaine.

Ivalys était à quelques centimètres de la pointe quand un énorme tentacule jaillit soudain des profondeurs pour la ceinturer et la dérober au flux meurtrier. Une de ses jambes ne put cependant éviter le contact du métal. Le pieu entama l'enveloppe et la chair de la jeune fille en une longue estafilade.

Le monstre avait, sans le vouloir, accordé quelques secondes de vie supplémentaire à la jeune fille, mais il l'entraînait déjà vers une de ses deux gueules bordées de crocs.

La rage au cœur, Lucan se rua en avant.

« À nous deux, sale poulpe de malheur ! » le défia-t-il en silence.

Il s'interdit de regarder les tentacules qui tenaient encore les restes méconnaissables des marins nelbriens. Le monstre, comme un chien qui s'accroche à un os insuffisamment rongé, ne pouvait se résoudre à lâcher prise.

« Tant mieux, tenta de positiver Lucan, cela fait toujours deux bras de moins à surveiller ! »

Il se lança à corps perdu dans la bataille. Pour parvenir jusqu'à Ivalys, son épée tailla dans la masse de la bête, sectionna des tentacules qui tentaient de l'attraper. Le monstre était furieux de ne pouvoir déguster sa proie tranquillement. Profitant que son attention soit distraite, Lucan parvint à nager jusqu'à la jeune fille. Ses pupilles étaient dilatées de terreur. D'un coup d'épée, il la libéra. Puis il la poussa le plus loin possible de la scène de combat.

L'eau était maintenant noire du sang du monstre. Aveuglé, Lucan ne put anticiper le mouvement des tentacules. Un premier vint s'enrouler autour de son poignet droit, un deuxième autour de sa jambe gauche. Ils resserrèrent tant leur emprise qu'il fut forcé de lâcher son arme. La peur l'envahit. Sans épée, il n'avait aucune chance de s'en sortir… Par chance, le hurling lui avait forgé d'excellents réflexes. Sans même y penser, il frappa de la pointe de son pied libre l'épée qui s'enfonçait lentement dans l'eau. L'arme remonta aussitôt. Il s'étira de tout son long et parvint *in extremis* à la saisir de son poing gauche. Il pivota, frappa, et le tentacule qui retenait son poignet prisonnier se retrouva raccourci d'un bon mètre. Une seconde plus tard, celui qui s'accrochait à sa jambe subit le même sort. Mais sa victoire fut de courte durée. De nouveaux tentacules se tendaient déjà vers lui. Lucan comprit qu'il fallait frapper au cœur s'il voulait en finir. Il chercha une ouverture, mais entre les bras qui s'entremêlaient et le manque de visibilité dans l'eau noircie, c'était juste impossible. Alors qu'il commençait à désespérer, une idée lui traversa l'esprit. Tailladant comme un forcené les tentacules qui l'entouraient, il parvint à se dégager un étroit passage. Ondulant aussi vite que possible, il s'éloigna de l'épave en suivant une trajectoire en arc de cercle. Aussitôt la bête s'engagea dans la poursuite. Il pouvait sentir sa présence tout près dans son dos. Il ne doutait pas que sur une longue distance, elle serait bien plus rapide que lui. Refusant de réfléchir à ce qui se passerait s'il se faisait rattraper, il entama alors une course folle vers la proue du navire échoué. Dans sa tête, le compte à rebours avait commencé. Les pieux de la coque se rapprochaient. 9... 8... 7... toujours plus près... 5... 4... 3... Un bras couvert de ventouses lui frôla les pieds... 1... 0. D'un brusque mouvement de reins, Lucan entama une remontée en chandelle pour s'extraire du couloir du courant sous-marin.

Juste à temps.

Le courant qui avait failli être fatal à Ivalys et Lucan jaillit, précis comme une horloge suisse. Le monstre sentit le danger un centième de seconde trop tard. Le flot, d'une poussée irrésistible, le projeta en avant. Quand Lucan osa enfin se retourner, la bête n'était plus qu'une masse flasque qui ondulait au gré des flux. Par une de ses gueules grande ouverte, le pieu sur lequel elle s'était empalée se dressait triomphalement.

41

Alter Monde, terre de Roslend

Le ciel était parfaitement bleu. De ce bleu intense caractéristique de Roslend. De ce bleu lumineux qui mettait si bien en valeur les prouesses architecturales de la ville aux mille jardins. Ce matin-là, hélas, sa perfection ne rendait que plus crue l'immensité des dégâts causés par l'attaque aérienne de la nuit. À travers ces ruines fumantes, l'Immuable avançait lentement, le cœur déchiré de voir l'élégante ville qu'il chérissait dévastée ainsi. Le fidèle Altrïos marchait à ses côtés, prenant toute la mesure du désastre.

Les rues étaient jonchées de débris, verre cassé, murs de sable effondrés, plantes carbonisées... Parfois même de corps calcinés. Les canaux qui irriguaient la ville avaient échangé leurs eaux cristallines contre des flots grisâtres charriant cadavres d'hommes ou d'animaux, les restes d'un pont effondré et les particules de cendres qui continuaient à tomber.

L'état-major des armées était aussi de sortie. Le colonil Lhô, accompagné d'autres gradés, s'exhibait en grand uniforme : veste vert sapin à parements rouges, la poitrine barrée de toutes les médailles de guerre possibles et imaginables. Il marchait les mains croisées dans le dos à grands pas nerveux, bouillant de colère. Quand il vit l'Immuable accompagné d'Altrïos, il lui fonça droit dessus.

– Cette fois, vous ne pouvez plus reculer, Immuable, l'apostropha-t-il sans même le saluer, il faut marcher sur Nelbri, rendre coup pour coup ! Ne voyez-vous pas qu'ils préparent un débarquement ? Une fois que nous serons à genoux, neutralisés par leurs bombardements, ils nous achèveront en un rien de temps ! Si vous n'avez pas le courage de prendre vous-même des décisions, d'autres le feront à votre place ! le menaça-t-il.

Xélion soupira profondément, à la fois d'exaspération et de lassitude. Il aurait pu faire remarquer au militaire qu'il ne voyait pas en quoi il fallait du courage pour envoyer d'autres hommes que lui-même à la boucherie. Mais il n'avait plus envie de manier l'ironie.

Le colonil Lhô s'emporta :

– Inutile de faire la sourde oreille. Mes hommes ne resteront pas inemployés alors que leurs femmes et leurs enfants meurent dans leur maison !

– Bien sûr que non, colonil, répondit-il d'un ton las. D'ici à quelques heures, vous pourrez remettre vos pilotes d'escadrille au travail. Le jeune homme que nous avons tiré des Fournaises a réussi avec brio son vol d'essai depuis les falaises. Si un ignare comme lui a pu le faire, je ne doute pas que vos brillants officiers y arrivent.

– Il... Il a réussi ? répéta le haut gradé éberlué.

– Puisque je vous le dis ! Il a même réussi, sans arme, à provoquer une belle pagaille parmi les Volants et en a envoyé plusieurs boire la tasse. Pensez-vous que vos pilotes puissent au moins en faire autant ?

Le militaire se raidit et releva son menton carré d'un air de défi.

– N'en doutez pas une seconde, Immuable, ils s'en sortiront très bien ! Ils connaissent leur devoir.

Un des gradés qui l'accompagnait se pencha vers lui et lui murmura quelques mots à l'oreille. Le colonil inclina légèrement la tête en signe d'approbation.

– L'armée de terre également. Nous devons frapper fort ! Profiter que notre armée de l'air soit de nouveau opérationnelle pour vaincre de manière définitive. Il faut débarquer nos troupes au plus tôt et marcher sur Nelbri. L'effet de surprise sera total !

– Vous délirez, colonil ! Les informations dont nous disposons sur leurs installations et leurs effectifs sont bien trop insuffisantes ! Vous enverrez les hommes au massacre, et qui protégera les populations une fois qu'il n'y aura plus de soldats roslendiens ?

– Il était de *votre* responsabilité d'obtenir ces informations, Immuable, rétorqua le colonil avec rigidité. Si ces hommes meurent parce qu'on ne peut en disposer, ce sera à ajouter à la liste de vos défaillances, en plus de tout cela, ajouta-t-il en désignant d'un large geste de la main, les ruines qui les entouraient. Mais aujourd'hui, il n'est plus question pour l'armée de patienter et de se coucher devant l'ennemi.

Xélion sentait son visage le brûler. La colère, la culpabilité, la rage se mélangeaient en son cœur en un dangereux et douloureux cocktail. Poignardant le militaire du regard, il siffla :

– Oserai-je vous rappeler qu'en l'absence d'Arkhaz et en temps de guerre la loi stipule que l'Immuable est le commandeur en chef des armées ?

Peu impressionné, le colonil répliqua sur le même ton :

– Oserai-je vous rappeler que mes soldats me sont fidèles et qu'ils ne vous obéiront pas si j'y mets mon veto ?

Xélion se cabra comme s'il venait de recevoir un coup de fouet. Il ouvrait la bouche pour mettre l'homme de guerre au défi lorsque la voix calme d'Altrïos résonna.

– Remettre les lois en cause alors que le pays est ravagé n'est pas forcément une bonne idée, colonil. Et vous savez aussi bien que moi que l'Immuable n'a pas été choisi au hasard. Il possède ce que ni vous ni moi n'aurons jamais, quel que soit notre désir ou notre volonté. Si cette attaque nous divise, alors le Brac Marquel aura vraiment gagné. Mais si nous restons unis, tout est encore possible.

Le militaire fit une moue dubitative.

– Je vous demande de patienter encore quelques journées avant de tenter quoi que ce soit, poursuivit Altrïos, nous avons déjà les cartes et quelques messages, il ne nous manque plus que de pouvoir casser le code. Les actions d'espionnage sont de mon ressort. J'assume seul la responsabilité de cet échec.

Xélion lui envoya un regard mi-agacé, mi-surpris. Le coupable, c'était lui. Il avait refusé de relancer les missions en Nelbri, convaincu, à l'époque, que les miroirs de Palioma et de ses collègues assuraient une défense efficace. Mais sans se laisser impressionner, l'Albin poursuivit :

– Je vais faire tout ce qui m'est possible pour que les cartes soient déchiffrées très bientôt.

Le colonil inclina la tête d'un geste sec et lâcha de manière sibylline :

– Faites ce que vous avez à faire, nous ferons de même.

À l'instar de leur supérieur, les militaires saluèrent leurs interlocuteurs d'une infime inclinaison du buste et continuèrent leur chemin.

Les deux hommes les regardèrent s'éloigner.

– Je n'avais pas besoin que l'on vole à mon secours, fit remarquer l'Immuable, je sais très bien me défendre tout seul.

– Certes, mais d'après les bruits qui courent, un soutien approprié ne pourrait être une mauvaise chose.

– Peut-être. Ce que je redoute en toi cependant, c'est ce côté sauveur du monde, toujours prêt à défendre la veuve et l'orphelin. Dans ta fonction, ce genre de comportement peut coûter la vie.

Il fit une moue avant d'ajouter :

– Or tu me dois encore une belle somme d'argent depuis notre dernière partie de cartes. Je serais donc assez ennuyé de te voir disparaître prématurément.

Altrïos ne se laissa pas abuser par le ton léger de Xélion. Il le savait dévoré d'inquiétude pour l'avenir de son pays et aussi pour lui qui était son seul ami. Mais depuis qu'il s'était trouvé propulsé au poste d'Immuable, il était devenu incapable d'exprimer ses sentiments avec sincérité. Restant dans le même registre, l'Albin répondit :

– Votre inquiétude m'honore et me touche, Immuable, et croyez bien que je ferai tout pour qu'elle ne soit justifiée en rien. Je vais partir ce soir, mais soyez assuré que je serai de retour au plus tôt pour régler mes dettes.

Le visage jeune et lisse de l'Immuable se contracta. Malgré son désir de rester impassible, une ride lui barrait le front quand il déclara :

– J'y compte bien, Altrïos, j'y compte bien...

42

Alter Monde, terre de Nelbri

Le géniral Porka, la bedaine saillante, se tenait au garde-à-vous devant le Brac Marquel pour son rapport quotidien. Il se sentait confiant. Depuis les derniers bombardements nocturnes de Roslend, il avait le vent en poupe et il s'était même mis à caresser le rêve d'être nommé un jour marichal.

Il fit son compte-rendu sans bafouiller ni trembler. C'était la première fois et il en était très fier.

Le Brac Marquel hocha la tête en signe de satisfaction. Tout allait très bien. Vraiment très bien...

Le géniral Porka se cassa en deux, prêt à se retirer. Il était encore dans cette position quand le chef suprême des armées de Nelbri interrogea :

– Et ce garçon que les Roslendiens avaient pris pour un espion nelbrien, qu'est-il devenu ?

Le géniral Porka se redressa.

– C'est-à-dire... Votre Éminance... que nous ne savons pas trop.

Le Brac Marquel joignit ses doigts.

– Vous ne savez pas trop...

Porka se mit à se dandiner d'un pied sur l'autre.

– C'est le revers de nos succès, s'empressa-t-il d'expliquer, l'Albin qui nous servait d'informateur ne nous a plus donné signe de vie depuis les derniers bombardements. Nous sommes sûrs qu'il a été tué au cours de l'un d'eux. Il habitait dans un des quartiers qui ont été détruits.

– Comment pouvez-vous en être si sûr ? Pourquoi n'aurait-il pas soudain décidé d'arrêter de vous renseigner ?

– Parce qu'il en connaissait les conséquences, Votre Éminance ! Il savait que depuis son dernier retard dans la remise des informations, sa fille avait rejoint le centre d'entraînement des amazines et que si cela se renouvelait, elle serait envoyée au front. Ce qui a été fait. Jamais il n'aurait risqué sa vie ainsi.

Le Brac Marquel garda le silence. Le malaise du géniral augmenta.

– Ce n'était qu'un jeune garçon, tenta-t-il de dédramatiser.

Le Brac Marquel attendit quelques secondes avant de déclarer :

– Je l'espère pour vous, géniral. Sinon la fille de cet informateur se verra très bientôt rejointe par la vôtre.

43

Alter Monde, communauté d'Hircuz

Lucan chercha Ivalys du regard pour s'assurer qu'elle allait bien. Il vit que plusieurs Hircuzois l'aidaient à franchir la butte qui les séparaient du dôme. Sa plaie laissait une traînée derrière elle et la culpabilité l'assaillit. Il n'avait pas voulu ça.

Resté seul dans le cimetière des épaves, il comprit qu'à la surface, la nuit allait tomber car la luminosité diminuait rapidement. Sans perdre un instant, il retourna à l'épave et repéra vite ce qu'il était venu chercher. La teinte cuivrée du boîtier tranchait sur le pont métallique. Abandonnant son épée, il s'en saisit et prit la direction du dôme. Dans l'obscurité qui s'épaississait, Hircuz luisait comme un phare. Il serait bientôt à l'abri. Le soulagement l'envahit. Alors qu'il pouvait discerner la porte du sas, délimitée par un demi-cercle fluorescent, une intuition soudaine le poussa à se retourner. Ce qu'il découvrit le glaça d'effroi : une dizaine de silhouettes sombres étaient à ses trousses. Elles avaient un long cou et un corps mince affublé de deux nageoires si grandes qu'elles faisaient plutôt penser à des ailes. De part et d'autre de leur tête ovale, des yeux jaunes brillaient. Au centre, une mâchoire s'ouvrait par intermittence.

Lucan puisa dans ses dernières réserves pour foncer jusqu'au sas. En étouffant un juron, il dut se résoudre à lâcher une nouvelle fois la machine à décoder afin de pouvoir utiliser ses bras pour accélérer. Comme un désespéré, il se jeta dans la porte fluorescente. Il atterrit dans une petite piscine et soudain son sang se figea. Il se retourna brusquement. Les monstres, gueule ouverte, n'étaient plus qu'à quelques centimètres de la porte. Lucan leva les bras pour se protéger et hurla.

La morsure des crocs ne vint jamais. Lentement, il abaissa ses bras et contempla le spectacle. L'une après l'autre, les bêtes s'étaient heurtées à la paroi sans pouvoir la franchir. Elles tournaient en rond à l'extérieur, hargneuses, dans l'espoir qu'il ressorte de son abri.

– Ce sont des shraks, dit calmement un homme qui arrivait derrière lui. Tous les nageurs sont rentrés. C'est bien. Le sort des retardataires serait peu enviable. C'est le sang humain qui les attire. Il va falloir tous les abattre. En espérant que d'autres ne vont pas arriver.

Tandis qu'il parlait, l'eau s'était évacuée de la piscine et Lucan se trouvait au sec. Une soufflerie se déclencha et sous l'air chaud, sa combinaison fondit. Lucan en profita pour ôter le coliantrop.

– Je... je suis désolé, balbutia Lucan tout bas.

Son interlocuteur ignora ses excuses. Cela n'empêcha pas Lucan de demander encore :

– Comment se fait-il que j'aie pu passer la porte alors que les shraks n'ont pas pu me suivre ?

– La porte filtre les entrées en fonction du matériau. Elle est uniquement perméable au composant des enveloppes. C'est commode.

« Très commode, oui ! » pensa Lucan en frissonnant encore de peur.

D'un geste, l'Hircuzois lui désigna des étagères et indiqua :

– Laissez le coliantrop, les palmes et les lunettes sur les supports adaptés. Vous retrouverez vos vêtements là où vous les avez rangés. Un Veilleur va venir vous chercher. Vous passez en comparution immédiate.

– En comparution immédiate ! s'exclama Lucan, mais pourquoi ? Devant qui ?

L'homme ne lui répondit pas. Il s'affairait à une tâche qui semblait requérir toute son attention. Comprenant qu'il n'en obtiendrait rien de plus, Lucan se résolut à suivre ses instructions.

Le centre était désert et il le trouva brusquement sinistre. Son appréhension grandissait aussi. Il se souvenait de la menace de Marulys. Elle n'allait certainement pas apprécier d'apprendre que sa protégée avait été blessée...

Quand il sortit des vestiaires, un Veilleur l'attendait. Il était vêtu d'un uniforme vert taillé près du corps. La visière de son casque était relevée et intégrait un coliantrop. Il le regarda sans une once d'émotion et lui demanda de le suivre.

Ils quittèrent le centre et avancèrent à travers les rues tranquilles. Peu après, ils arrivèrent devant une bulle de trois étages à l'allure officielle. En raison de l'heure tardive, l'intérieur était désert. Le Veilleur le conduisit jusqu'à une pièce qui occupait toute la partie supérieure de la sphère et annonça d'une voix neutre :

– Comparution immédiate de l'élément d'origine inconnue repêché par la Veilleuse Ivalys 320.

Puis il tourna les talons et ressortit par la même porte, le laissant seul face à une dizaine de personnes installées en arc de cercle. Marulys présidait le conseil. Elle le fixait d'un regard glacial qui lui fit froid dans le dos. Sa voix n'était pas plus chaleureuse quand elle énonça :

– Élément d'origine inconnue, vous comparaissez devant le tribunal exceptionnel de la communauté d'Hircuz pour avoir mis en péril son ordre et sa paix.

– La paix est la priorité première. Elle doit être préservée à tout prix, récitèrent les autres juges dans un ensemble parfait.

Marulys poursuivit l'énoncé des chefs d'accusation :

– Par votre comportement inconsidéré, la vie de plusieurs membres d'Hircuz a été mise en danger. Vous avez déclenché une attaque de shraks de niveau 6. Vous êtes en outre considéré comme responsable de la blessure de la Veilleuse Ivalys, bien que sa responsabilité soit également engagée. Elle sera d'ailleurs relevée de ses fonctions de Veilleuse à cause de vous, glissa-t-elle d'un ton accusateur. Qu'avez-vous à dire pour votre défense ?

Lucan tiqua en entendant la mesure de rétorsion prise contre la douce Hircuzoise. Il se souvenait de ses yeux qui brillaient lorsqu'elle lui parlait de ses sorties en crabuz. Désormais, à cause de lui, elle serait coincée sous ce dôme ! Mais pour l'heure, il y avait plus grave. Il fallait qu'il soit rassuré sur son état de santé. Plantant ses yeux dans ceux de la vieille soigneuse, il interrogea :

– Tout d'abord, dites-moi... Ivalys, comment va-t-elle ?

Marulys parut une milliseconde surprise par son inquiétude mais reprit très vite son masque impavide de juge pour répondre :

– Elle est en centre de soin. Son sort ne vous concerne pas. Pour la seconde et dernière fois, qu'avez-vous à dire pour votre défense ?

Comprenant qu'il n'en tirerait rien de plus, le jeune homme s'énerva :

– Je ne suis pas un élément d'origine inconnue, je vous ai déjà dit que je m'appelais Lucan et que je venais de Roslend !

– Ce n'est pas la réponse à notre question, se contenta de répliquer Marulys, imperturbable.

Son visage ridé dégageait une autorité et une intransigeance que Lucan n'avait pas remarquées auparavant. Il comprit qu'il allait lui être difficile de l'amadouer.

– Je suis désolé, commença-t-il, je ne savais pas ce qui allait se passer.

– La Veilleuse Ivalys ne vous avait pas fait part de l'interdiction de pénétrer à l'intérieur des épaves ?

– Si ! Mais...

– Donc vous saviez. Votre formulation est incorrecte.

– Je *savais* que c'était interdit, mais je n'avais pas compris à quel point cela pouvait être dangereux !

– Nul besoin de connaître les conséquences pour obéir aux lois. Votre argument est non recevable.

Lucan laissa échapper un long soupir de frustration.

– Écoutez, j'ai fait une erreur, mais c'est pour une bonne cause. C'était une chance inespérée de pouvoir récupérer une machine à décrypter. Grâce à elle, des centaines de vie pourront être sauvées à Roslend !

– Le sort des autres États ne concerne en rien la communauté d'Hircuz. C'est justement pour ne pas être exposée à de tels risques qu'elle a été créée. Votre motivation n'est pas recevable.

Exaspéré, Lucan écarta les bras avant de déclarer :

– Très bien, je n'ai plus rien à ajouter. Faites-moi connaître votre sentence et qu'on en finisse !

Comme si elle n'avait attendu que ce moment, Marulys se pencha sur la droite pour écouter ce que ses pairs avaient à dire, puis elle fit de même à gauche.

Croisant les bras, elle finit par décréter :

– L'élément d'origine inconnue a été sauvé, soigné, nourri, habillé et initié à la mer par la communauté d'Hircuz. En retour, il a entraîné dans sa désobéissance la Veilleuse Ivalys qui était reconnue par tous comme un élément prometteur. Il est responsable d'une atteinte à son intégrité physique et a provoqué la mise en danger de nombreux membres de la communauté. Il est déclaré élément perturbateur et dangereux pour la communauté. Il sera par conséquent rendu dans son état initial à la mer, de laquelle il avait été retiré.

– Rendu à la mer ? Dans mon état initial ? intervint Lucan, qu'est-ce que vous voulez dire par là ? J'aurai un coliantrop, une enveloppe et tous les autres trucs, n'est-ce pas ?

Une telle sentence convenait plutôt bien au garçon. Depuis le début, il avait prévu de rentrer le plus vite possible. Il n'avait jamais eu envie de rester dans la ville-bulle. Il lui suffirait de récupérer le boîtier devant la porte du sas et de remonter à la surface. Il s'étonnait cependant que la soigneuse se contentât d'une aussi faible vengeance. Ses doutes se confirmèrent quand Marulys le fixa de son regard vide.

– Dans son état initial signifiant « dans ses vêtements d'origine et aucun objet ne provenant d'Hircuz ». Il partira comme il est arrivé. Dans sa très grande générosité, la communauté lui fera cependant la grâce de ne pas reproduire ses blessures. La sentence sera appliquée demain dès l'aube. La séance est levée.

Avant que ces dernières paroles aient pu être assimilées par le garçon, deux Veilleurs vinrent le prendre par les bras et l'entraînèrent. Ils étaient déjà au milieu de la salle quand Lucan se retourna et se mit à crier :

– Vous ne pouvez pas faire ça ! C'est une condamnation à mort !

Les juges s'étaient levés et quittaient la salle en file indienne par une autre porte. Fou de rage, il se débattit en hurlant :

– Votre paix, elle empeste la mort !

Mais seul le silence lui répondit.

44

Alter Monde, communauté d'Hircuz

Pour la nième fois, Lucan frappa le mur élastique de ses deux poings. Pour la nième fois, ils rebondirent comme des balles en caoutchouc. Le garçon cria de frustration, mais aucun son ne sortait de la bulle-prison dans laquelle on l'avait enfermé. De la taille de sa chambre, elle lui permettait de se déplacer de long en large, mais interdisait toute communication avec l'extérieur. Quant à s'en échapper, ce n'était même pas imaginable : une fois qu'on l'avait eu poussé à l'intérieur, le Veilleur avait passé un badge devant un détecteur et les parois de la bulle étaient devenues infranchissables. Il ne pouvait même pas se faire mal ou se défouler en cassant quelque chose : seul un matelas mou occupait le sol. Il finit par s'y laisser tomber, épuisé par les événements des derniers jours, mais trop anxieux pour pouvoir s'endormir.

Après avoir eu tant de chance, il ne pouvait se résoudre à mourir bêtement, en abandonnant au fond de l'eau un coffret qui pourrait sauver une grande partie de l'humanité. Une autre question le tourmentait : que se passerait-il dans l'Ego Monde s'il venait à mourir ici, dans l'Alter Monde ? Son corps survivrait-il ? Ou serait-ce la fin de tout ? Il sentit un étau d'acier enserrer sa poitrine à l'idée de ne plus revoir le quartier qu'il aimait tant, à l'idée de ne plus jamais rire avec Catriona, de ne pouvoir lui dire adieu à elle et à sa mère. Le frottement d'un badge contre le détecteur s'infiltra dans le silence de sa cellule. La porte changea de couleur et un Veilleur entra avec ses anciens habits de pilote d'ouzgouch.

– Lucan ! Vite, on n'a pas beaucoup de temps !

Le garçon sursauta en reconnaissant la voix douce qui murmurait.

– Ivalys ! s'exclama-t-il tout bas.

Elle avait dissimulé son visage dans le paquet de vêtements avant d'entrer, mais maintenant qu'elle l'avait déposé, il pouvait contempler son petit minois en cœur. Ses cheveux tirés en arrière et attachés en chignon lui donnaient l'air encore plus fragile.

– Je croyais que tu étais en centre de soin et qu'on t'avait démise de tes fonctions…

– Je suis bien censée être en centre de soin. Mais on m'a soignée et pansée et je m'en sors pas trop mal. De plus, j'ai encore quelques amis qui ont fermé les yeux sur ma petite escapade. Et comme on me croit immobilisée là-bas, personne n'a songé à me reprendre mon badge et mon uniforme.

Lucan lui lança un regard admiratif. Il ne s'attendait pas à ce qu'elle ait le cran de braver les lois strictes de sa communauté.

– Je suis venue car Marulys est passée m'apprendre ce qui t'attendait.

Ses grands yeux nacrés débordaient d'inquiétude et d'angoisse.

– Si je ne t'avais pas amené là-bas, ce ne serait jamais arrivé. Je m'en veux tellement !

– Tu plaisantes ? C'est moi qui dois te demander pardon ! À cause de moi tu as failli mourir et tu as été durement sanctionnée. Quant à ce qui m'arrive… Ne te fais pas de reproches ! Tu m'avais prévenu. C'est moi seul qui ai pris cette décision. Je suis le seul responsable.

Alors qu'il prononçait ces paroles, l'image de son grand-père resurgit. Il réalisa brusquement que le vieil homme aussi avait fait son choix le soir où il était sorti à sa recherche. Il fronçait les sourcils, ébranlé par cette découverte, quand Ivalys interrompit ses réflexions.

– J'ai trouvé une solution pour te sauver demain, dit-elle avec précipitation. Ils vont t'éjecter par l'évacuation utilisée pour les déchets encombrants. Ce ne sera peut-être pas très agréable, mais je serai à la sortie avec mon crabuz. Pas trop près afin de ne pas être visible, mais ne t'inquiète pas, je te récupérerai comme je l'ai fait la première fois. Il te suffira de retenir ta respiration suffisamment longtemps.

– Ne fais pas ça, Ivalys ! s'exclama-t-il, je ne veux pas que tu subisses le même sort s'ils découvrent que tu m'as aidé !

– Ne t'inquiète pas, le rassura Ivalys, la loi d'Hircuz interdit toute condamnation à mort de ses membres. Au pire, je serai chargée de nettoyer les latrines pour les trente prochaines années ! On va t'apporter un repas, poursuivit-elle, mange tout, tu auras besoin de forces.

Sur ces paroles, elle lui effleura la joue d'un baiser léger et s'en retourna comme elle était venue, sa démarche à peine marquée par un boitillement.

45

Ego Monde, Londres, jeudi 13 septembre 1940, 8 heures

– Votre Majesté, Lord Churchill est arrivé, annonça le majordome respectueusement incliné. Le roi George VI releva la tête du journal qu'il était en train de lire et prit une inspiration pour se préparer à parler. Depuis qu'il s'était mis à bégayer pendant son enfance, chaque mot prononcé était un combat.

– Il… il est à l'heure, dit-il en consultant l'horloge posée sur son bureau, fait… fait… faites-le entrer.

Une minute plus tard, le Premier Ministre pénétrait dans la pièce richement décorée. De grandes fenêtres offraient une vue superbe sur le parc de Buckingham Palace. De cet angle, on ne pouvait apercevoir l'aile du palais qui avait été touchée les jours précédents et on aurait presque pu croire que la vie n'avait pas changé depuis des siècles.

– Merci de m'accorder cette audience, Votre Majesté, dit le Premier Ministre en penchant son buste en avant autant que son embonpoint et ses vieux os le permettaient.

– Je… je vous en prie. Je crois d'a… d'a… d'a… d'ailleurs qu'il serait sage de nous rencontrer tous les jeu… jeudis dorénavant. Cela me permettra d'en… d'entendre de votre bouche, et non des jour… journaux, quelle est l'a… l'avancée des opérations.

– Ce serait une bonne chose, en effet, acquiesça Churchill qui, contrairement à d'autres, n'était pas dérangé par le bégaiement du roi.

– A… alors, quel est le bilan de ce… cette nuit ?

– Des bombardements à déplorer, mais aucune perte pour la RAF. Un bombardier et deux appareils descendus chez l'ennemi. Nos pilotes font un travail exceptionnel, mais ils sont épuisés.

– Co... co... combien de temps pensez-vous qu'ils pourront encore te... tenir ?

– C'est difficile à dire, bougonna Churchill, ces hommes dépassent les limites humaines en ne dormant que deux à trois heures par nuit depuis des semaines. Cela ne pourra durer infiniment. Il nous faudrait un... soutien.

Le roi se racla la gorge et observa le Premier Ministre. Leurs alliés européens étant à terre et les USA ne se décidant pas à intervenir, il savait parfaitement à quoi ce dernier faisait allusion.

– Où... où en sommes-nous ?

– Le garçon est toujours endormi chez lui, ce qui est plutôt bon signe. Mais j'aurais tout de même préféré le garder sous la main au 10, Downing Street. Quel dommage que N soit arrivé au mauvais moment et ait fourré son long nez dans cette affaire ! Après son intervention, je n'avais aucune raison valable d'obliger le garçon à rester.

– Qu... quand va-t-il se réveiller ?

– Ça, hélas, je n'en sais rien. Nous ne disposons pas d'informations à ce sujet.

– Ne pou... pourriez-vous pas vous en occuper vou... vous-même ?

Churchill resta silencieux quelques secondes, plongé en pleine réflexion.

– En fait, j'y ai songé. Je crains cependant que toute intervention intempestive mette sa vie en danger. Nous ne savons comment son cerveau fonctionne pendant ces sommeils. Je ne voudrais pas provoquer de dommages irréparables. Je pensais attendre vingt-quatre heures de plus avant de tenter quoi que ce soit.

– B... bien sûr. Nous sommes donc condamnés à a... attendre enc... core...

– Espérons que tout cela débouchera sur quelque chose de positif et que nos informations ne sont pas erronées.

– Je ne le crois p… pas un seul instant.

– Dans ce cas, il ne nous reste qu'à lui souhaiter bonne chance.

46

Alter Monde, communauté d'Hircuz

Lucan aurait tant aimé dormir ! Son corps était épuisé et tous ses muscles imploraient du repos. Dormir dans l'Alter Monde devait signifier être éveillé dans l'Ego Monde. Enfin, c'est ce qu'il supposait. Churchill ne lui avait rien dit à ce sujet et son expérience personnelle était bien pauvre. Il n'avait opéré la bascule de retour que deux fois, et toujours parce qu'il venait de perdre connaissance. Mais on ne perdait pas connaissance sur commande !

De toute façon, ce n'était pas cette nuit qu'il aurait la confirmation de son hypothèse. Son esprit, obsédé par les heures sombres qui l'attendaient, refusait de s'abandonner au sommeil. Il soupira. Si seulement il pouvait parler de ses problèmes avec Catriona et informer Churchill de sa découverte !

Il passa une nuit blanche à imaginer les pires scénarios. Quand on vint le chercher au petit matin, il était déjà éveillé et vêtu de sa tenue de pilote. En s'habillant, il avait remarqué que sa peau prenait une teinte légèrement bleutée. Encore un peu d'hydromer et il serait devenu aussi bleu qu'Ivalys.

Il suivit les Veilleurs en silence jusqu'à la zone d'évacuation dont lui avait parlé Ivalys. Marulys l'attendait, certainement impatiente d'exécuter la sentence.

D'un ton pompeux, elle la rappela devant les gardes qui étaient présents et demanda à Lucan de se présenter sur un disque d'environ deux mètres de diamètre.

– Dire que nous étions sur le point de te permettre de devenir membre de notre communauté ! annonça-t-elle avec dégoût.

Par chance, nous avons découvert à temps que tu possédais la nature querelleuse et rebelle des hommes d'en haut !

Lucan redressa le menton.

– Jamais je n'aurais accepté votre offre, cracha-t-il au visage de la soigneuse, votre communauté n'est qu'une prison sans barreaux.

Marulys plissa les yeux et répliqua d'un ton froid :

– Eh bien, personne n'aura donc de regrets. Adieu, élément d'origine inconnue !

Comme elle prononçait ces mots, elle appuya sur une protubérance dans la paroi. Aussitôt, le disque s'effaça. Lucan se sentit tomber et fut aspiré par une force irrésistible à l'intérieur d'un tube. Avant même qu'il ait le temps d'avoir peur, il fut éjecté dans la mer des Sables ondulants.

Il tenta un instant d'ouvrir les yeux, mais un foisonnement de petites bulles, provoqué par l'expulsion, empêchait toute visibilité. Il s'agita de manière anarchique, au bord de la panique. Marulys l'avait eu par surprise. Il n'avait pas eu le temps de prendre une aussi grande provision d'air qu'il le souhaitait. Comme une foule de doutes l'assaillait, une envie folle d'inspirer s'empara de lui. Ivalys avait-elle pu réaliser son plan ? Peut-être était-elle même surveillée... Si elle tardait encore, combien de secondes serait-il capable de résister ?

Le contact de deux grosses pinces enserrant son torse et ses jambes faillit avoir raison de lui. Cette étreinte lui rappelant de très mauvais souvenirs, il se mit instinctivement à se débattre. Très vite à court d'air, il avala une première gorgée d'eau de mer, puis une deuxième en voulant tousser. Mais son supplice ne dura pas. Une seconde plus tard, il était jeté sans ménagement dans une sorte de poche à l'intérieur du crabuz. Celle-ci se referma aussitôt et se mit à se vider. Quand toute l'eau se fut évacuée, une trappe s'ouvrit au-dessus de la tête de Lucan et le visage d'Ivalys, nimbé de lumière dorée, lui apparut.

– Bonjour ! fit-elle, est-ce que tout va bien ?

Le garçon finit de recracher ce qu'il avait avalé puis répondit :

– Maintenant, ça va à peu près !

Elle lui tendit la main et l'aida à la rejoindre dans le poste de pilotage.

– Désolée pour le sauvetage un peu brutal. Les crabuz ne sont pas très délicats et j'étais obligée de te faire entrer par le sas de récupération. C'est là que nous stockons les matériaux susceptibles d'être utilisés dans notre bulle-cité. Quand on est en mer, c'est la seule façon d'embarquer à bord d'un crabuz.

– Pas de problème, tant que je suis au sec...

– Bien, nous avons peu de temps. Où veux-tu que je te dépose ?

Lucan regarda Ivalys d'un air embarrassé, sans oser répondre.

– Quelque chose ne va pas ? demanda-t-elle en fronçant ses fins sourcils bleus.

– Eh bien, à vrai dire, j'aurais encore besoin que tu me rendes un service...

– Comme... ?

Encouragé par son sourire, Lucan avoua :

– Il faut à tout prix que je récupère le boîtier que j'ai laissé tomber quand je me suis fait attaquer par les shraks. Il doit être juste à côté du sas.

– À côté du sas ? Mais c'est l'endroit où il y a le plus d'activité. On risque de se faire repérer, et cette fois, je ne pourrais plus te sauver ! Oublie ton boîtier et laisse-moi te ramener chez toi !

– Impossible ! Le monde d'où je viens risque de disparaître si je ne le ramène pas.

Ivalys le fixa pensivement de ses grands yeux nacrés et murmura :

– Il doit être beau ce monde pour que tu sois prêt à donner ta vie pour le sauver.

Lucan haussa les épaules.

– Il n'est pas toujours très beau, mais c'est là qu'habitent les gens que j'aime.

Ivalys soupira.

– Ah... oui, bien sûr, il y a les gens que tu aimes... Ne t'inquiète pas. On va la récupérer, ta boîte.

Lucan lui saisit la main.

– Comment pourrais-je te remercier, Ivalys ? Entre nous, je ne comprends pas pourquoi tu prends tant de risques pour moi...

Deux taches mauves apparurent sur les joues de la jeune fille. Elle retira sa main avec douceur mais garda ses grands yeux rivés aux siens.

– Parce que tu sais vivre. Parce que tu sais oser. Parce que tu sais aimer.

47

Ego Monde, Londres, jeudi 13 septembre 1940, 17 heures

N décrocha dès la première sonnerie du téléphone.

– Allô ?

– Les choses ont-elles avancé ?

– Pas vraiment, Sir, répondit N, qui avait immédiatement reconnu le timbre rauque de la voix, il ne bouge pas de chez lui. C'est assez incompréhensible.

– Ça ne peut plus durer. Il faut intervenir. L'état-major allemand s'est réuni à Berlin aujourd'hui. Hitler a déclaré que ses troupes allaient bientôt prendre le contrôle des ports mais qu'en attendant, les bombardiers allemands devaient continuer leur œuvre destructrice en, je cite, « tordant le cœur des Britanniques ». On m'a même confié qu'on s'en prendrait à « la tête » de l'empire si Churchill continuait ce bras de fer démentiel.

– « La tête » ? Vous ne voulez quand même pas dire… Sa Majesté le roi !

– Si, c'est exactement ce que je veux dire ! On ne peut laisser cela se produire.

– Tiens donc, j'avais pourtant cru comprendre que vous n'aviez guère de tendres sentiments pour lui…

– N'exagérons rien ! Pour qui me prenez-vous ? s'indigna son interlocuteur. S'il est vrai que j'aurais mille fois préféré que son frère Edward ne renonce pas au trône pour se marier avec cette Américaine divorcée, George VI n'en reste pas moins notre roi ! Une fois le Bulldog hors course, je me fais fort de l'amener à accepter la paix germanique.

– Si vous le dites…

Au bout du fil, l'homme laissa échapper un soupir exaspéré. Il n'aimait guère le ton dont N usait à son égard.

– Je suis invité à dîner à Buckingham ce soir, je m'occupe de la famille royale, dit-il. Vous, contentez-vous de stopper Churchill. D'après mes sources, le roi s'accroche à l'espoir que ce fou lui fait miroiter. Or tant qu'il espérera, il refusera d'entendre parler d'un traité de paix. Il faut enlever à ce satané Bulldog ses dernières illusions. Le forcer à voir la réalité en face. Comment un garçon de quatorze ans peut-il représenter un quelconque espoir dans cette guerre ? Il faut vous débarrasser de lui. Il *doit* disparaître, comprenez-vous ?

– Disparaître ? N'est-ce pas un peu excessif ? Comme vous le dites, il est jeune, il ne peut représenter une si terrible menace !

– Il en est une par ce qu'il incarne. Et le salut de l'Empire britannique vaut bien le sacrifice de l'un de ses sujets. On dit le garçon patriotique. Il serait donc d'accord avec mon raisonnement.

N ne répliqua pas. Lui aussi aimait son pays, mais il n'était pas sûr d'aimer la façon de raisonner de son interlocuteur.

48

Alter Monde, communauté d'Hircuz

Ivalys était dévorée d'inquiétude. Tout s'était pourtant remarquablement passé. Beaucoup mieux même qu'elle n'avait osé l'espérer. Grâce à l'heure matinale, ils avaient réussi à récupérer la machine à décoder sans se faire repérer.

Avec l'aube naissante, ils n'avaient pas mis longtemps à repérer les éclats rougeoyants du boîtier qui s'était glissé entre deux branches de corail. Le plus difficile avait été de l'attraper avec l'une des pinces du crabuz. L'objet était petit et Ivalys avait dû user de toute sa maîtrise pour parvenir à le récupérer. La joie de Lucan avait récompensé ses efforts. Elle avait ensuite dirigé le crabuz vers la surface. Debout à l'avant de la demi-sphère protectrice, ses mains tenant avec fermeté les antennes de la bête et ses pieds appuyant sur ses centres nerveux, elle avait piloté avec dextérité et prudence. Tout en respectant les paliers de décompression, elle avait fait aussi vite que possible, craignant à tout instant que leur fuite ne soit découverte. Lucan, dès qu'il avait eu le petit coffret en main, avait profité de ces pauses pour le lui montrer. Pas plus que lui elle n'avait compris le fonctionnement de la machine, mais elle était malgré tout très intéressée. Et puis soudain tout avait basculé ! Lucan s'était effondré sur le sol de l'habitacle. Elle avait eu beau tout tenter pour le faire revenir à lui, il n'avait pas repris connaissance. Affolée, elle était remontée vers la surface et, pour la première fois de sa vie, avait découvert le ciel. Sa stupéfaction devant ce bleu intense ne l'avait pas empêchée d'agir. Elle avait cherché des yeux une terre pour permettre à Lucan de respirer et de trouver du secours. Elle avait fini par apercevoir un rivage au loin et avait fait replonger son crabuz pour le faire nager dans cette direction. Une fois la rive atteinte, elle avait poussé Lucan dans la soute avant de le déposer sur un rocher plat. Maintenant, elle se tenait près de lui, tentant à nouveau de le ranimer. Quand elle constata qu'elle n'obtenait pas de résultat, elle plaça entre ses mains le boîtier auquel il tenait tant et se décida à aller chercher du secours.

Elle découvrit un sentier qui partait à l'assaut d'une falaise noire comme la nuit et, malgré sa peur, elle se décida à l'emprunter. Arrivée au sommet, elle se sentit terriblement impressionnée par la forêt touffue qui s'étendait devant elle. Tout était si nouveau... les odeurs, les couleurs, les bruits, les sensations... Elle lutta contre le sentiment de vertige qui s'emparait d'elle. Il ne fallait pas qu'elle faiblisse. Elle reprit son chemin avec courage sans réaliser qu'une paire d'yeux rouges suivait chacun de ses gestes. Heureusement, elle n'eut pas à marcher longtemps avant d'apercevoir une haute construction en pierre qui dépassait la cime des arbres. Des gardes surveillaient les alentours depuis le chemin de ronde. Cependant, l'à-pic de la falaise les avait empêchés de la voir sortir des sables avec son crabuz. Elle remarqua le drapeau qui flottait au sommet. Il était rouge vif avec un grand oiseau noir à deux têtes, ailes déployées. Quel soulagement ! Elle reconnaissait cet emblème ! Il était gravé à l'intérieur du coffret auquel Lucan tenait tant ! Ces gens-là devaient être ses amis. Ils sauraient quoi faire pour lui venir en aide. Il fallait les prévenir sans se faire voir, pour que le secret de l'existence d'Hircuz soit préservé.

Ivalys hésita avant d'employer la plus classique des méthodes. Mettant ses mains en porte-voix, elle cria aussi fort qu'elle le pouvait : « Au secours ! Au secours ! »

– Qui va là ? interrogèrent les soldats.

Ivalys ne répondit pas. Sûre d'avoir été entendue, elle s'enfuit à toutes jambes en direction de la falaise. Comme elle l'avait imaginé, les gardes se lancèrent à sa poursuite. Elle était bien plus rapide qu'eux dans la forêt, mais elle ignorait l'existence des waskis. Quand elle aperçut au loin ces affreux animaux, elle en fut horrifiée ! Elle avait juste appelé à l'aide ! Quelle drôle de façon de secourir les gens dans ce pays !

Quand elle arriva en bord de falaise, elle se retourna et vit les crocs dégoulinants des waskis qui bondissaient vers elle, loin devant leurs maîtres qui demeuraient invisibles. Elle n'aurait jamais le temps de descendre par le sentier pour rejoindre le crabuz qui l'attendait sous la surface ! Reculant de trois pas, elle prit son élan et sauta le plus loin possible. Elle venait de s'élancer lorsque les bêtes, découvrant que leur proie s'était envolée, explosèrent en aboiements furieux.

Puis les sables ondulants l'enveloppèrent et le monde d'en haut et ses dangers cessèrent d'exister.

49

Ego Monde, Londres, jeudi 13 septembre 1940, 23 heures

Catriona se tournait et se retournait dans son lit, ne parvenant pas à trouver le sommeil. Elle était passée plus tôt dans la soirée vérifier l'état de Lucan. Il dormait toujours mais il avait pris un teint malsain, presque bleuté. Elle se demandait si elle ne ferait pas mieux de le réveiller. Ils étaient convenus que si cela ne se faisait pas naturellement, elle s'en chargerait au bout de trois jours. Les trois jours n'étaient pas écoulés, cependant elle craignait qu'il ne tombe malade. Se souvenant de l'intensité de ses douleurs la fois où elle l'avait retrouvé affalé sur l'établi de son grand-père, elle finit par se convaincre que l'expérience avait assez duré. Si elle se faisait du souci pour rien, il n'aurait qu'à repartir dans cet Alter Monde aussitôt !

À pas de loup, elle sortit de chez elle, prenant soin de ne pas marcher sur Tara qui ronronnait en se frottant contre ses jambes, et monta jusque chez les Sondran. Dehors, les bombardements continuaient sur le centre de Londres. Chaque nuit c'était la même musique : le vrombissement sourd des moteurs de bombardier se mêlait à celui plus aigu des avions de chasse, le hurlement lancinant des sirènes accompagnait une cloche qu'on sonnait au loin, et le tout était rythmé par le fracas des explosions.

Elle marqua un temps d'arrêt lorsqu'elle constata que la porte n'était pas verrouillée. Ce n'était pas normal. Elle prenait soin de donner un tour de clé derrière elle chaque fois qu'elle repartait. Sans bruit, elle pénétra dans l'appartement. Des murmures et des sons étouffés provenant de la chambre de Lucan lui parvinrent. Elle chercha du regard la crosse de hurling de

Lucan. Elle la trouva là où elle l'avait laissée la dernière fois, appuyée contre un mur. Avec un frisson d'excitation, elle la saisit à deux mains. Elle allait enfin pouvoir prouver qu'elle s'en servait aussi bien qu'un homme ! Par la porte entrouverte, elle étudia la situation. Ils étaient trois. Le premier maintenait Lucan, qui luttait comme un forcené. Un deuxième le bâillonnait de la main. Quant au troisième, il serrait un couteau effilé dans son poing mais semblait fasciné par le cadran de la petite horloge qu'il avait dû arracher à Lucan.

– Pose ça et viens l'achever ! râla à voix basse l'un de ses comparses, depuis que tu le lui as pris, il est déchaîné. Si on avait su...

– Hé ! ça vaut cher, ce truc-là ! Si on en trouve un chacun on n'aura plus besoin de faire la sale besogne de ces messieurs !

– On n'est pas payé pour ça ! J'veux pas d'embrouille.

– T'es débile ou quoi ? On sera riches, j'te dis ! Il faut le faire parler pour savoir où il en cache d'autres...

L'homme ne finit jamais sa phrase. La porte de la chambre s'ouvrit à toute volée et une furie jaillit dans la pièce. D'un swing puissant, elle frappa celui qui tenait le cadran. Sans même avoir le temps de dire « ouf », l'homme percuta le mur latéral et s'effondra comme une poupée de chiffon. Le deuxième eut droit à un coup moins conventionnel mais tout aussi efficace qui le fit se plier en deux et regretter d'être un homme. Quant au troisième, il venait de faire connaissance avec le poing de Lucan dont un bras s'était libéré. Il tenta de répliquer mais le garçon avait déjà roulé par terre, laissant le champ libre à Catriona pour achever son travail. Cette dernière ne semblait cependant pas pressée d'intervenir. Appuyée sur sa crosse, elle contemplait la scène.

– Qu'est-ce que t'attends ? cria Lucan, assomme-le !

– Ben non, vas-y, toi !

– C'est toi qui as la crosse !

– Toi, tu as les poings !

– C'est moins efficace.

– Alors tu reconnais que je suis la plus forte ?

L'homme profita de cette pause inespérée pour récupérer le couteau et leur faire face. Il hésita un instant, se demandant lequel des deux serait le plus facile à neutraliser. Le fait que Catriona ne soit pas plus épaisse qu'un fétu de paille et juste devant la porte fit pencher la balance en sa faveur. Il feinta en esquissant un geste en direction de Lucan puis se jeta sur la jeune fille. La seconde suivante, le nez en sang, il avait rejoint ses complices au pays des rêves. Aussi rapide que l'éclair, Catriona lui avait assené un coup de crosse en plein visage.

La jeune fille soupira.

– Eh bien cette fois c'est prouvé, il faut vraiment que je m'occupe de tout moi-même...

Ce fut au tour de Lucan de soupirer.

– Catriona, tu m'as manqué...

– J'espère bien ! Cela dit, tu peux m'expliquer ce qui se passe ici ? Il y a des corps partout...

– Je n'en ai aucune idée ! Je me suis réveillé quand l'un d'eux m'a pris le cadran.

Se souvenant brusquement de ce qu'il était en train de faire lorsque cela s'était produit, il s'exclama :

– Ivalys ! Bonté divine, il faut que j'y retourne immédiatement ! Elle doit se demander ce qui est arrivé !

Il était déjà à la recherche du cadran quand Catriona, l'apercevant en premier, l'attrapa et le cacha derrière son dos.

– Pas si vite, mon bonhomme, tempéra-t-elle, il faut qu'on cause.

– Donne-moi ça ! intima Lucan, ça urge !

Ignorant son ordre, elle commenta :

– Après Palioma, voilà Ivalys ! Ce monde serait-il exclusivement féminin pour que tu fasses autant de charmantes rencontres ?

– Qui te dit qu'elles sont charmantes ? protesta-t-il en rougissant légèrement.

– Tes yeux. Et maintenant, tes joues !

– Il fait trop sombre. Tu ne peux pas les voir.

– Non, mais je t'entends rougir, figure-toi ! La preuve !

Elle tourna le bouton de l'interrupteur pour prouver ses dires et poussa un cri.

– Jésus Marie Joseph ! Tu n'as pas rougi, tu as bleui !

Lucan tendit ses mains devant lui et constata qu'elle disait vrai. Il était loin d'être aussi bleu qu'Ivalys, mais sa peau était légèrement teintée.

– Ce n'est pas grave, je t'expliquerai plus tard...

– Pas plus tard. Maintenant ! intima Catriona. La moitié de Londres cherche à te kidnapper ou à te tuer, je veux savoir pourquoi. Si je n'avais pas été là, tu ne ferais pas trop le malin en ce moment... Tu as besoin de moi, décréta Catriona en croisant les bras sur sa poitrine, et pour que je puisse garantir ta sécurité, il faut que je sache tout.

Campée sur ses deux jambes écartées, dans sa chemise de nuit blanche, elle avait autant d'autorité qu'un général en campagne. Reconnaissant qu'elle n'avait pas tort et faisant des prières pour qu'Ivalys ne panique pas, il se décida à lui faire un rapide résumé.

Au fur et à mesure qu'il parlait, la jeune fille perdit son assurance et finit par s'asseoir sur le bord du lit, estomaquée.

– Eh bien, ils plaisantent pas à Hircuz, marmonna-t-elle quand il eut fini.

Elle était impressionnée. Jusqu'à présent elle avait considéré Lucan comme son protégé, bien qu'il soit nettement plus fort qu'elle, car sa naïveté lui avait souvent joué des tours. Mais elle réalisait que malgré cette faiblesse, il s'en sortait plutôt pas mal.

– Bon, maintenant que tu sais tout, file-moi ce cadran. Je dois y retourner d'urgence.

Catriona secoua ses boucles de feu et lâcha d'un ton péremptoire :

– Désolée. Ta petite copine toute bleue et son crabuz vont devoir attendre.

– Tu n'as rien compris, s'énerva Lucan, elle va s'inquiéter à mort si je ne reviens pas !

– Dis plutôt que tu es pressée de la revoir ! Tu aurais dû t'entendre parler d'elle... « Elle est si délicate, si belle, si courageuse... » singea Catriona d'une voix mélodramatique.

Lucan la dévisagea avec stupéfaction avant de déclarer :

– Ma parole, tu es jalouse !

Catriona éclata de rire.

– C'est l'hôpital qui se moque de la charité ! Ton petit cœur est si ému qu'il voit l'amour partout, répliqua-t-elle d'un ton moqueur.

Ébranlé, Lucan reprit :

– Mais qui te parle d'amour ? J'ai une mission à terminer là-bas !

– Ces hommes vont être remplacés par d'autres, affirma la jeune fille en désignant les corps allongés, plus nombreux ou mieux armés. À l'évidence, ta personne commence à intéresser un peu trop de monde. Même si je suis un garde du corps redoutable, je risque de finir par être un peu débordée. Tu ne peux pas rester ici. Il te faut trouver un endroit sûr, où tu pourras basculer dans l'Alter Monde tout en étant protégé dans l'Ego Monde.

Il finit par se rendre à ses arguments.

– Alors, il n'y a qu'un seul endroit, dit-il.

– Oui, je le crois aussi.

Récupérant le petit cadran qui était sur le sol, elle déclara d'un ton sans réplique :

– Et ça, c'est moi qui le garde !

50

Ego Monde, Londres,
jeudi 13 septembre 1940, 23 h 45

Le dîner s'était achevé près d'une heure auparavant dans la salle à manger de Buckingham Palace. Les jeunes princesses Elizabeth et Margaret avaient depuis longtemps regagné le château de Windsor, moins exposé aux bombardements, où la famille royale passait généralement ses nuits.

Pendant que les dames discutaient dans un des nombreux salons du palais, la gente masculine fumait et dégustait un cognac. L'un des invités, Lord Springrow, semblait de plus en plus nerveux. Il avait tenté de faire annuler le dîner, prétextant qu'il était imprudent de se réunir en de telles circonstances, mais la reine avait protesté, arguant que les « Huns[1] » ne dirigeaient point encore l'Empire britannique ! Lord Springrow avait dû s'incliner mais rongeait son frein depuis le début du repas. Quand les bombes avaient commencé à pleuvoir et que l'on avait baissé les lumières, il était devenu très agité. Le grondement des avions qui se rapprochaient le poussa à intervenir de nouveau de sa voix rendue rauque par trop de cigares :

– Permettez-moi d'insister, Votre Altesse. Je pense qu'il serait plus avisé que Votre Majesté gagne un abri sûr en compagnie de la reine.

Cette fois, il avait parlé avec l'autorité que lui conféraient ses longues années de service auprès de la famille royale. En temps habituel, le roi écoutait toujours avec attention ses recommandations, mais ce soir-là, George VI avait envie d'oublier la guerre.

1. Terme péjoratif pour désigner les Allemands en anglais.

– Les bom... bombardiers sont enco... core loin. Pro... profitons de ce fabuleux co... cognac.

– Que Votre Majesté me pardonne, mais ils peuvent être sur nous d'un instant à l'autre !

Lord Springrow était désormais fébrile. Le roi et ses invités le regardaient, stupéfaits. George VI n'aurait jamais pensé que Lord Springrow, bien que fervent pacifiste, soit de ceux qui manquent de courage. Il mit son comportement sur le compte de son grand âge et, pour ne pas l'embarrasser davantage, décida de se plier à ses injonctions.

Lords et ladies furent bientôt partis. En hôtes accomplis, le roi et la reine avaient salué chacun depuis la cour intérieure du palais, malgré le ballet aérien qui se déroulait au-dessus de leurs têtes. Seul Lord Springrow était encore présent.

– Eh bien, Lord Springrow, vous qui étiez si impatient de voir finir cette soirée, vous ne vous décidez pas à rentrer ? lui demanda la reine, mi-surprise, mi-fâchée car elle lui en voulait un peu d'avoir écourté sa réception.

– Si vous le permettez, je tiens à m'assurer que Vos Majestés regagneront le château de Windsor saines et sauves.

– La reine et... et moi avons dé... décidé de rester à Bu... Bu... Buckingham cette nuit.

Pendant que les yeux de leur interlocuteur s'agrandissaient d'inquiétude, la reine expliqua :

– Nous voulons montrer au peuple britannique que nous sommes solidaires.

Le vieux lord en bégaya à son tour d'émotion :

– Mais... mais cela ne se peut... C'est... c'est trop dangereux !

– Mais enfin, que se passe-t-il, Lord Springrow ? s'exaspéra la souveraine, à vous entendre on croirait que Londres se fait bombarder pour la première fois !

Un sifflement aigu empêcha le vieux lord de répondre. L'instant suivant, une déflagration formidable retentit. Le souffle de l'explosion, sans le moindre égard pour le rang de ses victimes, projeta les corps au sol comme s'il s'agissait de vulgaires pantins.

Vitres et vitraux volèrent en éclats. Des murs s'écroulèrent. Puis la chapelle royale s'effondra dans un fracas assourdissant.

Pour la seconde fois, une bombe venait de frapper Buckingham.

51

Alter Monde, terre de Nelbri

– Attends !

Du tranchant de son épée, le capiteïne stoppa la pointe de la lance à quelques millimètres de la gorge de Lucan, étendu sur les rochers.

Le soldat jeta un regard surpris à son supérieur.

– Enfin, capiteïne, c'est un pilote roslendien ! Je reconnais son uniforme !

– Moi aussi, crétin ! Mais tu as vu ses cheveux ? Il est brun !

– Ben justement, c'est bizarre...

– Et c'est tout l'intérêt, crétin ! Le Brac Marquel est en train d'inspecter la garnison de Beltri. C'est à une heure de rorsse à peine de notre poste. Je suis sûr qu'il sera ravi de l'interroger.

– S'il tient le coup jusque-là. Vous avez vu la couleur de sa peau ?

– On te demande pas de discuter. Obéis, c'est tout.

Le soldat releva sa lance mais cracha avec mépris sur le corps allongé.

– Capiteïne, l'interpella un autre de ses hommes, si on n'arrive pas à le réveiller, comment on va le monter jusqu'en haut de la falaise ? Nous n'allons quand même pas nous le coltiner sur le dos !

Son supérieur lui sourit.

– Moi, non. Vous, si !

*

Le soldat laissa tomber aux pieds du chef suprême le corps de Lucan. Par précaution, bien qu'il soit toujours inconscient, on lui avait lié les chevilles et les poignets pour le jeter en travers de la rorsse qui l'avait transporté depuis le haut de la falaise.

– Nous l'avons trouvé au pied de la falaise, Votre Éminance, expliqua le capiteïne, à deux pas de notre poste de surveillance. Il était déjà évanoui et nous n'avons pas réussi à le réanimer. Mais nous avons pensé que vous aimeriez peut-être l'interroger.

Le Brac Marquel retourna Lucan sur le dos du bout de son pied botté. Il eut un bref sursaut et s'agenouilla pour observer son visage de plus près. Au grand étonnement des militaires, il le prit par le menton et lui fit tourner la tête à plusieurs reprises. Il lui souleva une paupière, puis l'autre. Enfin il se releva.

– Jetez-le au cachot et prévenez-moi s'il reprend connaissance. Que personne d'autre ne lui parle avant que je l'aie interrogé. C'est un ordre !

Il se tourna ensuite vers le capiteïne et le félicita :

– Vous avez très bien fait de me le ramener, capiteïne... ?

– Capiteïne Morki, Votre Éminance ! répondit-il en se mettant au garde-à-vous.

– Votre solde sera doublée ce mois. Et je saurai me rappeler votre nom. Je n'oublie jamais rien. Ni les noms, ni les visages.

Il tourna les talons et s'éloigna en murmurant si bas que nul ne l'entendit :

« Et surtout pas CE visage... »

52

Ego Monde, Londres, vendredi 14 septembre 1940, 10 h 30

Il était beaucoup plus tard que prévu lorsque Lucan se présenta devant le 10, Downing Street. Rejoindre de nuit le centre de Londres alors que les bombes pleuvaient n'avait pas été une mince affaire. Ils avaient marché pendant des heures et attendu tout aussi longtemps que les transports en commun se remettent à fonctionner. Dans une station du « tube », Lucan s'était soudain endormi comme une masse alors qu'ils patientaient assis contre un mur. Catriona s'était pelotonnée contre lui pour lutter contre l'humidité ambiante et s'était endormie à son tour. La première rame qui circulait l'avait réveillée, mais elle avait sciemment laissé son compagnon dormir. Il était épuisé et elle se souvenait soudain des paroles de sa mère qui lui répétait que sans repos on ne fait rien de bon.

Lucan fut très en colère contre elle quand elle décida enfin de le réveiller, mais cela sembla lui couler dessus comme de l'eau sur un bon parapluie.

– Tu devrais me remercier au lieu de m'engueuler, rétorqua-t-elle, au moins, ça t'a laissé le temps de retrouver une couleur normale.

En regardant ses mains, Lucan constata qu'elle avait raison. Sur ce sujet du moins. Et pour le reste aussi d'ailleurs. Il devait bien admettre que ces heures de « vrai » sommeil lui avaient fait un bien fou.

Malgré ses récriminations, elle décida de l'accompagner jusqu'à l'extrémité de Downing Street. En route, ils entendirent les jeunes vendeurs de tabloïds qui criaient à s'en faire éclater la gorge : « Mort royale à Buckingham ! Le palais, une nouvelle fois pris pour cible ! » Les gens s'arrachaient les journaux.

– Tu entends ça ? Tu ne crois pas que ton Churchill aura autre chose à faire que te recevoir ?

Lucan haussa les épaules. Tout était si compliqué ! Il verrait bien une fois sur place. Du bout de la rue, Catriona vérifia qu'on le faisait entrer avant de tourner les talons pour retourner à Kilburn. Elle lui avait remis le cadran juste avant qu'ils se séparent. Désormais, elle ne pouvait plus rien pour lui.

Une fois à l'intérieur, on le conduisit à travers les couloirs jusqu'à une double porte fermée. Le majordome frappa, s'effaça et lui fit signe d'entrer.

Pour la deuxième fois, Lucan se trouvait en présence du grand Churchill.

– Ah, mon jeune ami ! Comme je suis heureux de te revoir ! dit-il avec un soulagement manifeste, l'homme qui était chargé de surveiller ton immeuble la nuit dernière a été retrouvé bâillonné et ligoté dans une ruelle. Quand le garde qui devait le relever l'a enfin détaché, tu avais disparu ! Vu les traces de lutte qu'il y avait dans l'appartement, on a craint le pire !

– Je vais bien, Sir, je vous remercie, dit Lucan intimidé, j'ignorais que j'étais sous protection...

– C'est que tu es précieux, mon garçon ! Je dois mener mon enquête pour savoir qui a voulu s'en prendre à toi.

Sur sa demande, Lucan s'assit en face de lui et lui expliqua ce qui s'était passé. Il prit soin de ne rien dire de l'intervention de Catriona pour ne pas l'impliquer et limita à deux le nombre de ses agresseurs. Après l'avoir félicité de s'être si bien défendu, le Premier Ministre lui demanda de les décrire. Lucan n'avait rien remarqué de particulier, si ce n'est qu'ils avaient l'accent cockney[1]. Churchill grogna :

1. Accent des quartiers pauvres de Londres.

– De vulgaires hommes de main recrutés dans les bas-fonds de Londres. Ce ne sera pas facile de les retrouver...

– Mais comment ont-ils su pour Roslend ?

– Ils ne sont pas forcément au courant. N a fait une erreur en te faisant raccompagner en voiture privée, dit-il, mécontent. Je n'ai pas que des amis. N'importe qui a pu te voir et imaginer je ne sais quoi. Enfin, on verra ça plus tard. Dis-moi plutôt ce que tu as appris.

– J'ai plein de choses à vous raconter, reconnut Lucan, mais avant je voudrais savoir comment vont le roi et la reine. J'ai entendu les vendeurs de journaux...

– Foutaises ! s'emporta l'homme politique, ils déforment tout pour vendre leurs fichus torchons ! Rassure-toi, le roi et la reine n'ont eu que des blessures superficielles. La reine s'est même réjouie de cette attaque. Elle a déclaré : « Je suis contente que nous ayons été bombardés. Maintenant je peux regarder l'East End[1] dans les yeux. » Lord Springrow ne s'en est pas aussi bien sorti, hélas ! Son cœur a bêtement lâché sous l'émotion. Et comme il avait quelques gouttes de sang royal par l'un de ses ancêtres, certains journalistes se sont dépêchés de tout exagérer.

– Ah, tant mieux, fit Lucan soulagé.

– *God save the king!* déclara Churchill, maintenant à nous de faire notre boulot pour le protéger.

Lucan hocha la tête. Churchill, les coudes sur le bureau, appuya son menton sur ses mains, prêt à l'écouter. Alors le garçon se mit à parler, parler et parler encore. Il raconta tout à cet homme qui faisait partie des plus puissants de la planète. Quand il s'arrêta, Churchill le regardait avec une lueur nouvelle dans le coin de l'œil. Il attendit quelques secondes puis il laissa tomber :

– C'est bien, petit, c'est très bien.

1. Quartier pauvre de Londres particulièrement touché par les bombardements.

Bien qu'il l'ait appelé « petit », Lucan sentit la fierté l'envahir. Il n'eut guère le temps, cependant, de se reposer sur ses lauriers.

– C'est très bien, reprit Churchill, mais ce n'est pas fini. Ce coffret, il faut le délivrer aux Roslendiens, sinon, il ne sert à rien.

Lucan en était conscient. Il se leva en même temps que le Premier Ministre.

Quelques minutes plus tard, il s'allongeait sur le lit à baldaquin de « sa » chambre.

Partie 4

Bataille

53

Alter Monde, terre de Nelbri

Quand Lucan reprit conscience, le contraste fut saisissant. La chambre élégante depuis laquelle il avait fait la bascule avait disparu, remplacée par des murs noirs et sales suintant d'humidité. Une sorte de paille souillée tapissait le sol et empestait à un point tel que respirer était une torture. Dire qu'il avait trouvé que le crabuz sentait mauvais !

Par une minuscule ouverture barrée de fer, il put voir une plaine boueuse bordée d'une forêt. Il se mit à marcher de long en large dans son cachot en se disant avec ironie qu'il aurait bientôt testé toutes les prisons de l'Alter Monde et qu'il serait bientôt en mesure d'en établir un guide, avec défauts et qualités de chacune. Cette dernière cellule semblait bien partie pour remporter la palme de la plus pourrie de toutes ! Il en venait presque à regretter la chaleur des Fournaises ou le mur en caoutchouc de sa bulle-prison. D'ailleurs, par quel mystère était-il passé du crabuz à cet endroit ? Il réalisa soudain avec inquiétude qu'il n'avait plus la machine à décoder. Dire qu'il s'était vanté auprès de Churchill de n'avoir plus qu'à la faire parvenir aux Roslendiens ! Ivalys l'avait-elle gardée ? En repensant à la jeune fille, une bouffée d'anxiété l'envahit. Avait-elle aussi été arrêtée ? Si c'était le cas, il ne se le pardonnerait jamais.

Lucan sentit le découragement le gagner. Il avait été si près de réussir ! Et voilà que maintenant tout s'effondrait !

Des pas résonnant dans le couloir le tirèrent de son abattement. Même si rien de bon ne l'attendait, il devrait au moins obtenir quelques réponses à ses questions.

Il entendit le bruit d'un lourd loquet qu'on tirait et la porte de sa geôle s'ouvrit en grinçant. Quand il découvrit l'uniforme du soldat qui se tenait devant lui, son cœur manqua un battement. Noir avec un liseré gris. Les couleurs de Nelbri ! Cela ne pouvait être pire. Vêtu de sa belle tenue de pilote roslendien, il allait devoir très vite inventer une histoire crédible s'il ne voulait pas finir précocement sa carrière au service de Sa Majesté.

– Dehors ! cracha le soldat d'une voix chargée de mépris.

– Où m'emmenez-vous ? demanda Lucan en s'exécutant.

Le gardien referma la porte tandis que le militaire donnait une violente bourrade à Lucan pour le faire avancer.

– Ça ne te regarde pas ! rétorqua-t-il sur le même ton, t'as d'la chance qu'on m'ait donné l'ordre de te ramener entier parce que sinon je t'aurais fait passer un sale quart d'heure.

Il poussa de nouveau le garçon qui s'affala dans les marches de pierre.

– Hé ! se plaignit-il, je croyais que vous deviez me garder en bon état !

L'autre haussa les épaules en ricanant.

– 'pas de ma faute si tu tiens pas debout !

Le petit jeu sadique continua tout le long du trajet. Le militaire lui glissait sa lance entre les jambes, le bousculait de diverses manières, le frappait dans le dos avec la garde de son arme. Lucan chuta de nombreuses fois, se heurtant les tibias et les genoux sur le sol de pierre, s'entaillant les mains sur les cailloux de la cour.

Alors qu'il se retrouvait une fois de plus étalé de tout son long dans la boue, un homme se pencha pour l'aider à se relever. Une puanteur gagna ses narines. Les bras et les jambes de l'homme étaient tachés d'éclaboussures mais par endroit sa peau blanche comme neige apparaissait. Lucan fut surpris de croiser un Albin dans cet endroit car il pensait qu'ils vivaient tous à Roslend.

– Merci, murmura-t-il en relevant la tête.

Son sourire se figea. Le visage de l'homme était horriblement mutilé. Des marques de brûlure striaient sa face et son crâne. Et à la place de son œil gauche, une cavité béante le fixait. Le droit, couleur rouge sang, le contemplait avec pitié, comme s'il pressentait l'avenir qui l'attendait.

– Fous le camp, sale ratir ! hurla le soldat en le frappant du plat de sa lance, occupe-toi plutôt de vider la fosse !

Lucan s'aperçut alors que l'Albin, vêtu de hardes, tirait une charrette débordant d'excréments. Le remugle insoutenable s'expliquait...

Il était encore sous le choc de cette rencontre quand ils arrivèrent devant une double porte de métal gris.

Deux gardes leur ouvrirent sans mot dire. Le militaire qui avait molesté Lucan annonça :

– Votre Éminance, le prisonnier que vous avez demandé a enfin repris connaissance.

– C'est bon, laissez-nous ! ordonna le Brac Marquel.

Le militaire ressortit. Les portes se refermèrent, et Lucan se retrouva seul en face du chef suprême des armées nelbriennes.

À demi paralysé de peur, le garçon se força à regarder le personnage. Il était plus grand que lui et avait une carrure impressionnante, mise en valeur par la fine cotte de mailles qu'il portait sur des vêtements sombres. Sa mâchoire forte et ses lèvres minces étaient apparentes, mais le haut de son visage était entièrement caché par un casque brillant finement ciselé. À l'emplacement des yeux un fin grillage dissimulait son regard. C'était, de loin, sa caractéristique la plus dérangeante. Sur les terrains de hurling, Lucan s'était plus d'une fois retrouvé face à de vraies forces de la nature et il n'avait pas peur de les affronter. Mais un homme sans regard, c'était comme un homme sans âme. Qu'avait-il donc de si horrible à cacher pour ne pas oser le dévoiler ?

La pièce dans laquelle ils se tenaient devait être une salle d'armes. Sur les murs, le garçon reconnut des épées, des lances et des arbalètes du même style que celles qu'il avait vues dans l'épave. Les armes semblaient solides mais assez rustiques. Tout comme les équipements qui se trouvaient dans la salle. L'aspect grossier de cet environnement formait un contraste surprenant avec la tenue du Brac Marquel qui n'était pas dénuée d'élégance. Ses doigts étrangement fins faisaient tournoyer un court poignard. Il le stoppa brusquement entre le pouce et le majeur avant de demander :

– Satisfait de ton examen ?

Lucan se sentit pris en faute. Il resta silencieux, ne sachant quoi répondre.

– Quel est ton nom ?

– Lucan.

– Lucan... c'est tout ?

– Lucan... o'Flaherty, déclara le garçon.

Si on lui avait demandé pourquoi il avait donné le nom de Catriona plutôt que le sien, il n'aurait pas su vraiment répondre. Son instinct lui criait juste que moins cet homme en saurait sur lui, mieux cela vaudrait.

Le casque le fixa longuement, puis le Brac Marquel se dirigea vers un des murs et décrocha une lourde épée à la garde massive.

– Ne serais-tu pas celui qu'on a pris pour un espion nelbrien, par hasard ?

Il envoya brutalement l'épée en direction de son prisonnier. Lucan, grâce à ses excellents réflexes, réussit à l'attraper par la poignée. Il ne put cacher sa surprise en découvrant que le Brac Marquel savait qu'on l'avait pris pour un espion.

Ce dernier sortit du fourreau qui pendait à son côté une épée aux reflets argentés et se mit en garde.

– Je... je ne sais pas me battre, protesta Lucan en se positionnant face à lui.

– Mais tu sais bien mentir, riposta le Brac Marquel en commençant à lui tourner autour.

Il fit tournoyer sa lame avant de l'interroger à nouveau :

– D'où viens-tu, Lucan... o'Flaherty ?

– De Roslend.

Le plat de l'épée argentée décrivit un large cercle et vint frapper le côté de Lucan si fort qu'il faillit tomber. La douleur surgit dans sa hanche.

– Pas de mensonge !

Lucan rétablit difficilement son équilibre en se demandant ce que le Brac Marquel voulait dire par là. Pensait-il qu'il venait d'Hircuz ? Ce serait étonnant vu le soin que ses habitants prenaient à garder leur existence secrète. Sous-entendait-il qu'il venait d'un autre pays de l'Alter Monde ? Dans cette hypothèse-là, il était en bien mauvaise posture puisqu'il n'en connaissait aucun autre ! À moins que... Non ! Il ne pouvait tout de même pas savoir pour l'Ego Monde !

– Je... J'ai perdu la mémoire, tenta-t-il.

Un violent soufflet sur la joue gauche lui fit exploser l'arcade sourcilière. La chevalière que le Brac Marquel portait au majeur ne l'avait pas épargné. Il n'avait pas vu le coup venir, tout occupé qu'il était à tenter de dégager son épée de l'attaque menée par son adversaire. Ce dernier rapprocha son casque du visage de Lucan à le toucher et lui chuchota :

– J'ai horreur qu'on me prenne pour un idiot, Lucan... o'Flaherty. Il y a des signes qui ne trompent pas.

Ses cheveux ! Il était brun ! Comment avait-il pu oublier qu'il n'y avait pas de bruns à Roslend ? Mais qu'inventer d'autre ? Alors qu'il cherchait désespérément une solution tout en tentant de contrôler la douleur, l'homme lui saisit brusquement le menton dans sa poigne de fer et le fixa.

Tout à fait hors de propos, il l'interrogea :

– De quelle couleur sont tes yeux ?

Lucan, qui pouvait désormais à peine soulever la paupière gauche, ne chercha pas à comprendre. Ça, c'était une question facile et sans danger.

– Bleu-vert, s'empressa-t-il de répondre.

– Bleu-vert, répéta le Brac Marquel d'un air songeur, ou bleu *et* vert ?

Lucan se demanda subitement si son tortionnaire n'était pas tout simplement fou, mais la prudence l'incita à garder le silence. Il sentait le sang couler le long de sa joue et appréhendait déjà la prochaine question. Son cœur battait à tout rompre. Il avait peur. Il devinait que cet homme avait programmé sa mort. Qu'il était entre ses mains comme une souris entre les pattes d'un chat cruel.

Et puis soudain, une vague de rage l'envahit, annihilant sa peur. C'était à cause de despotes comme lui, sadiques et avides de pouvoir, que son grand-père était décédé ! Alors sûrement allait-il mourir, mais ce ne serait pas sans combattre ! Il fallait que les tyrans tel le Brac Marquel comprennent que malgré la terreur qu'ils semaient, il y aurait toujours des hommes pour s'élever contre eux.

Galvanisé, Lucan s'arracha aux doigts glacés qui lui tenaient le menton, et d'un effort de tous ses muscles, il dégagea son épée pour se mettre en garde. Cette fois, il allait se battre, vraiment se battre. Comme si son épée était une crosse de hurling.

– Vous voulez peut-être aussi savoir quelle est ma pointure ? cracha-t-il en faisant tournoyer sa lame.

Elle fut parée par l'épée argentée, mais le garçon eut la satisfaction de voir celle-ci trembler.

Le Brac Marquel éclata de rire.

– Bien ! Cela devient intéressant ! J'ai horreur que les choses soient trop faciles...

– Alors je vais faire de mon mieux pour ne pas vous décevoir !

Lucan fit un bond en arrière pour reprendre de l'élan et se mit à frapper anarchiquement mais avec une énergie furieuse. Le Brac Marquel fut obligé de reculer sous la violence et l'enchaînement des coups. Il ne souriait plus, et pour Lucan, c'était déjà une victoire. Il commençait presque à croire qu'il pourrait l'emporter quand le Brac Marquel, parant une attaque qui l'avait amené tout près de lui, fit surgir son petit poignard. L'instant d'après, il le plaquait contre la jugulaire du garçon.

Essoufflé, il demanda avec un sourire sardonique :

– Alors, quelle est ta pointure ?

Il désarma son adversaire de sa main droite et le força à reculer contre le mur.

– Bon. Assez plaisanté, déclara-t-il d'une voix sèche, maintenant, tu vas répondre à mes questions.

Lucan comprit que cette fois, c'était la fin. Même s'il disait la vérité, jamais il ne le croirait !

– D'où viens-tu ? Et comment t'appelles-tu ? martela le Brac Marquel.

Comme Lucan, transpirant à grosses gouttes, gardait le silence, le poignard s'enfonça un peu plus.

– Tu ne veux pas répondre ? qu'importe, vois-tu. Je sais que tu n'es pas un simple pilote roslendien.

Le Brac Marquel se tut à son tour. Il l'observait avec une telle intensité que Lucan pouvait le sentir malgré son masque. Soudain il saisit d'une main la mèche qui retombait sur le front du garçon et la tira en arrière. Lucan le sentit frémir.

– Cette ressemblance, ce ne peut être un hasard, murmura-t-il, il y a en toi ce sang que j'exècre, ce sang qui pue la lâcheté et l'infamie. C'est inscrit sur ton visage, ça se lit sur chacun de tes traits.

Le Brac Marquel s'interrompit. Si le garçon n'avait pas su à qui il avait affaire, il aurait cru qu'il était submergé par l'émotion.

– Tes cheveux, tes yeux...

Le chef suprême de Nelbri semblait étrangement perturbé.

– Qui est ton père ? le pressa-t-il soudain.

Son père, pourquoi lui parlait-il de son père ? La confusion de Lucan était telle qu'il n'eut pas l'idée de mentir.

– Il est mort avant ma naissance. Je ne l'ai jamais connu.

Soudain, le Brac Marquel éclata d'un rire amer.

– Eh bien moi, je l'ai connu ! Beaucoup trop même ! Je pensais m'être débarrassé de lui avant qu'il puisse engendrer un foutu descendant, mais je me suis trompé... Il a bien caché son jeu !

Une souffrance violente étreignit le cœur de Lucan, si violente que son corps meurtri semblait ne plus exister. Son père ? Le Brac Marquel connaissait son père ? Le Brac Marquel était responsable de la mort de son père ? Non ! C'était impossible !

– Ainsi tu sors du néant pour me défier...

La pression de la lame s'allégea sur son cou et la pointe le frôla jusqu'à son œil droit, le seul qu'il réussisse encore à ouvrir.

Lucan aurait aimé croire que le Brac Marquel délirait, qu'il racontait n'importe quoi. Mais il y avait tant de colère contenue dans sa voix ! Et même une incompréhensible douleur... Il ne pouvait dire que la vérité.

– Il faudra donc que je le tue à nouveau, que je le tue à travers toi, murmura-t-il avec une urgence dans la voix.

L'extrémité du poignard glissa tout autour de l'œil de Lucan. Ce dernier se mordit les lèvres, terrorisé.

– Je ne comprends rien à ce que vous dites, chuchota-t-il.

– Tu as certainement eu l'occasion de voir comme on soigne ces sales ratirs d'Albins à Nelbri. Je crois qu'il serait bon que je t'applique le même traitement, dit-il doucement en approchant la pointe du poignard du coin de son œil.

– Non ! hurla Lucan.

Le Brac Marquel éclata de rire.

– Ton père aussi m'a supplié...

La pression s'intensifia. Le chef suprême des armées nelbriennes prenait son temps... et son plaisir. Lucan déglutit. L'horrible vision de l'Albin défiguré s'imprima dans son esprit.

– Non... par pitié !

Son cri fut couvert par le bruit des battants de la porte métallique percutant les murs. Le fracas les arracha à l'état de transe dans lequel ils étaient tous deux plongés.

– Votre Éminance, hurla un garde, l'entrepôt est en feu ! Tout risque d'exploser d'une seconde à l'autre !

54

Alter Monde, terre de Nelbri

« Sauvé par le gong ! »

Pour Lucan, jamais l'expression n'avait eu autant de sens !

Le Brac Marquel lâcha un juron furieux et sortit à grands pas de la salle d'armes. Les portes furent verrouillées derrière lui et Lucan se retrouva seul et sauf. Sauf, oui, mais pour combien de temps ?

Il comprima de sa paume son arcade sourcilière qui continuait de saigner et essuya son autre œil d'un geste rageur. Il repoussa délibérément tout ce qu'il venait d'apprendre dans un coin obscur de sa tête. Ce n'était pas le moment de penser. Il fallait agir, vite. Il fit rapidement le tour de la salle. Il n'y avait pas d'autre sortie que celle qu'avait empruntée le Brac Marquel. Les autres ouvertures se trouvaient en hauteur et étaient grillagées. Tant pis, vu le sort qui l'attendait, cela valait la peine de tenter le tout pour le tout !

Il glissa tout d'abord un poignard dans sa ceinture et observa comment les armes étaient fixées au mur. Quand il eut trouvé le passage qui semblait offrir le plus de prises, il se lança dans l'escalade. Il arriva ainsi tant bien que mal à la hauteur d'une fenêtre. Des bruits étranges filtrèrent alors à travers les portes métalliques. Il se figea en entendant le son caractéristique d'une serrure que l'on déverrouille. Le nez collé au mur, Lucan s'attendit à entendre la voix pleine de haine du Brac Marquel.

– Par ici, ce serait plus facile, il me semble...

Ce n'était pas la voix du Brac Marquel. Celle-ci était calme, pleine de sagesse et semblait infiniment plus amicale.

Avec prudence, Lucan tourna la tête et découvrit un Albin aux traits nobles et aux cheveux mi-longs attachés sur la nuque. Il n'était pas défiguré comme celui qu'il avait vu dans la cour et paraissait au contraire en excellente forme. Il lui sembla l'avoir déjà vu quelque part. L'homme aux yeux rouges se présenta :

– Je suis Altrïos de Roslend. Nous nous sommes déjà rencontrés au palais, lors de ton interrogatoire. Des circonstances assez désagréables. Celles-ci ne valent guère mieux, mais s'il se peut, je serai ravi de pouvoir t'aider.

Tout en descendant le plus vite possible, Lucan répondit :

– Je crois qu'il se peut tout à fait. Vous ne pouviez pas mieux tomber !

– Parfait, c'est ce que j'avais espéré.

Un soupçon naquit dans l'esprit du garçon.

– L'incendie… c'est vous ?

– Pour ce qui est de la réalisation, malheureusement non. On le doit à quelques courageux qui me viennent régulièrement en aide. Mais je dois avouer que je suis à l'origine de l'idée.

Comme Lucan atteignait le sol, l'Albin ajouta :

– Bien, il serait peut-être de bon ton de poursuivre cette conversation un peu plus tard. Le temps presse.

Lui faisant signe de le suivre, ils dépassèrent le corps d'un garde étalé sur le sol et se mirent à longer le bâtiment. Malgré l'humidité ambiante, un incendie énorme, alimenté par les produits hautement inflammables qui se trouvaient dans l'entrepôt, occupait, à plusieurs dizaines de mètres de là, tous les hommes valides. Altrïos le guida jusqu'à l'orée de la forêt. Cachées par les frondaisons, deux rorsses les attendaient. Il lui tendit les rênes de la plus petite et enfourcha la deuxième avec aisance.

– Mais… c'est que… enfin… je ne sais pas monter sur… ça !

Le souffle d'une explosion terrible parvint jusqu'à eux, faisant hennir les bêtes.

– Eh bien, je crois que c'est le moment idéal pour apprendre. À moins que tu préfères rester pour expliquer aux quelques Nelbriens qui ont survécu que, malgré les apparences, tu tiens particulièrement à être leur ami !

Lucan soupira et s'approcha de la rorsse. Dès qu'il fut parvenu à lui grimper dessus, Altrïos fit partir sa monture dans la forêt. Celle de Lucan suivit sans qu'il n'ait rien à faire. Ils avancèrent au pas tant qu'ils furent à couvert, puis ils gagnèrent un chemin dégagé et l'Albin lança sa monture au galop. Comme un ressort, la rorsse de Lucan démarra au quart de tour, totalement indifférente au fait qu'il montait avec autant de naturel qu'un sac de pommes de terre. S'accrochant aux rênes comme si sa vie en dépendait, ce qui, à la réflexion, était certainement le cas, il se laissa emporter.

Quand ils arrivèrent près de la falaise, Lucan avait le sentiment que ses os étaient en mille morceaux.

– Dépêchons-nous, ils ne vont pas tarder à retrouver notre trace.

– Où allons-nous ?

– À Roslend. La situation s'est terriblement dégradée depuis ton départ. Les Nelbriens se sont mis à bombarder de nuit. Une partie de la ville est détruite et la fin est proche si on ne réagit pas très vite. Mais nous gardons espoir puisque tu as prouvé que les ouzgouchs pouvaient s'envoler depuis les falaises !

Malgré cette note optimiste, ces nouvelles secouèrent Lucan. Même si son premier contact avec Roslend n'avait pas été des plus agréables, il se souvenait de la beauté et de l'élégance de ses jardins et de son architecture. Sans compter que son sort était lié à celui de la Grande-Bretagne !

Il jura en descendant de la rorsse.

– C'est trop frustrant ! s'emporta-t-il, croyez-moi si vous voulez, j'avais réussi à mettre la main sur une machine à décoder nelbrienne ! Et puis j'ai perdu connaissance un moment et à mon réveil, j'étais dans ce fichu cachot. La machine s'était envolée, évidemment !

Altrïos s'élançait déjà sur le sentier qui rejoignait la mer. Lucan dévala à sa suite le chemin et, même s'il ne pleuvait plus, il glissa plus qu'il ne courut. Mais au moins cela lui permit d'arriver presque en même temps que lui sur la rive. Il découvrit un couple d'otariens des sables, attelés à une plateforme surélevée, qui étaient surveillés par un Albin défiguré. Ils échangèrent quelques mots rapides et l'homme, après avoir confié un petit cylindre à Altrïos, emprunta en sens inverse le sentier qu'il venait de descendre. Le maître espion se tourna vers Lucan et intima :

– Allez, grimpe ! Et au fait, tu peux me tutoyer. Nous sommes compagnons d'armes désormais !

Flatté, Lucan obtempéra sans mot dire et s'assit sur le support installé à l'arrière. La seconde d'après, les otariens s'élançaient dans la mer des sables.

Quand ils ne furent plus en vue de la côte, Altrïos se détendit et se retourna vers son passager. Il lui tendit le cylindre.

– Il y a un sac sous ton siège, dit-il, mets-le dedans. Et passe-moi les lunettes de protection qui s'y trouvent. Les nuages se dissipent, je ne peux supporter la pleine lumière du soleil en mer.

Comme Lucan se penchait pour s'exécuter, l'Albin ajouta :

– Ah... au fait, pendant que tu y es, tu trouveras encore un autre objet à l'intérieur. Je pense que tu le reconnaîtras.

Effectivement, Lucan le reconnut.

– La machine à décoder ! s'exclama-t-il sans parvenir à y croire. Mais comment... ?

– Donne-moi mes lunettes. Je vais t'expliquer.

Quelques minutes plus tard, le garçon savait tout : comment Altrïos avait vu Ivalys courir dans les bois, comment il l'avait découvert, inconscient, tenant le boîtier dans ses mains, comment il avait récupéré celui-ci, comment l'arrivée de la patrouille nelbrienne l'avait empêché, lui, de le mettre à l'abri et comment, enfin, il avait programmé son évasion. Lucan apprit aussi avec soulagement qu'Ivalys avait pu s'échapper en plongeant dans la mer des Sables ondulants.

– D'où vient donc cette fille à la peau bleue ? demanda Altrïos, dévoré par la curiosité.

Lucan fut alors bien forcé de révéler à l'Albin l'existence d'Hircuz et son mode de fonctionnement.

– C'est pourquoi j'aimerais que tu gardes leur existence secrète, conclut-il.

Les premiers instants de stupéfaction passés, Altrïos confia :

– Je sais ce que c'est d'être persécuté. Je ne parlerai pas d'eux.

Puis sur une note plus joyeuse, l'Albin s'exclama :

– Dire que la dernière fois qu'on m'a parlé de toi, c'était pour m'annoncer que tu étais mort !

– Et je le serais si Ivalys ne m'avait pas sauvé la vie, insista Lucan, c'est pourquoi je ne veux surtout pas la mettre en danger.

– Ne t'inquiète pas, je suis maître espion. Les secrets, c'est ma spécialité.

55

Alter Monde, terre de Roslend

Altrïos eut beau ne pas ménager les otariens pendant la traversée de la mer des sables, ils n'arrivèrent à bon port qu'en fin d'après-midi. Au cours des derniers milles, Lucan avait eu la surprise d'apercevoir une escadrille d'ouzgouchs les survoler. L'Albin lui avait alors demandé de cacher ses cheveux bruns à l'aide d'un turban afin qu'on ne le prenne pas pour un Nelbrien. Il en portait un lui-même pour se protéger de la brûlure des rayons du soleil.

Lucan ne put s'empêcher de ressentir un pincement de fierté en se souvenant qu'il avait été le premier à ouvrir la voie. Il espérait avoir de nouveau la possibilité de piloter une ouzgouch !

Son exaltation retomba quand ils pénétrèrent à l'intérieur des terres. Des champs de céréales, durement gagnés sur les terres arides, n'étaient plus que champs de cendres. Certaines oasis avaient heureusement été épargnées, mais on sentait que la désolation était omniprésente.

Il sut qu'ils approchaient de la ville quand les geysers commencèrent à se multiplier. Alors que le pays semblait basculer dans le chaos, ils continuaient à jaillir à des hauteurs phénoménales et avec la régularité d'un métronome. Comme il aurait aimé que tout soit à l'image de ces jets : solide et inaltérable !

Hélas, la cité de Roslend, qu'il avait quittée flamboyante, n'était plus que l'ombre d'elle-même. Les quartiers périphériques, parmi les plus pauvres, avaient été dévastés. Il vit des mères qui pleuraient, tenant leur enfant dans les bras. D'autres qui tentaient de sauver encore ce qui pouvait l'être en fouillant les ruines. Un vieillard, soutenu par deux hommes, avançait en boitillant.

Comment ne pas penser à son grand-père ? Comment ne pas penser à Londres ? Tout était à la fois si semblable et si différent ! Londoniens et Roslendiens vivaient dans deux mondes qui ne se rencontreraient jamais. Pourtant, quels que soient la couleur de leur peau ou leurs coutumes, dans le cœur des hommes, la douleur était la même lorsqu'on détruisait leurs maisons ou que l'on tuait ceux qu'ils chérissaient.

Altrïos restait silencieux en avançant dans ces rues qu'il devait si bien connaître. Ils parcoururent le trajet qui les menait au château dans une contemplation taciturne.

Quand Altrïos demanda à voir l'Immuable, on lui annonça que ce dernier tenait un conseil de guerre avec les principaux gradés.

– Annoncez-moi, intima Altrïos, j'ai des nouvelles de la plus haute importance !

Peu après on l'introduisit, avec Lucan, dans la grande salle du Devenir. Il avait insisté pour que le garçon l'accompagne et en découvrant sa présence, le colonil Lhô se redressa, furieux. Altrïos leva une main apaisante.

– Laissez-moi parler. Après ce sera votre tour.

Il sortit de son sac le boîtier métallique et le posa sur la table devant le militaire.

– Voilà ce que je vous avais promis, colonil, la machine à décoder qui vous permettra de déchiffrer les cartes…

Le petit cylindre que lui avait remis l'Albin défiguré vint rejoindre le coffret métallique.

– … et voici les derniers messages de l'armée nelbrienne qui ont été interceptés par nos contacts.

Le colonil se rassit en baissant la tête en signe de respect :

– Je dois reconnaître que vous m'impressionnez, Altrïos ! Je n'y croyais pas un instant. Les Nelbriens gardent si jalousement ces codes que je pensais qu'il serait impossible d'en voler un !

– Mais c'est bien mieux que ça, colonil, cette machine n'a pas été volée, sinon les Nelbriens risqueraient de changer leurs chiffres.

Il invita Lucan à le rejoindre :

– Raconte !

Et à l'intention de l'assemblée il ajouta :

– Car c'est à lui et non à moi que nous devons cette découverte.

Pris au dépourvu, Lucan commença à parler de sa chute dans la mer des Sables ondulants et inventa une histoire un peu rocambolesque dans laquelle il avait découvert une épave et dans l'épave, le boîtier. Bien sûr, il prit soin de ne pas mentionner l'existence d'Hircuz.

Autour de la table, l'Immuable, tout comme les autres hommes présents, fronçait les sourcils, dubitatif.

– Personne ne revient jamais des sables ondulants ! s'exclama l'un d'eux.

– Et personne n'arrivait à faire voler les ouzgouchs, répliqua Lucan du tac au tac, dans toute chose, il faut une première !

– Et comment faisais-tu pour respirer ?

– Il y avait des hauts-fonds et je suis très bon en apnée.

– Et comment faisais-tu pour voir ?

– On voit très bien sous les sables ondulants, la couche de paillettes laisse passer la lumière et dessous, il n'y a plus que de l'eau.

– Comment savais-tu que c'était ce que l'on cherchait ?

Lucan haussa les épaules :

– Je ne savais pas. J'ai juste trouvé ça intéressant.

Altrïos reprit la parole :

– Je comprends votre méfiance, mais quand je vous dirai d'où et dans quelles circonstances j'ai fait évader ce jeune homme, vous aurez, tout comme moi, l'assurance qu'il n'a rien d'un espion nelbrien.

Et ce fut au tour de l'Albin de relater les derniers événements.

Ses paroles et les blessures visibles de Lucan finirent par emporter l'adhésion du plus grand nombre. Après quelques échanges, le colonil Lhô se leva et s'inclina devant l'Immuable avec plus de respect qu'il n'en montrait d'habitude.

– Si vous le permettez, nous arrêterons là ce conseil. Nous avons besoin d'étudier ces nouveaux éléments et décrypter les messages de toute urgence pour déterminer la conduite à tenir.

– Très bien, acquiesça l'Immuable qui savourait intérieurement cette victoire.

Les militaires saluèrent et sortirent.

Les trois hommes se retrouvèrent seuls dans la salle du conseil.

– Eh bien, la dernière fois que j'ai parlé de toi, c'était pour dire que tu étais mort.

Lucan décocha un regard méfiant à l'Immuable et répliqua :

– Il paraît qu'on parle de moi en ces termes. Désolé de vous décevoir.

Une ombre de sourire passa sur les lèvres bien dessinées de l'Immuable.

– J'en connais une qui sera heureuse de cette nouvelle, commença-t-il sans pouvoir s'empêcher de poursuivre d'un ton railleur : Quel retour ! Te voilà tout auréolé de gloire ! C'est vraiment une trouvaille providentielle. Sans parler de ce magnifique vol d'essai ! Je n'aurais pas mieux fait ! Dis-moi, peut-on espérer de nouveaux exploits ? Dans l'état actuel des choses, je suis prêt à accueillir à bras ouverts tous les héros en manque d'occupation !

– Immuable, se sentit obligé d'intervenir Altrïos, vous êtes injuste.

Xélion se leva pour s'approcher. Lucan nota qu'il avait le visage marqué et en l'observant, il éprouva à nouveau cet étrange sentiment de déjà-vu.

– Tu as raison mon cher ami, comme toujours, dit Xélion au maître espion en posant une main sur son épaule. D'ailleurs tu devrais faire attention, les gens qui ont toujours raison sont tout à fait insupportables. Sors-nous une bourde de temps à autre, ça entretient l'amitié !

Altrïos grimaça, ne sachant comment réagir en présence d'un tiers.

– Excusez-moi, intervint alors Lucan, mais s'il était possible de prendre un bain...

L'Immuable se retourna vers lui. Son uniforme de pilote était déchiré en maints endroits et, tout comme son visage, souillé de boue et de sang séché.

– Effectivement, ce ne serait pas du superflu, confirma-t-il en fronçant le nez de dégoût.

Vexé, Lucan rétorqua d'un ton plein de sarcasmes :

– Pardonnez-moi, Immuable. La prochaine fois, je prendrai le temps de me refaire une beauté avant de venir vous informer que j'avais le moyen de sauver votre pays !

Altrïos éclata de rire, ce qui eut pour effet d'irriter Xélion encore davantage. Mais avant même que ce dernier puisse répliquer, l'Albin poussa Lucan hors de la pièce pour le conduire aux thermes. Juste avant de refermer la porte, il glissa la tête par l'ouverture pour avouer sur le ton de la confidence :

– Moi, il me plaît ce gosse !

56

Alter Monde, terre de Roslend

Après toutes ces épreuves, quel bonheur ce fut pour Lucan de découvrir les thermes arkhaziens. C'était une expérience extraordinaire de se retrouver sous cette coupole de cristal qui, tel un diamant, jouait avec la lumière. Il s'enfonça avec délice dans une des nombreuses piscines qui s'offraient à lui. Un serviteur lui avait décrit les spécificités de chacune d'elles. Incapable de les retenir toutes, il avait juste choisi celle qui était dotée de vertus relaxantes. Les eaux tièdes enveloppèrent son corps comme un manteau de velours. En admirant les minuscules oiseaux aux ailes dédoublées qui voletaient d'un feuillage à l'autre, il eut une pensée pour Catriona qui pestait toutes les fois qu'elle devait se laver devant une bassine en étain, grelottant de froid dès les débuts de l'automne. Quand il lui raconterait ça, elle en verdirait de jalousie !

Lorsqu'il se fut enfin débarrassé de toute sa crasse, un soigneur apparut comme par magie à ses côtés pour s'occuper de ses blessures. Allongé sur une serviette tiède et moelleuse, il se laissa panser. Les compresses que le professionnel appliquait soulageaient de manière très efficace la douleur. Elles étaient fraîches et parfumées. Lucan se sentait revivre. Quand le soigneur eut terminé, un masseur le remplaça aussitôt. Ce fut un moment exquis pendant lequel les muscles se dénouèrent, les souffrances s'estompèrent et les courbatures disparurent. Le garçon aurait adoré que ces instants hors du temps durent éternellement…

Sans même s'en rendre compte, il se laissa emporter par le sommeil.

57

Ego Monde, Londres

Le tic-tac régulier d'une horloge parvint aux oreilles de Lucan. Il ouvrit un œil avec difficulté et reconnut la chambre du 10, Downing Street. Au cours de son sommeil, il avait dû s'agiter car le cadran avait roulé au bout de ses doigts. Il se sentait comme en suspension entre les deux mondes, dans un état proche de l'inconscience. Il resta quelque temps hébété. Au bout d'un moment, il se dit qu'il devrait se lever pour tenir Churchill au courant des dernières nouvelles, mais il était si fatigué... De peur de laisser échapper le cadran, il resserra sa prise et se retourna pour s'accorder une ou deux minutes de repos supplémentaires. Ensuite il se lèverait, ensuite...

La seconde suivante, il ronflait avec bonheur.

58

Alter Monde, terre de Roslend

Une ouzgouch fendait les airs de son vol puissant. Majestueuse, il lui suffisait d'un coup d'aile à peine perceptible pour infléchir sa trajectoire et opérer d'hallucinantes figures de voltige aérienne. Son pilote épousait parfaitement ses mouvements. Il semblait ne faire qu'un avec elle, anticipant ses déplacements, se coulant dans ses vrilles. Ils survolèrent Lucan et opérèrent un demi-tour avant de se poser tout près de lui. Pébo courut aussitôt le long de la jambe de l'homme avant de sauter à terre. À son tour, le pilote se glissa au bas de l'oiseau. Il était grand, vêtu d'un magnifique uniforme de pilote. Lucan le regardait, mais il avait le soleil dans les yeux et ne pouvait distinguer son visage. Une émotion intense l'étreignit alors que le pilote s'approchait de lui. Bientôt ils se retrouvèrent face à face. Le pilote était blond. Ses cheveux brillaient comme de l'or au soleil. Lucan ne pouvait le voir, mais il savait que l'homme lui souriait. Il lui sourit en retour. Un petit nuage occulta l'astre du jour et Lucan put enfin découvrir les traits du pilote. La surprise le saisit.

Ce visage… c'était le sien ! Le sien, dans quelques années.

Seule différence, minime, un de ses yeux était bleu turquoise tandis que l'autre brillait d'un vert profond.

– Père ! s'exclama Lucan, le cœur prêt à exploser de joie.

– Mon fils, enfin ! répondit l'homme.

Il tendit la main vers le garçon. Il allait le toucher quand son sourire se tordit en une grimace de douleur. Lucan baissa les yeux et vit alors qu'une épée scintillante avait transpercé le pilote de part en part. La main de ce dernier retomba et il s'effondra à genoux. Lucan se mit à hurler. Il voulait se précipiter vers lui mais une main invisible le retenait. Il ne put qu'assister, impuissant, à l'agonie de son père. Les nuages se firent plus nombreux, charriés par un vent violent. La silhouette sombre du Brac Marquel se découpait sur un ciel d'orage. Meurtrière. Toute-puissante.

– Et maintenant, à ton tour, Kid ! déclara-t-il en retirant son épée du corps sans vie de son père.

– Assassin ! hurla Lucan ravagé.

Une main apaisante se posa sur son épaule.

– Doucement ! Tu vas te rendre malade à crier ainsi.

Lucan ouvrit les yeux. Ceux d'Altrïos le contemplaient, sereins, comme l'eau de deux rubis que rien ne vient troubler.

– C'était un cauchemar. Un horrible cauchemar.

– Rien de surprenant. Même éveillés nous vivons tous un cauchemar ces temps-ci.

– Arrête de faire ta mère poule, Altrïos. C'est un grand garçon ! intervint l'insupportable Xélion.

Ignorant le regard furieux que lui décochait Lucan, il enchaîna :

– Tu as fini de te « refaire une beauté » ? Notre chère savantoresse est arrivée il y a quelques heures avec son équipe pour travailler sur le décryptage des messages avec les militaires. Elle t'a demandé à cor et à cri. Visiblement, elle ne nous fait guère confiance : elle ne croira que tu as survécu que lorsqu'elle te verra de ses propres yeux.

Lucan sauta avec hâte au bas de la table de massage sur laquelle il s'était endormi.

– J'arrive ! Moi aussi je serai très heureux de la revoir.

L'Immuable le toisa de toute sa hauteur.

– Prends quand même le temps de t'habiller, le rabroua-t-il vertement, on est dans un palais, pas dans la jungle !

Sur ces paroles, il pivota des talons, son long manteau virevoltant autour de lui, et il sortit des thermes à grands pas.

– N'y fais pas attention, dit Altrïos. Il peut avoir des réactions surprenantes. Puis il l'informa : Des vêtements t'attendent dans les vestiaires.

Lorsque le garçon retrouva le maître espion, il avait revêtu une tenue élégante et confortable à la fois. Le pantalon bouffant était taillé dans une soie blanche brodée de cercles bleu nuit qui s'entrelaçaient. Une large ceinture du même bleu était nouée sur le côté. Une courte veste de cuir sans manches complétait sa tenue. Ses cheveux, enfin, ne tombaient plus sur son visage. Dégageant son front, ils avaient été tirés en arrière à la mode roslendienne. Comme ceux de l'Immuable, ils étaient retenus par un fin bandeau.

Altrïos eut un léger recul quand il l'aperçut.

– Je suis ridicule ? C'est ça ? s'inquiéta Lucan.

Altrïos reprit son visage serein.

– Non, bien au contraire. Tu fais très… roslendien habillé ainsi.

Le regard d'Altrïos restait scrutateur. Un peu mal à l'aise, Lucan plaisanta :

– Ah. J'espère que c'est une bonne chose.

– C'en est une. De ce côté de la mer tout du moins, précisa Altrïos avec un fin sourire.

Ils allaient emprunter l'un des escaliers à révolution qui menait à l'étage inférieur, quand l'Immuable les rejoignit. Il s'arrêta net et fronça les sourcils. Le garçon s'attendait à de nouveaux sarcasmes, mais l'Immuable demanda simplement :

– Alors, maintenant, nous diras-tu qui tu es et d'où tu viens ?

Pour une fois, son ton de voix était sérieux. Lucan décida de dire la vérité.

– Je m'appelle Lucan Sondran, mais je ne peux pas vous dire d'où je viens.

– Sondran, dis-tu ? fit l'Immuable, interloqué.

Altrïos semblait surpris lui aussi.

– C'est étrange, commença-t-il, c'est très proche de « Sondoran »...

– « Sondoran » ? Qu'est-ce que c'est ? demanda Lucan.

Les deux hommes répondirent en même temps :

– Le nom de la dynastie des Arkhaz de Roslend.

Comme l'Immuable braquait son regard azur sur lui tout en fronçant les sourcils d'un air contrarié, Lucan s'exclama :

– Ça y est, je sais ! Mon grand-père ! Vous me rappelez mon grand-père !

– J'ai donc l'air d'un vieillard ? demanda l'Immuable d'un ton offensé.

– Non ! Oui ! Enfin, c'est juste que vous avez une façon de me regarder qui est exactement celle de mon grand-père. Vos yeux aussi... c'est tout à fait la même couleur que les siens. Si ce n'était pas impossible, j'aurais juré que vous étiez de la même famille ! Sérieux, vous pourriez être son fils...

Altrïos et Xélion se regardèrent, puis l'Immuable se pencha vers Lucan pour l'observer de plus près.

– De quelle couleur sont tes yeux ? lui demanda-t-il.

– Ah non, ça ne va pas recommencer ! s'énerva Lucan.

L'Immuable se redressa et s'étonna :

– Recommencer ?

– Oui ! Le Brac marquel m'a posé la même question ! Qu'est-ce que vous avez tous à la fin ?

L'Immuable et Altrïos échangèrent quelques phrases rapides à voix basse. Puis l'Immuable pivota vers le garçon :

– Je crois qu'il va falloir qu'on ait une conversation sérieuse, mon cher Lucan.

Le garçon sentit que l'air se chargeait de tension. Un sentiment d'urgence qu'il ne comprenait pas s'empara de lui et les battements de son cœur s'accélérèrent.

– Mais avant ça, il faut absolument que tu nous dises d'où tu viens.

Lucan hésita. Il se sentait tiraillé entre le besoin de garder son secret et le sentiment qu'il devait tout raconter. Il ouvrait la bouche lorsque des cloches se mirent à sonner l'alarme. Au même moment, les cris stridents des ptéradaks résonnèrent à l'extérieur.

– Les Nelbriens attaquent ! s'exclama Altrïos.

Ils coururent ouvrir les baies vitrées.

Les premières flammes léchaient les toits des quartiers périphériques.

– Mais où sont les pilotes roslendiens ? s'indigna Lucan, je n'en vois aucun !

– C'est bien le problème, expliqua l'Immuable d'un ton fataliste, ils ne peuvent décoller que depuis les falaises, il leur faut du temps pour voler jusqu'ici lorsqu'on signale une attaque.

Lucan se prit la tête entre les mains et rentra à l'intérieur. Il était atterré de voir que malgré tous les risques qu'il avait pris, Roslend craquait chaque jour un peu plus sous les coups de boutoir des Nelbriens. Combien de maisons s'effondreraient encore ce soir avant que les pilotes d'ouzgouch arrivent à la rescousse ? Combien de personnes trouveraient encore la mort ?

59

Alter Monde, terre de Roslend

– Nous parlerons plus tard, décida l'Immuable. Pour l'heure, il y a plus urgent. Rejoignons la salle de cartographie.

Ils empruntèrent une succession d'escaliers qui les menèrent jusqu'à une salle souterraine. Ils s'étaient enfoncés si profond qu'ils n'entendaient plus les bruits de bataille.

Quand ils entrèrent, Lucan comprit immédiatement qu'il était dans le quartier général de l'armée roslendienne. Des cartes représentant Roslend, Nelbri et le planisphère de l'Alter Monde étaient tendues sur les murs arrondis. La géographie de cette planète était semblable à la Terre par sa forme et pourtant très différente par la découpe et la position de ses continents. Pour la première fois, Lucan découvrait l'Alter Monde dans toute sa splendeur et son originalité. Pour la première fois, il prenait conscience qu'il était infiniment plus vaste que ce qu'il avait imaginé. Tout comme la Terre ne se résumait pas à la Grande-Bretagne et l'Allemagne, cette nouvelle planète offrait bien plus de territoires que Roslend et Nelbri.

Quelques notes piaillées par Sido sur un ton triomphal avertit Palioma de la présence de Lucan. Ce dernier se sentit flatté par le changement de mélodie qui annonçait son arrivée. Quel progrès depuis l'éclat de rire moqueur de leur première rencontre !

– Lucan ! Quelle joie de te revoir vivant ! s'exclama-t-elle en traversant précipitamment la salle pour le serrer dans ses bras.

Lucan rougit de plaisir et d'embarras.

– Il faudra à tout prix que tu me racontes tes aventures, poursuivit la jeune femme avec enthousiasme.

– Désolé d'interrompre vos touchantes retrouvailles, intervint l'Immuable d'un ton lourd d'ironie, mais je vous rappelle, savantoresse, que nous sommes sur le point de finir de décrypter le dernier message. Il conviendrait peut-être que vous acheviez ce pour quoi vous êtes ici, c'est-à-dire vérifier que le décryptage se fait sans erreur !

Deux taches roses colorèrent le teint d'albâtre de la savantoresse. Sans faire de commentaire, elle retourna près d'une des tables où plusieurs personnes travaillaient d'arrache-pied. Au centre se trouvait la machine à coder que le garçon avait trouvée dans l'épave. Un savantor tournait des cadrans au fur et à mesure qu'un militaire lui dictait des lettres. Puis il énonçait de nouvelles lettres qu'un secrétaire s'empressait de noter. Parfois Palioma précisait un code numérique ou discutait âprement avec quelqu'un pour savoir quel cadran il convenait d'utiliser.

Le colonil Lhô était présent. Il apprécia beaucoup moins que la savantoresse l'intrusion de Lucan dans la salle.

– Enfin Immuable, s'emporta-t-il, à quoi pensez-vous ? Vous introduisez un ancien prisonnier des Fournaises dans le lieu où se traite la stratégie de Roslend ! C'est inadmissible !

– Occupez-vous de ce qui vous regarde, colonil, rétorqua sèchement l'interpellé. Cette salle fait partie de ma juridiction. J'y introduis qui bon me semble. Si je crois que ce garçon a sa place parmi nous, vous n'avez rien à dire.

Le colonil décocha un regard offensé à l'Immuable mais se plia à sa volonté.

Lucan, lui, ne pouvait détacher les yeux de Xélion. Que lui arrivait-il donc ? C'était bien la première fois qu'il prenait sa défense ! Avait-il été ému qu'il évoque sa ressemblance avec son grand-père ? Ce roi du sarcasme avait-il finalement un cœur ?

Soudain le silence s'établit dans la salle. Le message était entièrement décodé. L'Immuable, qui lisait par-dessus l'épaule du secrétaire, avait les traits figés. Comme il tardait à prendre la parole, Altrïos finit par interroger :

– Alors ?

Xélion ouvrit la bouche et articula avec difficulté :

– Ils vont détruire Roslend.

Comme si cette phrase avait brisé un sort qui l'empêchait de réagir plus tôt, le colonil Lhô s'anima :

– Ils vont lancer une opération d'envergure appelée « Rorsses des mers ». Ils comptent y engager toutes leurs forces. Ils veulent nous mettre à terre, ce sera la bataille décisive. Ils envahiront le ciel de Roslend comme jamais auparavant. Ils attaqueront chaque quartier, chaque bâtiment, chaque maison. Mais surtout, ils attaqueront le barrage.

– Le barrage !

Toutes les personnes présentes dans la salle s'étaient exclamées en chœur.

– Le barrage ? Mais que peuvent-ils faire ? Ce ne sont pas les fientes de ptéradak qui risquent de le détruire ! lança quelqu'un.

– Le barrage ? S'il cède, c'est la catastrophe ! s'écria un autre.

– Toute la ville sera inondée !

L'Immuable leva les mains pour imposer le silence. D'une voix ferme, il déclara :

– Calmons-nous. Ce n'est pas le moment de paniquer.

– Les Nelbriens ont découvert une nouvelle arme, expliqua le colonil Lhô, une poudre qui peut provoquer des explosions. Des explosions qui peuvent détruire le mur de rétention des eaux.

Il se tut et pendant quelques secondes, il n'y eut plus un bruit. Puis, du fond de la salle, une voix prophétisa :

– Il va y avoir des milliers de morts.

Une autre se rebella :

– Non ! Il suffit de faire évacuer la ville !

Le colonil Lhô brisa l'espoir.

– Pour aller où ? Dans le désert ? Les oasis sont bien loin d'avoir la capacité suffisante d'accueillir ne serait-ce qu'un dixième de la population de Roslend ! De toute manière, une ville de cette taille ne s'évacue pas en un jour ! La panique serait aussi meurtrière que les eaux du barrage.

– Un jour ? Mais quand donc doit avoir lieu cette attaque ? demanda Palioma avec angoisse.

Le colonil Lhô et l'Immuable se regardèrent, aucun n'osant lui répondre. Finalement, ce fut le premier qui se décida. Il plongea ses yeux dans ceux de la jeune femme, comme pour s'excuser, et articula :

– La nuit prochaine.

60

Alter Monde, terre de Roslend

La première pensée de Lucan fut pour Catriona et sa mère. Si une attaque de cette ampleur devait avoir lieu demain dans l'Alter Monde, il était fort à parier qu'il en serait de même dans l'Ego Monde. Il fallait à tout prix qu'il empêche une telle chose de se produire. Il fallait à tout prix prévenir Churchill !

Pour cela, il devait basculer. Oui, mais comment s'y prendre ? Il se mit à réfléchir avec intensité. Son expérience dans la cellule hircuzoise lui avait appris qu'il était incapable de s'endormir quand il était envahi par l'angoisse, et de toute manière, quand il s'était endormi sur la table de massage, il n'avait pas vraiment réussi à opérer la bascule. Son esprit avait flotté entre deux mondes et s'était au bout du compte égaré au pays des rêves. Conclusion : il allait avoir besoin d'aide.

Spontanément, il se tourna vers Altrïos.

– Il faut que je perde connaissance, déclara-t-il d'une voix pressante, assomme-moi vite !

L'Albin le considéra d'un œil médusé.

– Pardon ?

– S'il te plaît, c'est important !

Altrïos ne bougea pas d'un cil. À voir son expression, il était en train de se demander s'il n'était pas fou. Lucan comprit que sans explications, il n'en obtiendrait rien. Et comme il ne pouvait rien expliquer…

Lucan se sentit submergé par la frustration. Au bord de la panique, il se mit à regarder tout autour de lui, en quête d'une solution, même la plus folle, même la plus désespérée.

C'est alors qu'il aperçut Palioma, au bord des larmes, en grande discussion avec l'Immuable. Il était clair que ce dernier se retenait de la prendre dans ses bras pour la consoler. Cela déclencha dans le cerveau de Lucan une idée, une idée peut-être complètement idiote, mais il n'avait pas le temps de chercher autre chose. Sans plus hésiter, il courut vers eux, fit pivoter la jeune femme pour l'enlacer et, malgré sa totale inexpérience, tenta de lui donner le plus passionné des baisers.

La réaction ne se fit pas attendre. Sans ménagement, il se sentit arraché à cette douce étreinte avant de recevoir un puissant uppercut à la mâchoire.

Il eut juste le temps d'entendre « salaud ! » avant de s'effondrer sur le sol et de perdre connaissance avec soulagement.

61

Ego Monde, Londres, vendredi 14 septembre 1940, 21 h 15

Lucan se retourna dans son lit et ouvrit les yeux. Il mit un peu de temps à reconnaître la chambre à la décoration victorienne qu'on avait mise à sa disposition au 10, Downing Street. Dans sa main, il serrait encore le cadran qui lui permettait de basculer en Roslend. Il se dépêcha de le reposer. Il se redressa vivement et sauta du lit. Sa mâchoire était un peu douloureuse, mais sinon il se sentait plutôt bien. Il fallait agir vite. Quand il ouvrit la porte, un garde se trouvait derrière. Ce n'était pas le même que la dernière fois, ce qui convenait très bien à Lucan.

– Il faut que je voie le Premier Ministre, lança-t-il sans s'embarrasser de politesse.

Des ordres avaient dû être donnés car quelques minutes plus tard, il se retrouvait au sous-sol de la maison, assis sur une chaise, près de l'entrée du bureau de repli utilisé par Churchill en cas de bombardement. C'était là qu'il avait rencontré le politicien pour la première fois.

Il n'eut pas longtemps à attendre. La porte s'ouvrit et un homme d'une cinquantaine d'années en sortit. Il devait mesurer près de deux mètres, sa haute stature encore mise en valeur par l'uniforme de l'armée française qu'il portait avec fierté. Il avait un nez fort, une courte moustache et des yeux marron qui le regardèrent sans le voir. Il se dégageait de sa personne un intense mélange de vitalité, de combativité et d'autorité. C'était les mêmes impressions que l'on éprouvait généralement en rencontrant Churchill. Physiquement pourtant, on n'aurait pu trouver hommes plus dissemblables.

Le Premier Ministre salua le militaire avec chaleur mais sans le présenter. Puis il se tourna vers Lucan, remarqua sa pâleur et demanda :

– Ça va, *boy* ?

– J'ai des nouvelles de première importance, répondit le garçon, et elles ne sont pas bonnes.

Sans entrer dans les détails, il lui fit part du message qui avait été décodé.

Le visage de Churchill se plissa.

– Avez-vous eu des informations au sujet d'une attaque similaire sur Londres ? l'interrogea le garçon avec inquiétude.

Le Premier Ministre attendit un petit moment avant de répondre :

– J'avais entendu dire qu'Hitler préparait un gros coup. Mais rien d'aussi précis ni d'aussi imminent. Si tu dis vrai, cette bataille sera décisive. Il va falloir être prêt.

– Le serons-nous ? s'inquiéta Lucan.

Churchill releva le menton :

– Nous défendrons notre île, quel qu'en soit le coût. Nous ne céderons jamais.

Sa déclaration impressionna le garçon sans le rassurer vraiment.

Mais le Premier Ministre ne lui laissa pas le temps de poser une nouvelle question. Reprenant le contrôle de la discussion, il exigea que Lucan lui fasse un compte-rendu complet des derniers événements. On ne disait pas « non » à Churchill. Le garçon s'exécuta donc, mais il laissa de côté certains sujets qui, il le sentait, ne concernaient que lui. Comme à son habitude, Churchill l'écouta avec attention. Quand il se désola de l'incapacité des pilotes à intervenir rapidement lors des attaques de Volants nelbriens, le Premier Ministre eut un petit geste de la main pour dédramatiser.

– Dans une guerre, il y a beaucoup de batailles, et dans une bataille, beaucoup de combats. Ce qui compte, ce n'est pas de gagner tous les combats, mais de remporter la victoire finale. Et donc la bataille décisive.

Le Premier Ministre se leva et poursuivit :

– Pour survivre dans les moments où tout va mal, il faut une arme redoutable : l'optimisme !

Il ouvrit une porte de son bureau et en sortit une bouteille de champagne.

– Je crois qu'en ayant récupéré la machine à décrypter des Nelbriens et en m'informant de cette nouvelle, tu as accompli un sacré pas en avant. Concentrons-nous sur ce point positif.

Il commença à défaire le papier brillant qui entourait le bouchon et continua :

– En temps habituel, je t'aurais proposé de fêter ça avec un bon cognac, mais grâce à ce cher général de Gaulle, nous allons célébrer l'événement *à la française* !

Il se pencha à nouveau pour sortir deux verres et défit les fils métalliques qui retenaient le cabochon de liège.

– Le général de Gaulle, c'est l'homme que j'ai croisé ?

– Oui. Il s'est réfugié en Angleterre en juin dernier, pour continuer la guerre avec tous les Français qui le désiraient après l'armistice signé par Pétain. Nous nous rencontrons régulièrement. Il vient de m'offrir cette bouteille du meilleur champagne français pour fêter une occasion spéciale. Je crois que...

Un *boum !* fit sursauter Lucan. Le bouchon venait de sauter jusqu'au bout de la pièce, laissant jaillir le liquide doré et mousseux.

– À la victoire de Roslend et de la Grande-Bretagne ! lança Churchill en lui tendant le verre qu'il venait de remplir.

Lucan s'en saisit, mais soudain il le reposa sur le bureau et sauta sur ses pieds.

– Le champagne ! C'est ça la solution !

Sans même un mot d'explication à l'intention du Premier Ministre, il bondit hors de la pièce et gravit l'escalier quatre à quatre. Arrivé dans sa chambre, il sortit le cadran qu'il avait enveloppé de son mouchoir et mis dans sa poche. Il le serra dans sa main. Un vertige le saisit et la bascule s'opéra.

Lucan n'avait pas remarqué que son rapide aller-retour n'était pas passé inaperçu. La discrétion était le point fort de N. Le garçon intriguait toujours autant le chef du MI5, même si depuis la mort de Lord Springrow, les tractations de paix étaient sérieusement compromises. Que lui trouvait donc Churchill ? Ce Lucan passait plus de temps qu'un chat à dormir !

N regagna son bureau. Il soupira en constatant que la pile de rapports qui l'attendait avait encore augmenté. Il se demanda s'il était bien raisonnable de consacrer encore du temps à ce garçon. Il ne croyait plus désormais qu'il puisse ni aider ni compromettre le Premier Ministre. Il ouvrit le premier dossier et se donna encore vingt-quatre heures. Si d'ici-là il n'avait rien découvert d'intéressant, il passerait à autre chose.

62

Alter Monde, terre de Roslend

Lorsque Lucan reprit connaissance, il constata qu'il était allongé sur un banc dans un couloir relativement large. Par les fenêtres qui s'ouvraient dans le mur tous les deux mètres environ, il put voir que les premières lueurs de l'aube blanchissaient l'horizon. En contrebas, au pied du château, la cité de Roslend soignait ses plaies.

Lucan suivit le corridor et aboutit à une montée d'escalier monumental. Des soldats roslendiens en descendaient les marches d'un pas martial.

Une main s'abattit sur son épaule et le tira en arrière.

– Je te déconseille de partir seul explorer le château, dit la voix d'Altrïos dans son dos, tes cheveux bruns te feront immédiatement remarquer et vu le contexte actuel, ils risquent de t'attirer de gros ennuis.

– Altrïos ! C'est justement toi que je cherchais !

– Je suis heureux de voir que tu vas mieux, dit l'Albin d'une voix distante.

Il hésita un instant avant de demander :

– Qu'est-ce qui t'a pris d'embrasser Palioma ?

Lucan piqua un fard.

– Je... je ne sais pas. Le contrecoup de toutes ces épreuves... une crise de folie passagère peut-être ? Je suis désolé... Vraiment. Palioma ne m'en veut pas trop ?

– Palioma... a été surprise, mais ne semblait pas vraiment contrariée. L'Immuable, par contre, a parlé de t'envoyer casser des rochers dans les mines de Tubéry pour le restant de tes jours.

Voyant Lucan pâlir, Altrïos esquissa un sourire.

– Ça lui passera. Il serait cependant préférable que tu l'évites pendant quelque temps.

Son sourire s'élargit et il confia :

– Entre nous, ça a été une révélation, je n'aurais jamais cru que Xélion possède encore une droite aussi percutante !

Incapable de se retenir, il éclata de rire, vite rejoint par Lucan. Cela faisait tellement du bien !

Mais ils ne tardèrent pas à reprendre leur sérieux.

– Je n'entends plus rien. L'attaque est finie ? demanda Lucan.

Altrïos eut un sourire triste.

– Oui. Ça a été un cauchemar. Nos pilotes ont fait ce qu'ils ont pu mais ne sont arrivés qu'après les bombardements. Certains ont réussi à descendre des Volants, mais les dégâts étaient faits. Les ouzgouchs sont des oiseaux lourds qui ne peuvent voler pendant des heures, surtout qu'elles n'ont toujours pas repris leur poids initial. Notre temps de réaction est trop long.

– Et si on pouvait décoller tout près de la ville ?

– Ce serait complètement différent, mais tu sais aussi bien que moi que c'est impossible !

– Peut-être pas ! s'exclama Lucan qui avait du mal à contrôler son excitation.

Altrïos le regarda comme s'il était devenu fou.

– J'ai une idée, mais je dois en parler à Palioma et au maître volatile en premier. Il faut que tu me conduises auprès d'eux de toute urgence !

– Lucan, commença l'Albin, je dois rencontrer l'Immuable pour organiser la...

– Altrïos ! intima le garçon avec une autorité qui le surprit lui-même, fais-moi confiance ! Conduis-moi là-bas, tu ne le regretteras pas !

L'Albin le fixa avec attention.

– Je suis peut-être en train de faire une bourde magistrale, marmonna-t-il, mais puisque l'Immuable lui-même m'a encouragé à explorer cette voie…

Il poussa une des portes qui donnaient sur le couloir. Quand il en ressortit, il tenait un chaperon bleu nuit dans la main. Il le lança au garçon en lui disant :

– Enfile ça. Je n'ai pas envie que tu sèmes la panique dans les rues avec ta tignasse brune.

Lucan lui sourit. Il venait de gagner un allié.

Altrïos l'entraîna vers les étages inférieurs jusqu'à atteindre une sortie située au rez-de-chaussée du palais. Non loin d'eux rugissaient les cataractes qui irriguaient la cité. À leurs pieds, un flot vif s'écoulait en direction de la ville.

– Quand on est pressé et que les rues sont encombrées, c'est le moyen le plus rapide de gagner le centre, cria l'Albin pour se faire entendre, mais attention, ça secoue un peu.

Dans une remise située sur la berge, il saisit une sorte d'énorme canne à pêche. Il y suspendit le ver rouge, de la taille d'un avant-bras, qu'il avait trouvé dans un seau rempli d'eau. Il le tint au-dessus des flots à environ deux mètres de hauteur. Il n'eut guère à attendre pour qu'un animal orangé, ressemblant à une anguille géante, surgisse des flots. Il ouvrait sa gueule complètement édentée pour essayer d'attraper le ver, mais Altrïos le maintenait hors d'atteinte.

– Allez, monte ! cria-t-il à Lucan.

La bête avait un long cou qui sortait de l'eau et deux cornes vertes à la hauteur des yeux qui devaient pouvoir faire office de poignées.

Lucan prit son élan et bondit. Il eut le temps d'attraper une corne mais glissa aussitôt dans l'eau.

Altrïos soupira et sauta à son tour. Avec dextérité, il enfourcha l'animal qu'il contrôlait à la seule force de ses jambes. De sa main gauche, il repêcha Lucan et le fit monter derrière lui.

Puis il abaissa la tige à environ un mètre de hauteur. La bête, tel un chiot enthousiaste, actionna ses nageoires postérieures et se propulsa en avant. Sa puissance s'ajoutant à celle des flots, la navigation la plus folle de la vie de Lucan commença.

Quelques minutes plus tard, Altrïos faisait bifurquer leur monture pour rejoindre un canal. Il la fit sortir de l'eau par un accès en pente douce, ce qui permit à Lucan de descendre sans renouveler son exploit du départ. Altrïos descendit à son tour, détacha le ver devant l'animal qui suivait avec avidité chacun de ses gestes et le lui lança. Le ver disparut dans sa gueule et il replongea d'un bond dans le canal. L'Albin rangea la canne dans une remise et étudia Lucan.

Il redressa le chaperon qui avait glissé en arrière et tira sur la capuche afin de dissimuler son visage, puis il se dirigea vers une porte surveillée par un gardien. C'est ainsi qu'en un temps remarquablement court, ils pénétrèrent dans la cité des Concepts.

L'agitation qui y régnait n'avait rien à envier à celle du château de l'Arkhaz. Des savantors et des assistants couraient dans tous les sens, s'interpellant souvent, échangeant parfois dossiers et croquis. À l'évidence, Altrïos savait où il allait. Après avoir tourné dans plusieurs couloirs, ils trouvèrent Palioma. Entourée de ses deux assistants, elle était penchée sur des échantillons de différents cristaux et discutait de leurs mérites respectifs avec un autre de ses pairs.

Elle leva la tête en entendant Sido lancer quatre notes pleines de sobriété.

– Altrïos ! s'exclama-t-elle d'une voix tendue, est-ce que tout va bien ?

L'Albin traduisit son message. « Tout », c'était « Xélion ». Elle savait qu'il se débattait dans des problèmes qui semblaient insurmontables, et bien qu'elle s'en défende, elle se faisait du souci pour lui.

– Je suppose, mais je dois te parler en privé de toute urgence.

Les autres savantors protestèrent haut et fort.

– Vous croyez qu'on a du temps à perdre ?

– Nous n'avons que quelques heures avant la prochaine attaque !

Ils travaillaient d'arrache-pied pour tenter de créer des rayons lumineux permettant d'éclairer les Volants de nuit et les frapper plus efficacement.

– Continuez sans moi ! lança cependant Palioma, je reviens tout de suite.

D'un geste de la main, elle invita Altrïos et Lucan à la suivre jusqu'à son bureau.

Dès qu'ils eurent refermé la porte derrière eux, le garçon rabattit sa capuche.

– Lucan ! s'exclama-t-elle ahurie et un peu gênée.

Le garçon rougit légèrement tandis qu'Altrïos les regardait avec un sourire en coin.

– C'est à cause de lui que nous sommes là. Il semble convaincu d'avoir trouvé une solution miracle.

Le pourpre qui avait envahi les joues de Lucan s'accentua. Trop embarrassé pour même s'excuser de son comportement lors de leur dernière rencontre, il évoqua sans détour la raison de leur venue :

– J'ai une idée qui pourrait permettre de sérieusement améliorer la défense de Roslend, mais j'ai besoin de vos compétences et de celles du maître volatile pour savoir si elle est réalisable.

– Je t'écoute, dit Palioma d'un ton grave.

– D'abord, je voudrais savoir si les ouzgouchs craignent le chaud...

63

Alter Monde, terre de Roslend

Lucan sentait l'ouzgouch nerveuse. Elle n'était pas la seule.

– Du calme ! marmonna-t-il.

Le rigmuffin traduisit, puis d'une petite voix ajouta :

– Du calme, pilote aussi ?

Un faible sourire étendit les lèvres du garçon. Il acquiesça :

– Oui, du calme pilote aussi.

Sous l'oiseau était tendue une vaste bâche de protection thermique. À une trentaine de mètres, Palioma, Altrïos, le maître volatile et quelques assistants se tenaient en retrait. Les deux premiers l'avaient traité de fou lorsqu'il avait expliqué son idée, et encore davantage quand il avait insisté pour la tester lui-même. Altrïos s'était mis à marmotter des propos incompréhensibles dans lesquels le mot « bourde » revenait souvent. Le maître volatile, lui, avait semblé séduit par cette possibilité d'étudier les capacités de réaction de l'ouzgouch dans une nouvelle situation de stress. Il ne doutait pas une seconde que l'oiseau s'en sortirait magnifiquement. Après avoir rempli une feuille de calculs, Palioma avait fini par admettre qu'il y avait une toute petite chance que cela puisse fonctionner.

– 10... 9... 8..., commença à compter un des assistants.

Un grondement sourd provenant du ventre de la terre couvrit sa voix. Lucan poursuivit pour lui-même :

– 7... 6... 5... 4... 3...

Malgré la bâche de protection thermique, il sentit la température s'élever.

– 1...

Au moment où il prononçait « zéro », le geyser, d'une violence phénoménale, propulsa dans les airs les trois êtres vivants qui se tenaient sur la bâche. L'ouzgouch lança un cri de détresse à fendre l'âme. Ses yeux globuleux roulaient en tout sens tandis que Pébo, le rigmuffin, écrasé par la poussée, pesait une tonne sur la tête du garçon. Cela aurait brisé la nuque de Lucan si le support sur lequel il avait posé le menton ne lui avait permis d'encaisser le choc. Son estomac, par contre, menait une danse pitoyable avec ses tripes...

Ils montaient toujours, portés par le rugissement du jet, gravissant les mètres avec une facilité déconcertante. Soudain, le grondement se tut et quelques secondes plus tard, Lucan entendit un *splash !* sonore.

Le geyser était retombé.

Mais pas le projectile qu'il avait lancé à une hauteur spectaculaire. L'ouzgouch poursuivit même son ascension quelques secondes avant de commencer à ralentir. Le silence était absolu. Lucan ouvrit les yeux qu'il n'avait pu s'empêcher de fermer sous la poussée et le regretta aussitôt. Palioma, Altrïos et tous les autres ressemblaient à des fourmis. L'ouzgouch et ses pilotes atteignirent le point de vitesse zéro et pendant un instant d'éternité, Lucan découvrit l'apesanteur.

La réalité ne tarda pas à le rattraper. Ils commencèrent à chuter. Lentement, puis de plus en plus vite.

– Vole ! ordonna Lucan, vole satanée bestiole !

Le rigmuffin fit l'interprète, mais rien ne se produisit. Les yeux de l'ouzgouch continuaient de rouler dans tous les sens. En état de choc, l'oiseau demeurait sourd à toute consigne.

Le sol se rapprochait maintenant à une allure vertigineuse. Ils tombaient comme un vulgaire caillou. Lucan décida d'en revenir aux bonnes vieilles méthodes. De toute sa force, il compressa les flancs de la bête. Tandis que la pauvre bestiole poussait un nouveau cri de détresse, ses ailettes arrière s'ouvrirent.

La chute ralentit à peine. Cette légère secousse lui permit cependant de retrouver la mobilité de ses ailes principales. Les êtres humains restés au sol avaient la taille de jeunes enfants quand l'ouzgouch trouva enfin ses marques. D'un coup d'ailes puissant, elle s'éleva dans les airs et emporta Lucan vers l'horizon. Ce dernier poussa un long hurlement de joie, l'excitation lui faisant oublier la peur.

– Pilote casser les oreilles, gémit Pébo d'un ton plaintif.

Lucan éclata de rire.

– Pilote très content ! s'exclama-t-il.

L'exaltation qu'il avait éprouvée lors de son premier vol l'envahit à nouveau. La tentation était grande de se laisser emporter dans les cieux, de jouir encore et encore de ces instants magiques. Mais Lucan avait retenu la leçon. Cette fois, il n'était pas question de perdre de vue son objectif.

– Retour au point de décollage, ordonna-t-il.

Il ne devait pas traîner. Il fallait encore convaincre les autres pilotes de tenter l'expérience avant la bataille cruciale qui aurait lieu le soir même.

64

Alter Monde, terre de Roslend

– Tu as fait QUOI ?

– Ne vous inquiétez pas, Immuable, tout s'est bien passé.

Xélion eut un geste d'exaspération à l'encontre de son ami.

– Arrête de prendre ce ton pompeux et de me donner de l'« Immuable » quand je t'engueule ! Ça me fait passer pour un gamin capricieux ! Et, entre nous, tu n'as pas besoin d'aggraver ton cas !

L'Albin réprima un sourire et rappela :

– Tu m'avais conseillé de faire une bourde de temps en temps...

Son compagnon vint se planter devant lui :

– Il y a bourde et bourde ! maugréa-t-il, je pensais à un petit écart de conduite, pas à jouer l'avenir de Roslend sur un coup de dé !

Altrïos, cette fois-ci, ne put retenir un sourire en coin.

– Ce n'était pas vraiment un coup de dé. Palioma avait tout calculé. L'idée était géniale, et pour la première fois depuis que nous avons décodé ce message, je me dis que nous avons peut-être une chance de ne pas être complètement massacrés.

Xélion ne parut qu'à moitié rasséréné.

– Tu te rends compte de ce qui se serait passé s'il n'avait pas survécu ?

– Tu ne t'es pas posé de question quand tu lui as fait boire l'eau de vérité ou lorsque tu l'as promu « pilote d'essai » pour une mission suicide.

– Enfin ! C'était *avant* ! Avant qu'on soit frappés toi et moi par sa ressemblance !

Un reste de bon sens poussa son ami à ne pas lui faire remarquer que le formidable uppercut envoyé à Lucan lui avait bien été asséné *après*. Prudent, il se contenta de rappeler :

– Nous ne sommes sûrs de rien. Il lui ressemble beaucoup, c'est vrai, mais il n'a pas le signe des Khaz, quant à ses cheveux bruns...

Xélion grommela quelques paroles incompréhensibles. Mais Altrïos pouvait lire en lui comme à livre ouvert. Il savait que son ami était tiraillé entre deux sentiments contradictoires : d'une part son antipathie pour Lucan (que le baiser dans la salle de cartographie n'avait pas contribué à diminuer), et d'autre part son désir profond de se décharger des responsabilités de commandement sur un Arkhaz légitime.

– De toute façon, la question ne se pose plus, rappela Altrïos, il a survécu.

L'Immuable soupira et retourna s'asseoir à son immense bureau de verre orangé.

Il se prit la tête entre les mains et demanda :

– Tu crois qu'il faudrait lui parler ?

Altrïos alla se poster devant la baie vitrée. Grâce à ses excellentes capacités visuelles, il pouvait voir, au loin, des ouzgouchs décoller au rythme métronomique des geysers. Le colonil Lhô, pour une fois conscient de l'importance d'afficher un front uni, avait immédiatement donné son feu vert pour que ses pilotes s'entraînent avec leur monture à cette nouvelle forme de décollage.

– Je ne pense pas que ce soit le moment, finit-il par répondre, il est focalisé sur la bataille de cette nuit. Une telle nouvelle l'ébranlerait et le rendrait plus vulnérable. Sans compter que nous n'en sommes qu'à faire des suppositions.

– Il va participer au combat ?

– Je ne vois pas comment on pourrait l'en empêcher. Et puis cette nuit, chaque bras va compter. On ne peut pas s'en passer.

– Alors veille à ce qu'il ne soit pas trop exposé.

– Je m'en charge. Ce soir, toutes les ouzgouchs seront montées, je volerai donc, comme nombre de mes hommes. Nous allons jeter toutes nos forces dans la bataille. Si les choses tournent mal...

– Elles ne tourneront pas mal, asséna Xélion en se redressant brusquement. C'est une option que je n'autorise personne à considérer. Même pas toi !

À cet instant précis, Lucan se trouvait dans la salle d'armurerie. Un expert lui avait fait enfiler une tenue de pilote de guerre. Bien plus sophistiquée que la tenue d'entraînement portée jusque-là, celle-ci semblait receler des armes un peu partout : depuis l'épaule jusqu'au coude, des flèches sous pression contenues dans un tube étaient déclenchées par un geste sec de l'avant-bras. Un équipement similaire était fixé sur chaque côté extérieur des cuisses. Tout autour de la taille, une série de petits couteaux à double tranchant. Suspendues de part et d'autre de sa poitrine, deux petites boules à pointes, de la taille d'une noix, pouvaient être lancées sur les ailes de l'ennemi. En se cognant, elles provoqueraient une gerbe d'étincelles qui enflammeraient l'hydrolium.

Sauf que ce harnachement pesait lourd.

– Je crois que je préfère l'autre tenue, décida Lucan, je n'ai pas l'habitude d'utiliser ces armes et je crois qu'au final, elles seraient plus dangereuses pour moi que pour l'ennemi !

Malgré les récriminations de l'armurier, il se contenta donc de s'équiper d'une épée de taille moyenne qui lui semblait assez facile à manipuler.

Le jour déclinait. Autour de lui, les pilotes commençaient à rentrer les uns après les autres de leurs essais de décollage pour venir enfiler leur uniforme de combat.

– Fabuleuse idée, les geysers, petit ! dirent plusieurs d'entre eux en venant lui donner une tape sur l'épaule.

Cela rappelait étrangement l'ambiance des vestiaires avant match. C'était à la fois réconfortant et déroutant. Il ressentait la même montée d'adrénaline qu'avant de participer à une rencontre importante, mais ni plus ni moins. Il avait un mal fou à réaliser que le sort de tant d'hommes et de femmes allait se jouer dans les prochaines heures...

Peu de temps après, une cloche se mit à sonner.

– En selle ! hurla une voix rocailleuse, en selle !

Lucan et les autres pilotes sortirent de l'armurerie au pas de course. Le soleil n'était plus qu'une boule de feu à l'horizon. Dans moins d'une heure, la nuit serait tombée.

Ils se séparèrent en petits groupes pour atteindre le lieu où leur ouzgouch était parquée. L'aviation roslendienne avait été divisée en escadrilles et chacune s'était vu attribuer un geyser de lancement différent.

La longue attente allait commencer.

65

Ego Monde, Londres, samedi 15 septembre 1940, 10 h 30

Le sergent Ray Holmes, surnommé « Arty » par ses collègues, ne se posa pas de question lorsqu'on lui apprit qu'il fallait qu'il reprenne les airs. Il portait sa tenue de pilote depuis quarante-huit heures d'affilée maintenant. Comme tous ses camarades, il était rentré épuisé de sa dernière mission et s'était endormi comme une masse tandis qu'il se restaurait dans le réfectoire. On l'avait laissé dormir là quelques heures, la tête sur la table, puis on l'avait secoué par l'épaule lorsque la sirène n'avait pas été suffisante pour le réveiller. On annonçait deux raids d'envergure jamais égalée pour la journée. Tous les pilotes capables de monter dans un avion étaient mobilisés. Pour la première fois depuis le début de la bataille d'Angleterre, tous les escadrons de la RAF s'aligneraient dans le ciel de Londres pour combattre l'aviation nazie. Mieux valait ne pas penser à ce qui arriverait si cette bataille devait être perdue !

Arty, ses yeux bleus encore embrumés de sommeil, sauta dans le cockpit de son Hurricane P2725 TM-B sans se douter que ce serait la dernière fois. Les mois précédents, il avait passé plus de temps à l'intérieur de cet habitacle que chez lui. Aussi naturellement qu'il respirait, il alluma le contact, vérifia les niveaux d'huile et de carburant et se mit à rouler sur le tarmac pour prendre sa place dans la file d'avions. Tous ces gestes étaient devenus instinctifs, il aurait pu les accomplir les yeux fermés.

La piste de décollage se libéra. Le ciel était dégagé, la météo excellente. Un temps parfait pour voler.

Il ouvrit les gaz à fond.

66

Alter Monde, terre de Roslend

Quand plusieurs heures plus tard l'alerte fut donnée, ce fut presque un soulagement pour Lucan. Il n'en pouvait plus d'attendre que l'ennemi se décide à arriver. À la guerre des nerfs, il préférait de loin celle de l'action.

Il grimpa sur son ouzgouch, qu'il avait retrouvée avec plaisir à son retour, et son rigmuffin le rejoignit en quelques bonds.

– Alors, cette aile, elle tiendra la longueur cette fois ? interrogea-t-il.

Pébo traduisit sa question puis la réponse qui avait été immédiate :

– Top forme, pilote !

– Très bien, dit Lucan, parce que c'est exactement ce qu'il va nous falloir !

Un assistant lui tendit un bouclier et une coque de protection transparente qu'il enfila comme un casque, pour protéger à la fois sa tête et le rigmuffin. Ils se dirigèrent ensuite vers le geyser de lancement et, les premiers, se présentèrent pour le décollage.

Une lune ronde comme une pièce de monnaie de une livre illuminait la nuit. La visibilité serait à peine moins bonne qu'en plein jour. C'était une bonne chose pour les pilotes roslendiens. Ça l'était aussi, hélas, pour les Volants nelbriens.

Avec le compte à rebours, l'excitation et l'appréhension de Lucan atteignirent leur comble. Puis une voix cria « zéro », et toutes les sensations revinrent. Il crut un instant qu'il allait atteindre le disque d'argent qui brillait tout là-haut. Mais son estomac le rappela à l'ordre lorsque la gravité reprit le dessus.

L'ouzgouch poussa un cri lorsque Lucan lui enfonça ses talons dans les flancs en lui intimant de voler.

– « C'est bon, j'ai compris », traduisit consciencieusement Pébo.

L'oiseau prouva ses dires en réussissant à ouvrir ses ailes bien plus tôt que la première fois. Lucan sentit un rire naître dans sa gorge. Une joie intense l'inonda lorsqu'il se mit à filer dans le velours bleu de la nuit. Mais cela ne dura pas. Droit devant lui, à quelques encablures des faubourgs de Roslend, un nuage sombre se rapprochait à vive allure.

Samedi 15 septembre 1940, 11 h 15.

Malgré ses nombreuses heures de vol, Arty n'avait jamais vu ça. Des avions, des avions partout, des avions de toutes sortes. Des Messerschmitt, des Focke Wulf 190, des Dornier 17, des Heinkell 111, des Junkers 88. En ligne, en formation sur plusieurs étages. Des chasseurs, des bombardiers, toute l'aviation allemande semblait être de sortie. La fête allait être mémorable !

Déjà il pouvait voir les premiers escadrons de la RAF accrocher les chasseurs allemands qui protégeaient les bombardiers. Les copains faisaient bien le boulot. Arty reçut un ordre par radio et obéit en poussant la manette des gaz à fond. Il fallait empêcher les bombardiers d'atteindre le centre-ville.

Lucan fut frappé par la vision cauchemardesque qui se dirigeait vers lui. Il n'avait jamais imaginé qu'ils puissent être si nombreux. Le claquement des ailes des ptéradaks contrastait sinistrement avec le vol quasi silencieux des ouzgouchs. Les premiers étaient en si grand nombre que l'on avait l'impression d'entendre des coups de fouet enchaînés sans fin dans la nuit.

L'estomac de Lucan se serra quand il vit les premiers combats se déclencher. D'autres pilotes roslendiens, basés plus à l'ouest et au sud, venaient d'ouvrir les hostilités. Le ciel s'emplit de cris de bêtes et de cris d'hommes, du tintement des lames qui s'entrechoquaient et du son des structures qui se fracassaient. Il était prévu de prendre l'aviation nelbrienne en tenaille. L'escadron de Lucan venait de l'est, du côté de la cascade. Il était chargé d'arrêter les Volants qui essaieraient de passer entre les mailles.

Des fientes incendiaires de ptéradak commencèrent à enflammer la nuit et les toits des maisons qui étaient encore debout dans les faubourgs. À la lueur des flammes, Lucan vit surgir une formation de Volants qui volaient très bas. Il guida aussitôt son ouzgouch en piqué. Serrant les genoux, il dégaina son épée et, lame au clair, lacéra les poches d'hydrolium du premier Volant qui croisa sa trajectoire. Aussitôt, ce dernier se mit à perdre de l'altitude et finit par s'écraser dans le désert. Lucan poussa un cri de victoire et fit demi-tour pour en viser un autre. Il avait déjà sa cible en vue quand soudain il eut le sentiment de prendre feu. Une chaleur intense se propagea de sa tête à son dos tandis qu'une puanteur atroce emplissait ses narines. Le rigmuffin se mit à hurler hystériquement. D'un mouvement brusque, Lucan envoya voltiger la coque de protection transparente. Sous l'effet de la chaleur, elle s'était tordue et était devenue brûlante.

– Mieux, mieux, mieux, répétait Pébo soulagé.

Le dos de Lucan, par contre, le brûlait de plus en plus.

– Va te refroidir à la cascade ! cria tout près la voix d'Altrïos.

Lucan tourna la tête et vit l'Albin qui volait à ses côtés. Il lui fit signe qu'il avait compris et s'orienta plein est.

– Il faut surveiller tes arrières ! cria encore le maître espion en l'accompagnant, le danger vient toujours de derrière ou d'en haut.

Le garçon grimaça car la douleur devenait intense. Heureusement, la Grande Pleureuse était maintenant tout près.

Il donna un ordre à l'ouzgouch. Avec habileté, l'oiseau rasa la chute d'eau, permettant à Lucan de se faire copieusement arroser sans pour autant se laisser entraîner par sa force. L'effet fut immédiat. L'eau fraîche éteignit le liquide enflammé et ramena la température de la veste de Lucan à un niveau supportable.

Levant le pouce, il informa Altrïos que tout allait bien. Ils virèrent ensemble et retournèrent à l'attaque.

Arty appuya sur le bouton « fire » de son manche. Les mitrailleuses de l'Hurricane crachèrent leurs balles en rafale. Le moteur du Messerschmitt se mit à fumer noir. Ses ailes oscillèrent puis l'avion partit en vrille, un nuage sombre collé à son arrière-train. Le pilote n'eut pas le temps de s'en réjouir. Un de ses camarades était pris en chasse par deux avions ennemis. Il poussa les gaz à fond pour en accrocher un. Son Hurricane bondit en avant, mais il était déjà trop tard. Le Spitfire venait de se faire mitrailler tout le long de son fuselage. Son moteur prit feu.

– Saute, bon sang ! murmura Arty, saute Bob !

Mais l'avion se mit à piquer du nez sans que le siège éjectable soit activé. Le pilote était-il inconscient ? Le mécanisme était-il grippé ?

Arty ne le saurait jamais. Il détourna le regard avant de voir son ami s'écraser au sol. À vingt-six ans, il ne comptait déjà plus le nombre de ceux qu'il avait perdus. Une salve de mitraillette rasant son cockpit le rappela immédiatement à l'ordre. L'heure n'était pas aux atermoiements. Il tira son manche au maximum pour monter en chandelle et tenter de se libérer de l'Allemand qui le collait aux fesses. Mais son poursuivant n'était pas un débutant et exécuta parfaitement la manœuvre à son tour. Une nouvelle salve impacta son aile droite. Le tir se précisait. Arty se força à maîtriser un début d'inquiétude. Pourvu que son réacteur n'ait pas été endommagé ! Il vira brutalement sur le côté. Damn ! *Ce foutu nazi était plus collant qu'une sangsue…*

La poche de toile du Volant fut déchiquetée par une bordée de boulettes à pointes qui s'entrechoquaient. La gerbe d'étincelles mit aussitôt le feu à l'hydrolium contenu dans la poche. Les ptéradaks poussèrent des cris stridents, vrillant les tympans de Lucan qui volait dans leur direction. Il intima aussitôt à son ouzgouch de décrocher, mais avec le vacarme qui régnait, la communication était loin d'être facile. Le rigmuffin hésita.

Pas les ptéradaks. Ils foncèrent droit devant, gueule ouverte. Hargneux. Agressifs. Totalement fous. La double rangée de dents mobiles de l'un d'entre eux se referma sur le premier obstacle rencontré.

Lucan hurla.

– Ma jambe !

Il avait l'impression qu'un étau broyait ses os. La douleur faillit lui faire lâcher son arme. Très vite il sentit les dents s'attaquer au cuir de son pantalon. Resserrant sa prise sur son épée, il se mit à donner des coups furieux sur le cou de l'animal. Cela n'affaiblit en rien la morsure. L'ouzgouch, pourtant plus puissante à la base, commençait à se faire entraîner par le trio infernal du Volant. Le pilote nelbrien, comprenant qu'il ne pourrait plus sauver son équipage, orienta son arbalète vers le garçon. Alors Lucan redoubla d'ardeur, jusqu'à entamer le cou de l'oiseau du tranchant de l'épée. Il parvint à le couper au moment où les trois carreaux d'arbalète jaillissaient. L'ouzgouch décrocha dès qu'elle sentit le point d'ancrage lâcher. Lucan ferma les yeux, s'attendant à ressentir la douleur qu'il connaissait déjà. Rien ne vint. Les flèches l'avaient raté. Il poussa un soupir de soulagement en secouant sa jambe pour se débarrasser de la tête de ptéradak. Cela ne suffit pas, elle était bien accrochée ! Il dut écarter les mâchoires avec son épée pour qu'elle finisse par tomber.

– Bien joué ! cria-t-il à sa monture en se concentrant à nouveau sur le combat qui faisait rage.

Il repéra plus bas Altrïos qui s'était fait prendre en chasse par un Volant. L'Albin poursuivait lui-même un autre ennemi et ne s'était rendu compte de rien. Lucan piqua à la suite du Volant qui le menaçait en dégainant son épée. Il étouffa un cri de frustration : jamais il n'aurait le temps de l'atteindre avant que ce dernier ne tire sur Altrïos !

Une salve le manqua de très peu. S'il n'avait pas eu l'idée de plonger en piqué un dixième de seconde plus tôt, il ressemblerait maintenant à une passoire.

– Tu vas me lâcher, oui ? siffla-t-il entre ses dents.

Et là, comme par miracle, son vœu se réalisa. Le Messerschmitt vira sur la droite pour opérer un demi-tour et reprendre le chemin de la France. Arty souffla et remercia le ciel pour la capacité limitée des réservoirs des chasseurs allemands : le carburant qui leur était nécessaire pour faire l'aller-retour depuis le continent ne leur laissait pas plus d'une dizaine de minutes de vol au-dessus de Londres.

Il n'en allait pas de même, malheureusement, pour les bombardiers. Arty, qui s'était éloigné du front pour tenter de semer son poursuivant, remarqua soudain un Dornier[1] *qui, étrangement, s'écartait des autres. Son instinct de pilote de guerre fut tout de suite en alerte. Il le prit aussitôt en chasse, alignant sa trajectoire sur la sienne. Il comprit avec horreur que son instinct ne l'avait pas trompé.*

Droit dans sa ligne de mire, Buckingham Palace s'élevait avec majesté.

Lucan se crispa en voyant le Nelbrien armer son arbalète. Impossible d'alerter Altrïos à cette distance avec les cris de ptéradak résonnant de tout côté.

Puis soudain, il se souvint...

– Prêt à tirer ! commanda-t-il.

Il prit à peine le temps de viser le Nelbrien avant de hurler :

1. Bombardier allemand.

– Éjection !

Obéissant à l'ordre traduit par le rigmuffin, l'ouzgouch cracha avec puissance une bordée de cristaux de verre ultra-coupants qui déchiquetèrent les ailes de l'ennemi. Aussitôt, le Volant cible se mit à tanguer. Ptéradaks et pilote saignaient en de multiples endroits. Ils finirent par décrocher pour prendre le chemin du retour.

Rejoignant l'Albin qui s'était *a posteriori* rendu compte du danger, Lucan l'interpella d'un ton docte :

– Toujours surveiller ses arrières !

L'Albin inclina la tête et eut un fin sourire avant de repartir à la poursuite de sa cible. Lucan décrocha et alla se repositionner. Pendant le virage, le rigmuffin glissa un peu et le garçon le rappela à l'ordre :

– Accroche-toi, copilote, ce n'est pas le moment de flancher !

La petite bête couina et resserra légèrement sa prise. Lucan fut un peu surpris qu'il ne fasse pas de commentaire, mais il ne s'en soucia pas longtemps : son attention venait d'être attirée par un Volant un peu différent des autres qui se propulsait avec non pas trois, mais quatre ptéradaks. Grâce à une escorte nombreuse, il venait de réussir à traverser la ligne de défense roslendienne. Une forme bosselée, attachée sous l'armature du Volant, acheva de le convaincre de sa dangerosité.

– Vitesse maximum ! Il faut le rattraper ! ordonna-t-il.

Mais rien ne se passa. Pébo n'avait pas traduit.

– Hé ! hurla Lucan, tu feras la sieste plus tard ! Vitesse maximum, j'ai dit !

Cette fois, son copilote traduisit et l'ouzgouch accéléra le battement de ses ailes. Il ne fallut que quelques secondes au garçon pour comprendre quelle était la cible du Volant : droit devant, le barrage de verre de la Grande Pleureuse scintillait sous les rayons de lune.

Arty n'avait jamais été célèbre pour sa modération. La demi-mesure, ce n'était pas sa tasse de thé. Quand il y avait un job à faire, il fallait le faire bien et jusqu'au bout. Il n'était pas non plus du style à attendre que quelqu'un d'autre vienne faire le sale boulot à sa place. « A man has to do what a man has to do[1] » *était son* motto.

Il n'y avait personne alentour. Ce Dornier était donc pour lui. Sans hésiter, il appuya sur le bouton « fire » *de son manche. Mais rien ne se produisit. Il n'était pas sorti indemne de son combat contre le Messerschmitt. Le Dornier, lui, s'approchait toujours du palais. Arty décida que lui vivant, les nazis ne s'en prendraient pas au roi et à la reine impunément. Poussant les manettes de gaz à fond, il doubla le bombardier et vira suffisamment large pour pouvoir se retrouver à la fois au-dessus et face à lui. Si ses mitrailleuses étaient enrayées, il lui restait une arme, et non des moindres : son avion lui-même, ce vieux et fidèle Hurricane P2725 TM-B qui l'avait servi avec fidélité dans tous ses combats.*

La main ferme, il poussa son manche à fond pour attaquer en piqué.

Le Brac Marquel. Il n'avait fallu à Lucan qu'un instant pour reconnaître le pilote du Volant. Son casque si reconnaissable brillait dans la nuit. Ainsi donc il n'avait confié à personne d'autre la mission de faire sauter le barrage ! Peur, colère, angoisse, tristesse, en Lucan, tous les sentiments ressurgirent en un puissant maelström. Les images de son cauchemar, de son père agonisant, lui revinrent et les larmes lui montèrent aux yeux.

– En avant ! cria-t-il d'un ton rageur.

Peut-être bien que l'heure de la vengeance avait sonné...

Le Brac Marquel remarqua vite qu'il était pris en chasse. Et ne tarda pas non plus à reconnaître son adversaire.

L'ouzgouch avait amplifié ses battements d'ailes et arrivait maintenant à hauteur du Volant. Le Brac Marquel fixa Lucan et cria :

1. « Un homme doit faire ce qu'il a à faire. »

– Tu crois vraiment pouvoir m'arrêter à toi tout seul ?

– Je ferai ce qu'il faudra !

– Eh bien, commence par ça !

Le chef des armées nelbriennes tira d'un coup sec sur une corde et le quatrième ptéradak se retrouva aussitôt libre. Débordant d'agressivité, il attaqua l'ouzgouch en mordant violemment ses pattes. L'oiseau se mit à pousser des cris déchirants et devint incontrôlable. Il partit en tonneaux, montant en chandelle, plongeant en piqué, prenant des risques inconsidérés pour se débarrasser de son agresseur. Mais le ptéradak ne lâchait pas prise. Alors Lucan cria :

– Accroche-toi, Pébo, ça va secouer !

Il sortit son pied gauche de l'étrier, saisit aussi fort qu'il le pouvait la lanière de son éperon droit et passa la jambe par-dessus l'encolure de l'oiseau au moment où l'ouzgouch repartait à l'assaut des cieux. Il bascula sur le côté et, à moitié suspendu dans le vide, se retrouva presque face au ptéradak. À nouveau il s'attaqua au cou de la bête. Il savait maintenant où et comment frapper. Moins d'une minute plus tard, il achevait de la décapiter. Quand il réussit enfin à libérer la patte de sa monture du bec à crocs, celle-ci était à moitié sectionnée et saignait abondamment. Au prix d'un violent effort, Lucan tira sur l'étrier et opéra un rétablissement. Rattrapant les deux poignées de la selle, il parvint à se remettre à califourchon sur l'ouzgouch.

Pébo avait gémi et glissé en tout sens pendant la cascade. Il était maintenant en travers de la tête de Lucan et ne semblait pas vouloir réajuster sa position.

– Hé, Pébo ! C'est pas l'heure de la sieste ! Redresse-toi, je vois rien !

Le rigmuffin poussa de petits cris et avec difficulté, reprit place correctement.

– Merci, c'est mieux !

L'ouzgouch, de son côté, peinait à garder une trajectoire rectiligne.

– Dis-lui de tenir bon ! exhorta Lucan, on va la soigner, mais avant, il faut qu'on arrête ce Volant !

Avec docilité, le rigmuffin traduisit. L'ouzgouch répondit par un long cri plaintif.

– Elle... va... tenir, dit la petite bête.

Lui aussi semblait éprouvé.

– Toi aussi, tiens bon ! Désolé de t'avoir secoué... Allez, encore un peu de courage ! On fonce droit devant ! Il est presque au barrage !

Ils le rattrapèrent juste à temps. Le Brac Marquel avait ralenti l'allure pour viser sa cible. Lucan tenta de s'approcher de la voilure pour la déchirer à coup d'épée, mais les ptéradaks étaient de très bon chiens de garde.

– Pauvre imbécile ! l'interpella le Brac Marquel, sais-tu que c'est l'Immuable lui-même qui m'a livré ton père ?

Lucan se figea :

– Vous dites n'importe quoi !

– Ah oui ? Eh bien renseigne-toi donc un peu !

Le garçon répliqua :

– Vous cherchez juste à m'embrouiller...

Le Brac Marquel eut un bref éclat de rire.

– Parce que tu crois que j'aurais pu tuer ton père sans jouir de complicité dans les plus hautes sphères ?

C'en était trop pour Lucan. Pourquoi parlait-il donc de son père comme quelqu'un d'important ? Tout était si confus... Lucan interrompit ses réflexions qui lui faisaient tourner la tête pour penser aux autres affirmations du Brac Marquel. Et si elles contenaient ne serait-ce qu'une petite part de vérité ?

L'Hurricane P2725 TM-B piqua du nez. La trajectoire était parfaite, estima Arty en voyant le Dornier se rapprocher à toute allure. Dans quelques secondes ses ailes percuteraient le bombardier. La différence de taille entre les deux avions était monumentale et ne laissait pas le droit à l'erreur. Il fallait impacter le point le plus vulnérable du Dornier pour l'arrêter. Ce qui se passerait ensuite pour son avion et lui-même, il n'y pensait pas.

La vitesse augmentait toujours. Six cent quarante kilomètres/heure. Une seconde avant la collision, Arty put presque lire la surprise et l'horreur dans les yeux des pilotes allemands. Puis il y eut le choc. Terrible. La tôle se froissa en un crissement grinçant. Comme un fil dans une motte de beurre, les ailes de l'Hurricane cisaillèrent le fuselage du bombardier au niveau de son train arrière. Brutalement privé de sa gouverne, le reste de l'avion allemand effectua un incroyable saut périlleux avant. Sous l'effet de la force centrifuge, une partie des ailes se détacha et le Dornier partit en vrille. Une descente infernale de plusieurs centaines de mètres... Puis l'explosion lorsqu'il s'écrasa juste devant la gare Victoria.

Buckingham était sauvé !

Arty n'était pas en mesure d'apprécier le spectacle. Mais, à son grand étonnement, il était encore en vie. Il avait survécu à sa mission suicide ! Son euphorie ne dura qu'un instant. Son appareil était devenu totalement incontrôlable. Il continuait à piquer malgré tout ses efforts pour le redresser. Il n'y avait plus rien à faire. Arty tapota une dernière fois le manche de son fidèle Hurricane avec une pensée émue pour tous les combats où sa fiabilité lui avait sauvé la vie. Cette fois pourtant, il lui en avait un peu trop demandé.

Il passa une main sous son siège et en retira un sac marron. Il en enfila les bretelles et d'un geste précis déclencha l'ouverture de son cockpit.

Les oiseaux s'étaient dangereusement rapprochés du barrage. Mais Lucan hésitait encore, le cœur déchiré. Devait-il venir en aide au complice de l'assassin de son père ? Profitant de son indécision, le Brac Marquel fonçait sur son objectif.

« Laisse, Kid, elle est pour moi ! » La phrase du joueur des Wild Shamrocks lui revint soudain en mémoire. Ce jour-là, son hésitation lui avait coûté une victoire en coupe de hurling. Cette fois-ci, les conséquences seraient bien pires.

Alors Lucan repoussa toutes ses questions. La cause était juste. Il le sentait dans toutes les fibres de son être. Il devait se faire confiance.

– Droit devant. Demi-tour et bloque-le !

En deux coups d'ailes, l'ouzgouch se détacha du Volant et opéra un virage pour lui faire face. Devant ce mastodonte, le Brac Marquel fut obligé de freiner.

– Tu l'auras voulu ! s'exclama-t-il en tirant une salve de carreaux.

Mais Lucan s'y attendait et les évita en faisant plonger l'ouzgouch.

– En avant, par-dessous !

Il fonça sous l'armature du Volant, et l'épée au poing, tenta de couper la corde qui retenait la charge explosive. Plusieurs centaines de mètres plus bas, une large rivière, créée par le déversoir du barrage, alimentait les canaux en aval. Si la bombe tombait dans l'eau plutôt que sur la structure de retenue, la catastrophe serait évitée. Il cria de rage quand il manqua son coup de quelques centimètres. Mais le Volant avait avancé, il fallait reproduire la manœuvre.

– Demi-tour ! Rattrape-le, vite !

Cette fois cependant, l'ouzgouch n'obéit pas. Personne n'avait traduit l'ordre de Lucan.

– Hé, copilote ! réveille-toi !

Cela ne produisit pas davantage d'effet.

Le Volant s'éloignait. Dans quelques secondes, il serait au-dessus du barrage. Alors Lucan se retourna, évalua la distance et commença à faire tournoyer son épée. Frapper une balle avec précision, il savait faire. Mais avec une épée, ce serait une première. Priant pour qu'elle atteigne sa cible, il la lâcha. L'épée virevolta à toute allure. Un instant avant que le Volant n'arrive au-dessus du mur de retenue, elle trancha la corde. Le ballot contenant les explosifs tomba et s'enfonça avec un *plouf !* retentissant dans les eaux de la rivière. Lucan soupira de soulagement. C'était le tir de sa vie, et il ne l'avait pas raté. Au loin, le cri de fureur du Brac Marquel résonna comme une menace.

L'ouzgouch, imperturbable, continuait sa trajectoire vers Roslend. Lucan réalisa alors que la poigne de Pébo s'était étrangement relâchée.

– Hé, copilote ! répéta-t-il, tout est OK ?

Les petits doigts du rigmuffin étaient flasques. Puis ses mains, ses bras et tout son corps commencèrent à glisser. Le garçon n'eut que le temps de le rattraper avant qu'il ne tombe dans le vide. Son cœur se retourna en voyant le carreau d'arbalète planté dans le dos du petit animal. Du sang tachait sa fourrure.

– Oh non ! murmura-t-il.

Sous sa main, il sentit son cœur battre faiblement.

– Ne me lâche pas ! lui cria-t-il, ne me fais pas ça !

La pauvre bête ouvrit difficilement ses grands yeux noirs.

– Co… pilote… pas… top for… me.

– Chut, fit Lucan, ne parle pas ! Je vais te sauver !

Le sauver, oui, mais comment ? Il tourna la tête de tout côté. Partout la bataille faisait rage, et il n'était même plus en mesure de diriger sa monture…

– Où étais-tu passé ? Je t'ai cherché, tu avais disparu !

Lucan leva la tête et découvrit Altrïos qui volait non loin de lui. « J'étais juste en train de sauver un ou deux mondes » aurait répondu le garçon s'il avait le cœur à rire, mais en l'occurrence, c'était loin d'être le cas.

– Mon rigmuffin est touché ! hurla-t-il, la petite bête blottie dans ses bras, je dois le faire soigner de toute urgence !

Altrïos comprit immédiatement le problème. Il se mit en formation parallèle et l'informa :

– Mon rigmuffin va piloter ton ouzgouch et le mien en même temps. Le centre des Concepts possède une aile vétérinaire. On y va !

67

Alter Monde, terre de Roslend

Grâce à un détour, ils parvinrent au centre des Concepts sans rencontrer d'opposition. Dès que Lucan aperçut le jardin expérimental, il ôta ses pieds des étriers et sauta de l'ouzgouch.

Le plafond l'accueillit avec la douceur des bras d'une mère. Tout comme la première fois, une bulle se forma autour de lui avant de se détacher avec souplesse de la surface. Elle amortit son atterrissage et il attendit avec impatience qu'elle disparaisse. Pébo toujours dans les bras, il se mit en quête d'une sortie. Au-dessus de lui, dans le ciel, les combats semblaient perdre en intensité. La bataille se dirigeait-elle vers sa fin ? les feux, qui une fois de plus incendiaient Roslend, illuminaient la nuit. Au moins, cela permettait à Lucan de se diriger. Quand il réalisa qu'il ne parvenait pas à repérer la sortie, il chercha un arbre, le plus haut possible. Cette fois, lorsqu'il réveilla le kaskouyou, il le fit à distance en lui envoyant des cailloux. Un homme averti...

Le soleil se levait lorsque les assistants de Palioma le découvrirent. Ils voulurent le soulager de son fardeau, mais le garçon refusa. Au pas de course, ils le guidèrent jusqu'à l'aile vétérinaire.

Entendant Sido annoncer l'arrivée de Lucan d'un claironnement triomphal, la savantoresse délégua à un de ses assistants les soins qu'elle était sur le point de prodiguer à un petit volatile qui avait une aile brûlée.

– Pébo ! Il a perdu beaucoup de sang. Vite !

Son ouzgouch aussi était blessée. Mais il faisait confiance à Altrïos pour s'en occuper. Palioma lui prit le rigmuffin des mains et le déposa délicatement sur une table de soin.

Lorsque le garçon se retrouva enfin les bras vides, il se sentit plus léger. Infiniment plus léger. Léger au point que toute la pièce se mit à valser autour de lui.

– Savantoresse ! Le pilote ! cria une voix près de lui.

Des bras le réceptionnèrent tandis qu'il s'effondrait. Les iris mauves de Palioma apparurent dans son champ de vision.

– Lucan ! Que se passe-t-il ? Tu es si pâle !

Il aurait bien aimé lui répondre, lui dire de ne pas se faire du souci, qu'il avait juste sommeil, mais bizarrement il était incapable d'ouvrir la bouche.

– Regardez ! Sa jambe !

Il sentit qu'on relevait le bas de son pantalon.

– Oh, non ! un ptéradak a dû le mordre. Tout ce sang : c'était aussi le sien, pas seulement celui du rigmuffin !

« Pilote, pas top forme ! » pensa encore Lucan.

Puis les beaux yeux de Palioma devinrent troubles et il perdit connaissance.

68

Ego Monde, Londres,
dimanche 16 septembre 1940, 8 h 30

Sa jambe lui faisait un mal de chien… Et qu'il était fatigué ! Ses muscles semblaient avoir perdu tout leur tonus. Le bruit d'une porte qui s'ouvrait l'incita cependant à soulever les paupières. Churchill entrait dans sa chambre. Il souriait.

– Ah, tu es enfin réveillé ! s'exclama-t-il d'un ton joyeux.

Lucan grommela une réponse vague qui sembla contenter le Premier Ministre.

– 60 contre 26 ! Tu imagines ? C'est inespéré ! Et c'est aussi grâce à toi ! Nous étions fin prêts pour les recevoir !

– 60 contre 26 quoi ? croassa Lucan en posant le cadran sur la table de chevet.

Le premier lord de l'Amirauté se gonfla de fierté.

– 60 avions allemands descendus contre seulement 26 chasseurs britanniques ! Notre défense a été si efficace que la plupart des bombardiers n'ont pas pu atteindre leur cible. Quant à nos pilotes, ils ont été héroïques. Grâce à eux, je suis convaincu que nous venons de remporter une victoire décisive de la bataille d'Angleterre !

– Génial…, murmura Lucan, trop épuisé pour se réjouir davantage.

Le *plop !* d'un bouchon de champagne qui sautait lui rappela son décollage de la nuit dernière.

– Une victoire pareille, ça se fête ! lança Churchill en remplissant une coupe de champagne, les Allemands ne sont pas près de retenter l'expérience, crois-moi !

Il tendit la coupe à Lucan qui ne la saisit pas. Remarquant qu'il ne semblait pas en forme, il demanda :

– Et de ton côté, Kid, comment cela s'est-il passé ?

Le garçon se demandait où il trouverait le courage de faire un récit de ses aventures roslendiennes quand une voix aiguë venant de la rue poussa un cri de frustration.

– Laissez-moi entrer, je vous dis ! Mon frère se trouve à l'intérieur ! Je veux le voir !

Un reste d'adrénaline se répandit dans le corps de Lucan et lui donna l'énergie de se lever. Il se dirigea vers la fenêtre, tira le rideau et vit Catriona aux prises avec le soldat qui gardait l'entrée du 10, Downing Street.

– C'est ma sœur ! Il faut la laisser passer !

– Ta sœur ? Je croyais que tu étais fils unique ?

– Enfin, c'est ma sœur de lait, sa mère a été ma nourrice. Il a dû lui arriver quelque chose !

Aussi vite que le lui permettait sa jambe douloureuse, il sortit de la pièce et dévala les marches. Son garde du corps le suivit aussitôt. Bousculant le majordome, Lucan ouvrit la porte et se précipita vers la grille qui protégeait l'entrée de la maison.

– Catriona ! Mais lâchez-la, bon sang !

Il s'en prenait maintenant au soldat qui ceinturait la jeune furie.

– C'est bon, vous pouvez la libérer, ordonna Churchill qui venait d'arriver à son tour.

Avec soulagement, le soldat obéit. Cette fille était pire qu'un chat sauvage !

– Comment va ta mère ? lui demanda aussitôt Lucan.

– Très bien ! s'étonna Catriona en ouvrant de grands yeux, étonnée de sa question. C'est pour toi que je m'inquiétais !

– Oh ! Pour moi ?

– Ben oui, ça fait un moment qu'on ne t'a pas vu.

– Ah, oui ! C'est vrai que je ne sais plus trop où j'en suis...

– Je crois qu'il vaudrait mieux que nous rentrions, conseilla Churchill.

Tout le monde obéit sans discuter. Catriona ne paraissait pas davantage impressionnée par le grand homme que par le lieu mythique dans lequel elle pénétrait. Elle voulait juste s'assurer que son ami allait bien ; le reste ne la préoccupait guère.

Une fois à l'intérieur, elle redemanda :

– Alors ? Comment ça va ? Ça s'est bien passé là-bas ?

Elle eut un geste expressif de la tête qui fit s'interroger Churchill.

– Ça va, répondit Lucan, je suis juste un peu fatigué...

– Hé ! Mais tu es blanc comme un linge !

Remarquant aussi sa pâleur, le Premier Ministre intervint :

– Remontons dans la chambre, tu pourras te rallonger.

Lucan acquiesça mollement de la tête. Son gardien l'aida à gravir les marches et regagner son lit, puis il referma la porte derrière lui et reprit son poste.

– Cette jeune fille a l'air d'être au courant d'un peu trop de choses, remarqua Churchill d'un ton mécontent.

– Lucan et moi, c'est pareil, répliqua Catriona avec aplomb, il sait tout ce que je sais et vice versa. Mais inutile de faire cette tête. Je sais tenir ma langue !

– On peut lui faire confiance, souffla Lucan, d'ailleurs, sans elle, je ne serais peut-être plus de ce monde... ni de l'autre, ajouta-t-il.

Cette information ne modifia en rien l'air contrarié de Churchill. Pour lui, un secret protégé était un secret non partagé.

– Pébo, mon rigmuffin, dit soudain le garçon, inquiet, il a été gravement blessé, je dois y retourner pour voir si on a pu le sauver...

Sans attendre, il se releva à moitié pour passer la main sur la table de chevet. N'y trouvant rien, il commença à s'agiter.

– Qu'est-ce qu'il y a ? demanda Catriona.

Lucan sauta au bas du lit sans répondre. Quand il se mit à quatre pattes pour regarder en dessous, Churchill intervint :

– Calme-toi, mon garçon !

– C'est vrai, quoi ! Dis-nous ce qui se passe plutôt que de tout mettre sens dessus dessous ! pesta Catriona tandis qu'il arrachait draps et couvertures.

Mais Lucan ne semblait pas les entendre. Il passa encore quelques minutes à inspecter la pièce de long en large avant de s'effondrer sur le matelas, livide.

– Alors garçon, vas-tu te décider à parler ?

Churchill s'impatientait. Lucan enfouit la tête dans ses mains et déclara d'un ton pétri d'angoisse :

– Le cadran. Le cadran a disparu.

Qu'y a-t-il de vrai dans tout ça ?

Côté Ego Monde :
Beaucoup de choses !

Si on s'intéresse aux personnages :

Winston Churchill est devenu Premier Ministre de la Grande-Bretagne le 10 mai 1940, alors que la guerre avait déjà commencé. C'était l'un des rares politiciens de son époque à comprendre les vrais enjeux du conflit et à cerner la personnalité d'Hitler. Il donne dès son arrivée au 10 Downing Street un souffle nouveau à la Grande-Bretagne. Tous les historiens s'accordent à reconnaître qu'il a joué un rôle déterminant lors de la bataille d'Angleterre. Mais tant qu'ils n'auront pas lu *Roslend*, ils ne sauront pas à quel point c'est vrai...

Sa majesté le roi George VI est monté sur le trône le 11 décembre 1936 suite à l'abdication de son frère aîné. Il ne voulait pas être roi mais s'est révélé un souverain remarquable en cette période tourmentée. Avec son épouse, il a montré l'exemple du courage et de la dignité à tout son peuple.

Et comme dans le roman, il bégayait dans la réalité...

Charles de Gaulle rejette l'armistice demandée par Pétain à l'Allemagne et quitte la France pour la Grande-Bretagne le 17 juin 1940. Le lendemain, depuis Londres, il lancera son célébrissime appel du 18 juin à la radio. Ses relations avec Churchill ont parfois été tumultueuses car les deux hommes avaient des caractères bien trempés, mais ils avaient l'un pour l'autre une véritable estime et le même sens du patriotisme. Ils se fréquentaient à Londres et il n'y a rien d'improbable à imaginer que le général, avec son irréductible chauvinisme, ait offert au Premier Ministre une bouteille de champagne. Sans se douter bien évidemment des répercussions cruciales que ce cadeau aurait sur le dénouement de la bataille d'Angleterre...

Ray Holmes, surnommé Arty, est devenu pilote dans la Royal Air Force en 1937. Il avait 26 ans le 15 septembre 1940 quand il est monté pour la dernière fois à bord de son Hurricane. Alors qu'il volait dans le ciel de Londres ce jour-là, il repéra un bombardier Dornier allemand qui se dirigeait vers le palais de Buckingham. Comme il est écrit dans le roman, quand il a voulu le descendre, il s'est rendu compte que sa mitraillette ne fonctionnait plus. Dans un geste héroïque, il a donc lancé son appareil contre le bombardier. Son aile a coupé la queue de l'avion allemand qui s'est par conséquent écrasé près de la station de métro de la gare Victoria. L'Hurricane a quant à lui fini sa course au beau milieu de Buckingham Palace Road, à 600 mètres du palais du roi George VI. Ray, qui avait sauté juste avant en parachute, a été blessé mais a survécu.

Une fois remis de ses blessures, il a été envoyé en Union soviétique, à Mourmansk pour servir d'instructeur aux pilotes russes qui apprenaient à utiliser un Hurricane.

Mais ça, comme vous le verrez bientôt, c'est une autre histoire...

Le chef du MI5 a bien existé puisque que les services secrets britanniques ont été créés en 1909. Traditionnellement, le dirigeant est nommé par la première lettre de son nom de famille. En 1940 il s'appelait Oswald Harker... « H », donc et non pas « N ».

Si on est un bon agent, on en déduit que le rôle de « N » dans l'histoire est totalement fictif.

Lord Springrow : Ne le cherchez pas sur le net, vous perdriez votre temps. A-t-il existé sous un autre nom ? À vous de mener l'enquête ! Ce qui est sûr, c'est que la politique de Churchill ne faisait pas l'unanimité en Grande-Bretagne et qu'un certain nombre de personnes auraient préféré signer la paix avec l'Allemagne nazie qui aurait bien aimé s'allier avec les Britanniques !

Si on s'intéresse aux faits :

Tout est vrai ! Les dates, les événements !

Depuis les bombardements de Londres, en passant par la décision du roi et de la reine de rester dormir à Buckhingam (touché à deux reprises) alors que leurs filles dormaient à Windsor, jusqu'au sauvetage héroïque du palais par Ray Holmes.

Et si vous ne me croyez pas, allez donc vérifier ![1]

Côté Alter Monde :
Pour ceux qui veulent vraiment y croire...

Si on s'intéresse aux personnages :

Xélion devient Immuable suite à la disparition de son frère jumeau le 3e jour du mois des rivières de l'an 1023. Il a un caractère parfois tellement détestable que beaucoup auraient préféré qu'il n'existe pas. Mais bon, il leur a bien fallu faire avec.

1. Bien sûr, vous ne trouverez pas de trace de Lucan Sondran, puisque son certificat de naissance est un faux. Quant à des Catriona o'Flaherty, vous en dénicherez à la pelle ! À vous de reconnaître la bonne !

Altrïos devient maître espion la même année que son ami Xélion accède au poste d'Immuable. Il reste dans la mémoire collective celui qui a ramené à Roslend la machine à décoder nelbrienne.

Palioma est la première femme à accéder à la direction de la cité des Concepts. Elle a marqué son temps par sa capacité à trouver des solutions innovantes permettant la défense de Roslend ville au cours de la Seconde Guerre mondiale.

Si on s'intéresse aux faits :

Je vous le répète, à un ou deux détails près[1], **tout est vrai !**

J'attends d'ailleurs de pied ferme le premier qui pourra m'apporter des preuves concrètes du contraire.

1. Certains prétendent par exemple que depuis la Première Guerre mondiale les ouzgouchs n'avaient pas grossi de trente pour cent mais seulement de vingt. Dans un cas comme dans l'autre, ça reste quand même beaucoup !

La suite des aventures de Lucan est à découvrir dans le tome 2 de Roslend.

Lucan et Catriona doivent faire face à une nouvelle mission : empêcher Stalingrad de tomber aux mains des Allemands, en menant la bataille à Trisanglad, dans l'Alter Monde.

Et ne ratez pas le tome 3 de Roslend, à venir en juin 2018 !

Table des matières

Remerciements

L'histoire de Roslend est à elle seule un roman. Son destin a été presque aussi chahuté que celui de son héros. Je tiens donc à remercier les personnes qui ont cru en ce projet et qui m'ont aidée à le mener jusqu'au bout.

Je pense d'abord à ma fille Hélène qui a été ma première lectrice. Merci d'avoir aimé et d'en avoir redemandé ! La suite arrive !

Ensuite à Muriel Zürcher qui a toujours été convaincue du potentiel de cette saga. Merci de m'avoir soutenue avec persévérance et conviction !

Enfin à Aurélie Soubiran et à Mélanie Perry des éditions Didier. Merci à la première d'avoir défendu ce texte et pris le temps de lui mettre le pied à l'étrier avant de bifurquer vers une autre voie. Et merci à la seconde d'avoir attrapé la balle au vol et de ne s'en être pas moins démenée pour lui faire passer la ligne de but !

Je ne t'oublie pas non plus cher lecteur ! Merci d'avoir parcouru ces pages. Sans toi, ce livre n'aurait pas de sens.

Après avoir été ingénieur, enseignante et auteur de nombreux romans ancrés dans la vie quotidienne, Nathalie Somers se lance dans un genre tout nouveau. *Roslend* lui permet de marier son intérêt pour l'Histoire à un besoin impérieux et certainement un peu mégalomane de créer des mondes où seules ses règles s'appliquent. Quand elle ne bascule pas vers ces alter mondes, on peut la rencontrer dans la région lyonnaise où elle habite en compagnie de deux chats, trois enfants et un mari (liste donnée sans ordre d'importance !).

Les romans Didier Jeunesse

Mondes imaginaires, chroniques du quotidien, humour, aventure. Une grande variété de genres, portée par de nouvelles plumes acérées et tout en émotions.

New Earth Project

David Moitet

Un scénario intense et addictif, signé David Moitet !

Je crois que je n'ai jamais couru aussi vite de ma vie. Être en retard, c'est la honte. Plus qu'un virage serré à négocier et je suis arrivée. Je franchis l'angle du bâtiment et amorce mon changement de direction.
Aïe !!! C'est quoi ce truc ?
J'ai toujours été douée en calcul de trajectoires. Mais je n'avais pas prévu qu'il y aurait un obstacle sur ma route. Je suis par terre, en face d'un autre élève, lui aussi tombé sur son postérieur. On s'est percutés assez violemment. Je crois qu'il courait, lui aussi. Pas bien grave, me direz- vous ?
Sauf que l'élève que j'ai mis à terre n'est pas n'importe qui. C'est un Intouchable. Pas sûr qu'il apprécie que son bel uniforme blanc soit taché. Je le dévisage, et je réprime un juron. (Je jure souvent, mais jamais à l'école.) Non seulement il a fallu que mon chemin croise la route d'un Intouchable, mais en plus, ce n'est pas n'importe quel Intouchable. J'ai en face de moi Orion Parker, le fils d'Arthur C. Parker, l'homme le plus riche de la planète, ou peu s'en faut.
Mes yeux glissent d'Orion au panneau qui orne l'entrée de l'école.
Il est rappelé à tous les élèves issus des bas quartiers qu'il est totalement interdit d'avoir un contact physique avec un Intouchable. Je lis les mots gravés en rouge :

Toute violation de cette règle entraînera des sanctions
pouvant aller jusqu'à l'exclusion de l'école.

(...)
— Ça va ? Tu t'es fait mal ?
Mon cerveau décode les paroles d'Orion Parker. Je rêve, où il vient de prendre de mes nouvelles ? Ce doit être à cause du choc...

Soléane

Muriel Zürcher

Un roman-univers fort, une intrigue palpitante... Une quête initiatique à couper le souffle !

Soléane courut sans même sentir la besace qui martelait sa hanche, contourna la maison et se figea en une immobilité de statue de sel.

Sa mère était debout, les mains entravées, retenue prisonnière au bout d'une corde dont le traqueur tenait l'extrémité. À deux mètres d'eux, Doline, sa sœur de lait, maintenait Saméo dans ses bras malgré les pleurs vigoureux du bébé.

Cobugès fut le premier à remarquer l'arrivée de la jeune fille. Il s'exclama d'un ton narquois :

– Tiens, tiens, qui revoilà ?

– Soléane ! s'écria la mère.

– Désolé, ma jolie, ironisa le traqueur, ta mère, elle va devenir laitière communautaire. Pile le jour que t'es émancipée... Z'avez pas de chance !

La nouvelle s'abattit sur Soléane avec la violence de l'imprévu.

Le Coracle avait quitté la Terre sans mammifère à son bord, pour limiter les risques de contamination. Depuis, les mères étaient les seules capables de produire du lait.

Mais le lait, qui quatre siècles auparavant avait manqué aux garçons et filles de la Terre, ne servait plus seulement à nourrir les bébés. Il constituait l'unique remède pour repousser l'échéance de la mort chez les malades des ossoudés.

Pour le bien de la communauté, certaines mères étaient donc désignées deux mois après la naissance de leur enfant pour donner leur lait. Leur bébé était temporairement confié à leur sœur de lait.

[...] Soléane entoura sa mère de ses bras. Aussitôt, la voix de Lana emplit son oreille. Une voix dure et tranchante qui ordonna très vite, en un discret murmure :

– Prends la pierre dans mon chignon et fuis, Soléane, fuis. Va voir les insoumis et donne-leur la pierre. Les insoumis sauront quoi faire !

Interdite, Soléane s'écarta légèrement. Les yeux de Lana affichaient une urgence proche du désespoir.

La jeune fille la serra à nouveau contre elle, une main dans le dos, une main levée vers le haut de sa tête. Elle arracha quelques cheveux jusqu'à atteindre le centre du chignon bien serré de sa mère et referma la main sur un objet rond et peu épais.

Le traqueur se retourna alors que Soléane avait terminé.

La trilogie SUBLUTETIA

Eric Senabre

Une saga trépidante, mêlant histoire et fiction dans un univers passionnant.

Nathan et Keren ne pouvaient détacher leur regard de ce ciel improbable, ce fragment d'infini mystérieusement emprisonné dans le ventre de la capitale. Après des heures de fuite dans des dédales obscurs, ce bain de lumière était pour eux bien plus qu'un repas copieux ou une boisson fraîche – dont ils mouraient pourtant d'envie. Sans même s'en rendre compte, Keren serra un peu plus fort la main de Nathan. Ils n'avaient fait que descendre, toujours plus profondément : comment le ciel pouvait-il être au-dessus de leur tête ?

La Révolte de Hutan
Tome 1

Le Dernier Secret de maître Houdin
Tome 2

Le Ventre de Londres
Tome 3

Rendez-vous sur **www.sublutetia.com** pour des infos exclusives !

Le Jardin des épitaphes

Taï-Marc Le Thanh

Un road trip d'une grande intensité dans un monde apocalyptique et mystérieux. Hypnotisant !

On a dévalé les escaliers quatre à quatre. Je me rappelle avoir sauté les dernières marches et atterri à pieds joints sur le carrelage du rez-de-chaussée. Je me suis tourné vers eux, le visage hilare, et je me suis précipité vers la porte d'entrée. Je l'ai ouverte sans ménagement. La lumière m'a frappé de plein fouet. Jamais le soleil ne m'avait paru aussi aveuglant. Je n'y voyais plus rien. Et puis mes yeux se sont accoutumés.

Devant moi se trouvait un cheval mort, à moitié allongé sur le capot d'une voiture. Un corbeau s'affairait sur les flancs de l'animal. Il a relevé la tête et m'a fixé de ses yeux sombres, puis s'est replongé dans son affaire.

J'ai senti une boule se former au creux de mon estomac. J'ai alors pris pleinement conscience de l'aventure dans laquelle nous nous apprêtions à nous engager. Arriverait-on seulement à passer une seule journée dans cet univers hostile ?

Louis Pasteur contre les Loups-garous

Flore Vesco

Scientifique de génie le jour, chasseur de bête furieuse la nuit : Louis Pasteur, un héros renversant !

Constance, en nage, contemplait sa barricade avec satisfaction, quand elle sentit un frisson d'angoisse grimper le long de sa colonne vertébrale. Cela n'avait pas de sens. Elle était à l'abri dans le gymnase. La grande porte était bloquée : nul ne pouvait entrer. Elle se tourna vers les fenêtres, comme si elle s'attendait à ce qu'un monstre surgisse derrière les vitres du troisième étage.

Puis elle se rappela la petite porte du fond, qu'elle n'utilisait jamais. Elle s'avança, prête à pousser le piano devant s'il le fallait. Elle s'immobilisa au milieu de la salle. La porte était ouverte. Cette fois, elle en était sûre, les ombres s'agitaient. Une forme noire remuait dans le noir. Constance fut saisie d'une peur primale complètement incontrôlable. Deux yeux jaunes s'ouvrirent dans les ténèbres, bien au-dessus d'une hauteur d'homme.

(…) L'animal chargea. Constance tomba en arrière. Elle ferma les yeux. Elle entendit les pas souples et rapides de la bête sur le parquet. Quelqu'un cria son nom. Quand elle rouvrit les yeux, le poitrail de l'animal était à quelques centimètres de son visage. Elle pouvait sentir l'odeur chaude de sa fourrure. Une patte énorme, aux griffes jaunies et usées, était posée à côté de sa cuisse. Le loup ne l'avait pas encore dévorée. En fait, il ne la regardait pas. Il avait la tête tournée sur le côté. Près de son arrière-train se trouvait Louis Pasteur, essoufflé.

Louis tenait un microscope à la main. La base en fonte était tachée de sang : il venait d'en frapper de toutes ses forces le flanc de l'animal. Pour autant, la bête n'avait pas reculé. Le jeune homme avait tout juste réussi à détourner son attention.

Barracuda For Ever

Pascal Ruter

L'histoire haute en couleur d'une belle complicité entre un grand-père déjanté et son petit-fils.
Pour rire aux éclats et être ému jusqu'aux larmes !

– Mon Coco, je te nomme mon aide de camp. Léonard Bonheur est nommé aide de camp. Voilà, c'est officiel.

– À vos ordres, mon Empereur ! dis-je en imitant le soldat qui se met au garde à vous.

– On va attaquer les ampoules grillées. On verra l'avenir beaucoup plus clairement ! Hein Coco ?

– Ça c'est sûr.

Je tenais un tabouret sur lequel il grimpa pour dévisser l'ampoule.

– Tu es certain d'avoir coupé le jus, grand-père ?

– T'inquiète, Coco. Et m'appelle pas grand-père.

– D'accord, grand-père. Je m'inquiète pas mais je voudrais pas que tu fasses comme Cloclo.

– Pauvre Cloclo, quand j'y pense ça me fait toujours un coup ! Un coup de jus... Ah, ah !

Il riait tellement qu'il avait du mal à tenir sur le tabouret.

– Soyons sérieux, passe-moi la nouvelle ampoule.

Des étincelles jaillirent dans sa main. Noir complet.

Flow

Mikaël Thévenot

De Poitiers à Boston, une enquête au suspense haletant, digne d'un film d'action !

Le surveillant fit demi-tour et regagna sa place pendant que Josh essayait de se concentrer sur le sujet d'examen qu'il avait devant lui. Son mal de tête ne semblait toutefois pas vouloir se calmer et après quelques minutes seulement, les voix qu'il avait entendues reprirent de plus belle.

« ... la courbe devrait atteindre... il est trop en panique, lui... qu'est- ce qui lui arrive à celui- là... ... si x = 2y alors... ... elle est vraiment mignonne, cette fille... ouais mais alors y n'est plus égal à... ... il hallucine complet... »

Josh se retourna et croisa le regard de l'élève assis derrière lui sur la gauche. Il était sûr qu'il venait juste de parler de lui. Il n'en pouvait plus. Il avait l'impression que sa tête était en ébullition et qu'elle allait exploser. Il se décida à se lever, mais apparemment ses jambes n'avaient pas très bien compris son intention. Il refit un essai et, malgré le manque de soutien de ses membres inférieurs, se dirigea tant bien que mal vers le bureau central où se trouvaient deux professeurs. Madame Piguel se précipita vers lui, s'apprêtant à le rattraper s'il venait à tomber.

« Ça va, Josh ? C'est une migraine, c'est ça ?

– Il faut appeler mon père. Il faut que je rentre. »

(...) Quand il entra dans sa chambre, Josh réalisa à quel point il était fatigué. Il avait pourtant passé une partie de la journée à dormir. Il se déshabilla et s'approcha de son ordinateur pour l'éteindre. Il enfonça la barre d'espace du clavier pour sortir la machine de sa veille. L'écran s'alluma et un message apparut.

I know what happened
I can help you

Le message resta affiché une poignée de secondes avant de céder la place à un second.

Saturday 11 pm
be in front of your computer
tell no one

Après trois secondes, le message disparut et l'écran retrouva son apparence habituelle.

Découvrez Flow 2, le grand final d'une série détonante et pleine d'émotions !

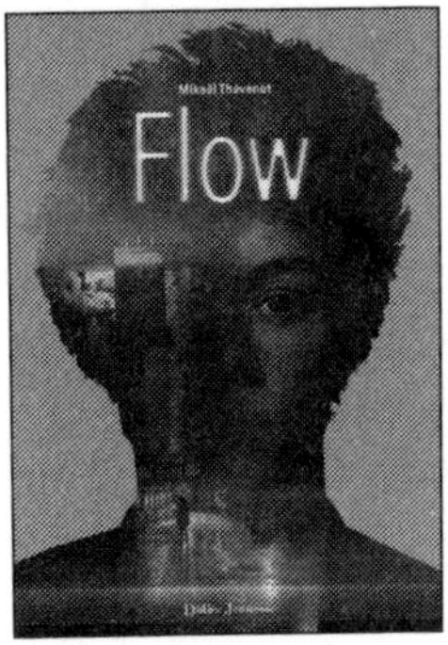

Josh tendit un téléphone portable à Axel.
« Nous aurons les mêmes. Ils fonctionnent à carte. J'ai rentré mon numéro dans le tien et le tien dans le mien. »
Axel, impressionné, attrapa le petit boîtier noir que Josh lui tendait.
« Un vrai pro !
– J'ai repéré le métro. C'est pas très loin. On peut y aller ! »
Le visage d'Axel changea d'expression. Tout allait très vite.
« Moi aussi, j'ai peur, Axel, confia Josh en s'asseyant sur son lit. J'en ai peut-être pas l'air, mais je n'en mène pas plus large que toi... »
Josh n'arrêtait pas de penser à son père et à sa réaction quand il apprendrait que son fils de seize ans était parti sans rien lui dire.
« On ne sait pas dans quoi on s'embarque, là. Si ça se trouve, on va tomber sur des malades avec des flingues...
– On n'en est pas là, Axel. Et si on en arrive là, on ne jouera pas aux héros, on appellera la police. »
Josh prit une grande inspiration et se releva.
« Faut pas y penser... On est tous les deux. Une équipe de choc. Allez, viens ! Pour l'instant, on va juste essayer de rencontrer un ancien agent du FBI. Je pense que pour cette étape, on ne risque rien. »

(...) Le bâtiment n'était pas très grand et ne comptait pas plus d'une dizaine d'étages. Les immeubles voisins paraissaient bien plus prétentieux et le surplombaient largement.
Une petite affiche signalait que les interphones étaient en panne.
Josh fit glisser son doigt sur les sonnettes.
« Voyons... C'est là ! K. Chester. »
Sans hésiter, il pressa le bouton.
« J'ai l'impression que mon cœur va lâcher », bafouilla Axel, tout pâle.
Un buzz retentit au bout de quelques secondes et ils s'engouffrèrent dans le hall de l'immeuble. L'appartement était au huitième, aussi ni l'un ni l'autre ne proposèrent de prendre les escaliers.
« C'est parti ! » déclara Josh quand les portes de l'ascenseur se refermèrent sur eux.

60-62, rue Saint-André-des-Arts
75006 Paris
www.didier-jeunesse.com
Conception graphique et illustration : Taï-Marc Le Thanh
Composition, mise en pages et photogravure : IGS-CP (16)
ISBN : 978-2-278-08553-8 · Dépôt légal : 8553/03
N° d'impression : 1705594
Loi n° 49-956 du 16 juillet 1949 sur les publications destinées à la jeunesse

Achevé d'imprimer en France, à Alençon, en décembre 2017 chez Normandie Roto Impression s.a.s., imprimeur labellisé Imprim'Vert, sur papier composé de fibres naturelles renouvelables, recyclables, fabriquées à partir de bois issus de forêts gérées durablement.